MEMOIRES DE GRETRY

VOLUME II

Da Capo Press Music Reprint Series

GENERAL EDITOR

FREDERICK FREEDMAN

VASSAR COLLEGE

MEMOIRES,
OU ESSAIS
SUR LA MUSIQUE

BY C. GRETRY

VOLUME II

𝄞 DA CAPO PRESS • NEW YORK • 1971

A Da Capo Press Reprint Edition

This Da Capo Press edition of
Grétry's *Mémoires* is an unabridged
republication of the first edition
published in Paris.

Library of Congress Catalog Card Number 73-160852

SBN 306-70194-4

Published by Da Capo Press, Inc.
A Subsidiary of Plenum Publishing Corporation
227 West 17th Street, New York, N.Y. 10011

Manufactured in the United States of America

MÉMOIRES,

ou

ESSAIS

SUR LA MUSIQUE.

TOME DEUXIÈME.

Se trouve à PARIS,

Chez l'Auteur, boulevart de la Comédie italienne, *ou* Opéra-comique national, N.º 340;

Chez VENTE, libraire, même numéro que l'Auteur;

Chez CHARLES POUGENS, libraire, rue Thomas-du-Louvre, N.º 246;

Et chez PLASSAN, imprimeur-libraire, rue du Cimetière-Saint-André-des-Arcs, N.º 10.

MÉMOIRES,

OU

ESSAIS

SUR LA MUSIQUE;

Par le C.en GRÉTRY,

MEMBRE de l'Institut national de France, Inspecteur du Conservatoire de Musique; de l'Académie des Philharmoniques de Bologne, de la Société d'émulation de Liége.

TOME DEUXIÈME.

Qui nisi sint veri, ratio quoque falsa fit omnis.
Si les sens ne sont vrais, toute raison est fausse.
LUCRÈCE, Liv. IV.

A PARIS,

DE L'IMPRIMERIE DE LA RÉPUBLIQUE.

PLUVIÔSE, AN V.

L'IMPRESSION de ce volume et du suivant a été ordonnée par arrêté du Comité d'Instruction publique, du 28 vendémiaire de l'an 4. Je dois à la vérité historique et à la reconnaissance, d'insérer ici la pétition des Artistes musiciens, et le rapport du Représentant du peuple Lakanal, qui ont provoqué cette décision.

PÉTITION

Adressée au Comité d'Instruction publique, par les Artistes compositeurs de musique, dans le mois de fructidor de l'an 2.

UN artiste musicien, le citoyen *Grétry*, vient de terminer un Traité sur les passions et les caractères. Il y traite de l'art musical dans ses divers rapports avec l'instruction publique, et de l'influence des gouvernemens libres sur les arts. Chaque chapitre est suivi d'une application à l'art musical, ou aux arts en général. Les artistes soussignés demandent à la nation de leur faciliter l'impression de ce manuscrit ; ils croient qu'un ouvrage réfléchi depuis six ans, par un homme à qui l'on doit tant de productions dramatiques en tous genres, est essentiel à l'art. Tout ce que plusieurs d'entr'eux ont lu de cet ouvrage original, les a convaincus qu'il est nécessaire aux jeunes musiciens qui s'occupent de l'art dramatique ; enfin, qu'il mérite l'encouragement que les artistes soussignés réclament de la nation.

Signé MÉHUL, D'ALEYRAC, CHÉRUBINI, DEVIENNE, LESUEUR, GOSSEC, LANGLÉ, LEMOYNE, CHAMPEIN.

RAPPORT

Fait à la Convention nationale, par le Représentant du peuple Lakanal, *dans la séance du 1.ᵉʳ vendémiaire de l'an 3.*

CITOYENS, un artiste musicien, dont les divers travaux ont enrichi la scène, *Grétry*, vient de terminer un ouvrage sur les rapports de l'art musical avec l'instruction publique.

La musique, vous le savez, eut chez les anciens une grande influence sur les mœurs publiques ; elle fut toujours l'art favori des cœurs sensibles. J'ai lu l'ouvrage de *Grétry* avec d'autant moins d'indulgence que je suis son ami ; car c'est à l'amitié sur-tout qu'il appartient d'être sévère.

Je ne doute pas que cet ouvrage intéressant ne concoure à la grande amélioration sociale, objet de tous nos travaux.

Je demande donc l'envoi de cet important écrit au Comité d'instruction publique, qui le fera imprimer, si, comme moi, il le juge essentiellement utile, et qui comprendra, s'il y a lieu, le nom de l'auteur dans la liste des citoyens qui ont droit à la munificence nationale, par les services qu'ils ont rendus aux arts utiles à la société.

Cette proposition est adoptée.

INTRODUCTION.

PHILOSOPHES du siècle, savans, gens de lettres, ne lisez pas le reste de cet ouvrage, il n'est pas fait pour vous. Dès la première page, vous souririez à la bonhomie d'un artiste qui n'a fait aucune étude, excepté celle du cœur humain ; d'un artiste qui n'a pour lui que son instinct, et qui cependant se permet de raisonner sur les passions de l'homme. Mais vous, jeunes musiciens qui vous destinez à l'étude de l'art dramatique, à l'art de peindre en musique, lisez-le beaucoup ; il vous donnera l'initiative des secrets de votre art, qui ne se trouvent que dans la juste déclamation ; lisez-le beaucoup, dis-je, et craignez de vous apercevoir trop tard qu'en ne consultant point les caractères, les sensations de l'homme, vous ne ferez

qu'un seul morceau de musique pendant
toute votre vie.

A la fin du premier volume de ces
Essais, j'ai témoigné le désir de continuer l'analyse des pièces dont j'ai fait la
musique, si des idées nouvelles m'en four-
nissoient les moyens. En m'occupant de ce
travail, je n'ai point tardé à m'apercevoir
que les répétitions devenoient inévitables,
et je me suis contenté d'analyser quelques morceaux que l'on rencontrera dans
le cours de ces deuxième et troisième
volumes. Sans y quitter mon sujet, je
l'ai considéré sous une autre face, pour
obtenir plus de variété : la défiance est
naturelle à une plume novice ; et je sens
mieux que personne combien il est difficile d'instruire des lecteurs qu'il est si aisé
d'ennuyer. Je ne me dissimule pas que
j'écris chez un peuple, dans une ville où
l'on exige que l'agrément soit au moins de
niveau avec l'instruction : trop heureux

si j'ai su éviter l'écueil que j'ai redouté.

Les pièces sur lesquelles j'ai fait des observations dans le premier volume, devant en fournir encore de nouvelles dans ceux-ci, j'en répéterai la liste à la fin de cet ouvrage, en la complétant. J'y joindrai la date de chaque pièce, et l'indication des endroits où s'en trouve l'analyse dans les trois volumes, afin que le lecteur puisse au besoin y recourir sans peine.

Encouragé par les gens de l'art à continuer d'écrire sur la musique, ayant profondément réfléchi sur le système musical, qui, selon moi, ne peut avoir de base solide, si l'harmonie la plus savante, si les chants les plus mélodieux ne sont appliqués avec justesse aux accens des passions, j'ai cru que le jeune artiste ne peut parvenir à l'expression vraie qui caractérise toute bonne production, qu'en étudiant l'homme, ses mœurs et ses passions, en ne les confondant point, et en saisissant les

traits caractéristiques qui les distinguent. Je
pouvois me borner à lui dire : « Consultez
» le grand livre de la nature ; soyez philo-
» sophe, si vous voulez être peintre ; lisez
» les bons auteurs qui ont traité des passions
» et des caractères, ils vous apprendront à
» connoître le cœur humain, pourvu qu'il
» y ait au fond du vôtre quelques disposi-
» tions qui vous portent vers cette profonde
» étude » ; mais le jeune compositeur, le
jeune artiste en général, cesseroient de
l'être, pour ainsi dire, s'ils employoient
leur temps à recourir à la quantité de
volumes qu'ils devroient méditer pour
s'instruire. C'étoit à l'artiste arrivé presque
au terme de sa carrière, qu'il convenoit
de leur aplanir la voie, et de leur abréger
un si long travail. On dira peut-être qu'ins-
piré par la nature, le jeune artiste doué
des dons de l'imagination, peut se passer
de cette instruction. Cela se peut ; mais
souvent il s'égare ; et tel que l'Européen

transporté en Afrique , il ne voit que des visages noirs, tous ressemblans les uns aux autres ; et, confondant les différences que la seule expérience a le droit d'apercevoir , il est sans caractère , parce qu'il est sans principes. Il en est de la musique comme des autres sciences : dans le bel âge , l'imagination supplée quelquefois à l'instruction ; mais dans un âge plus avancé, l'artiste reste sans force , et devient languissant comme le malade qui tombe dans l'abattement dès que la fièvre le quitte. Je dirai même que dans le temps où l'imagination est ardente, l'instruction est une boussole qui l'empêche de s'égarer. J'ai donc cru lui épargner de longues recherches, en donnant dans ce second volume l'analyse des passions et des caractères d'après lesquels il doit peindre , et en faisant suivre après chaque chapitre , une application à l'art musical ou aux arts en général.

Le troisième volume est le complément

de l'ouvrage. Un livre est consacré aux institutions politiques, considérées dans leurs rapports avec l'art musical. Après avoir montré combien les accens de la mélodie, les nombreux effets de l'harmonie, coïncident avec les passions, dont ils sont l'interprète lorsqu'ils sont joints à la parole déclamée, j'ai montré, dans un autre livre, l'analogie des sentimens exaltés, la connexion des idées abstraites et métaphysiques avec l'art musical. Le livre suivant traite de la composition de la musique et de sa partie technique. Enfin le dernier livre est composé de quelques prédictions sur ce que sera la musique, et d'un résumé général des différentes applications à l'art musical contenues dans les trois volumes. Mon dessein étant d'être utile aux jeunes élèves, autant qu'à l'art même, j'ai écrit quelques chapitres qui n'ont d'application directe qu'au moral des artistes; en cela je crois encore avoir rendu service aux arts.

Sans

Sans avoir eu l'intention de copier aucun des écrivains moralistes, j'aurai sans doute reproduit plusieurs de leurs idées; mais ils n'avoient pas envisagé les passions et les caractères sous les rapports les plus ana-logues aux arts d'imitation; et n'eussé-je qu'étendu leur domaine en le rendant plus utile, je croirois avoir fait beaucoup.

Je ne décrirai pas souvent les intonations que donne le plaisir, ni les cris qu'arrache la douleur; c'est par des notions justes que je voudrois échauffer l'ame du jeune ar-tiste, qui alors produit d'elle-même ces intonations. Je l'ai dit, c'est au théâtre de la déclamation, c'est dans la bouche des grands acteurs, c'est en prenant soi-même la nature sur le fait, que l'on apprend à être peintre; car, de même qu'il faut avoir fait une étude approfondie de l'anatomie pour s'assurer du jeu des muscles, il faut sans cesse étudier l'homme pour reconnoître la diversité de ses accens. On dit qu'un habile peintre de portraits, *Latour*, n'en commençoit aucun qu'il n'eût fréquenté la personne qu'il vouloit peindre ; il vouloit sur-tout la voir dans son domestique, et agissant sans contrainte ; il vouloit enfin connoître ses mœurs avant de tracer ses traits, pour mieux saisir les rapports inséparables du moral et du physique de son modèle.

Si le talent du peintre consiste à retracer fidellement à nos yeux les traits animés par l'expression de l'ame ; si les objets répandus sur la surface du globe se montrent sous différens aspects, selon la position de l'astre qui les éclaire , de même les accens de l'homme varient par les passions qui l'affectent, et c'est-là la seule école du musicien qui veut rendre la nature , et faire passer, de l'oreille au cœur, la vérité de ses chants.

En traçant la première idée du plan de cet ouvrage, j'avois résolu, pour lui donner plus de suite et d'unité , d'y traiter d'abord des passions-mères, et successivement de toutes les passions subalternes qui en dérivent ; mais cette méthode, quoique très-philoso-phique, auroit nui à la variété, qui doit soutenir le lecteur dans le cours d'un assez long ouvrage. J'aurois été conduit à des subdivisions presqu'infinies d'une même passion, auxquelles l'application aux arts seroit aisément devenue minutieuse. J'ai suivi en partie cette méthode dans le livre qui traite plus particulièrement de la morale et des passions ; mais j'ai cru que pour offrir des repos à l'attention du lecteur, il convenoit de partager les deux volumes suivans en plusieurs livres, dans lesquels seroient développés les rapports plus ou moins éloignés de l'art musical, 1.° avec la morale et les passions de l'homme ; 2.° avec les différens gouvernemens ; 3.° avec les idées abstraites ou métaphysiques ; 4.° avec ce qui tient plus particulièrement à la partie technique. Un cinquième livre sert de résumé général , ou de conclusion aux quatre précédens. En m'arrêtant à ce plan par les raisons alléguées ci - dessus , je n'ai pas cru détruire l'ensemble , ni que ces diverses parties fussent incohérentes. On saisira facilement l'analogie qui existe entre elles , et l'on trouvera même des chapitres qui rentrent nécessairement les uns dans les autres.

Enfin , par tout l'homme est le modèle d'après lequel je trace des portraits ; et de quelque partie de son être , de quelque faculté de son esprit que je m'entretienne, l'unité ne manquera pas totalement à mon ouvrage, puisque c'est toujours de l'homme que je parle. Quant à l'application aux arts qui suit chaque chapitre , le jeune musicien y trouvera une utilité et des conseils plus directs. J'ose même l'inviter à s'en occuper avec soin ; car combien de productions dramatico-musicales restent sans effet, non pas que dans un sens le musicien ne soit bon musicien, mais parce qu'il n'a pas su quelle sorte de musique demandoient les personnages qu'il avoit à peindre?

Qu'on ne dise pas que cet écrit est plutôt un livre de morale et de philosophie qu'un livre de musique; en le composant, j'avois deux buts : 1.º d'indiquer au jeune compositeur les connoissances générales qu'il doit acquérir pour être véritablement artiste; 2.º de lui montrer les rapports plus ou moins sensibles qui existent nécessairement entre toutes les sciences.

La malveillance ne manquera pas de dire que j'ai critiqué le *faire* de certains artistes. Oui, sans doute, j'ai cru devoir critiquer tout ce qui est contraire à mes principes, mais sans avoir personne en vue particulièrement. Je pense que les vérités générales s'adressant à tous, ne doivent offenser personne.

Avant que le public, les journaux, m'apprennent les nombreux défauts de cet ouvrage, je sais qu'assez souvent il m'est arrivé de dire dans un chapitre des choses qui appartiennent plus essentiellement à un autre, pour ne point accabler l'élève de préceptes multipliés : je sais que les anecdotes que j'ai rapportées pourroient être trouvées déplacées dans un livre scientifique; mais cette espèce de désordre soutient l'attention du lecteur, et je me garderai bien de l'ennuyer pour être plus méthodique. Chacun dit que c'est avec peine qu'il achève la lecture de nos meilleurs livres sur la musique ; il y manque donc quelque chose, et je crois que c'est l'agrément. Eh bien ! qu'on me critique ; mais qu'on me lise avec quelque plaisir, et sur-tout avec quelque fruit, j'obtiendrai plus que je n'ose espérer.

Il me reste un souhait à faire, c'est que ce livre, fruit de six ans de travail, soit profitable au pays que j'habite. La France s'occupe à se régénérer, et l'instruction

seule maintiendra l'œuvre du législateur.
Quel art plus que la musique influe sur les
mœurs! son influence bien dirigée rend aux
nations l'énergie ou l'aménité dont elles
ont besoin. Déjà affoibli par de longues
études, et par une maladie à la guérison
de laquelle je ne dois plus croire *, je

---

* Dans le premier volume, publié en 1789, j'ai fait,
page 27 et suivantes (*page 22* de cette édition), quelques
remarques sur le crachement de sang, maladie dont je
suis atteint depuis l'âge de quinze ans, et dont j'ai une
longue et malheureuse expérience. Plusieurs personnes,
après avoir lu ce passage, m'écrivirent et m'écrivent
encore pour que je leur dise quels changemens le temps
a pu apporter à cette maladie. Je leur réponds ici que
mes hémorragies ne sont plus aussi violentes, et que
l'époque d'un chagrin mortel que j'ai éprouvé, a été
celle où cette maladie s'est calmée en partie, parce que
le chagrin dont je parle a éteint presqu'entièrement
mon imagination. J'ai perdu en fort peu de temps trois
enfans qui faisoient mon bonheur, celui de leur mère,
et l'espoir de notre vieillesse. Après ce coup terrible,
la fièvre qui me brûloit s'est ralentie, mon goût pour
la musique a diminué ; j'ai écrit ces second et troisième
volumes, qui sont plutôt un ouvrage de raisonnement

xviij INTRODUCTION.

présente cet hommage aux Français, qui
m'ont adopté. Puisse ce tribut d'une ame
libre leur prouver ma reconnoissance !

---

que d'imagination ; j'ai pris de l'embonpoint , et les
hémorragies , foibles en comparaison de ce qu'elles
étoient , ne me reprennent qu'aux changemens de
saison. Je ne puis cependant , sans m'exposer à des
rechutes fréquentes , habiter les lieux où la chaleur
est grande , ni essuyer les vents du nord. Je ne puis
lire à voix haute pendant cinq minutes : du reste ,
j'observe le même régime décrit dans le volume que je
viens de citer , et ne crois pas pouvoir jamais l'abandonner.

TABLE

DES OBJETS CONTENUS DANS CE VOLUME.

Fin de la Table du second Volume.

ESSAIS

ESSAIS

SUR

LA MUSIQUE.

LIVRE TROISIÈME.

Analyse des Passions et des Caractères.

CHAPITRE PREMIER.

DE L'AMOUR.

L'HOMME de la nature, l'homme physique
est, dit-on, paresseux; cela doit être. Se nourrir,
faire l'amour et dormir, voilà tous ses besoins.
Mais l'on doit croire que l'homme de la société,
assujetti aux lois et à toutes nos conventions
morales, et après avoir ressenti le trouble des
passions, le calme flatteur ou le vide affreux
qui leur succède, n'est plus le maître de se
vouer au repos. L'homme que nous voyons
est donc l'homme tel qu'il devoit être, puisqu'après les révolutions des siècles, tel il est

devenu. On doit croire encore, qu'éclairé par
son expérience et pouvant en transmettre les
fruits, il s'est perfectionné et se perfectionnera
de plus en plus. Son détériorement absolu
ne dépend pas de lui ; les monstres ne sont
pas redoutables à la nature, ils n'engendrent
point. On en peut dire autant des vices moraux,
qui, après s'être montrés sous les faces les plus
hideuses, s'oblitèrent insensiblement et trouvent
enfin leur terme, pour faire place aux vertus,
dont la nature, cette mère inépuisable de toutes
les vérités et de tous les biens, n'a jamais laissé
entièrement tarir la source.

On ne peut, sans doute, nombrer les
victimes qui, après s'être trop écartées des
voies naturelles, ne retournent plus au port ;
elles sont les preuves qu'on ne viole pas
impunément les lois de la nature ; c'est autant
d'expériences acquises pour la philosophie,
qui nous dit d'être modérés.

En observant l'homme, on diroit qu'il ne
connoît que les vertus de tempérament et
d'expérience ; excepté un petit nombre d'élus,
on le voit par tout le même : 1.° résister et

lutter contre ses passions; 2.° leur céder une ample victoire, souvent en proportion de la résistance qu'il leur a opposée; 3.° vivre quelque temps dans l'abattement et le repentir; 4.° finir comme il a commencé; résister de nouveau pour se laisser vaincre encore. Il ne peut se défaire d'une habitude, s'il n'en contracte une nouvelle; il ne se dégage d'une passion que par une autre; enfin, il ne se voit libre qu'en portant de nouvelles chaînes. Concluons donc que l'homme moral ne peut vivre en repos, qu'il lui faut une passion qui l'agite; et celle qui est nécessaire à la conservation de l'espèce, l'*amour*, est celle vers laquelle il est appelé; les autres viennent ordinairement à sa suite, et semblent n'être que des passions de remplacement. Quelques-unes naissent de l'amour lui-même; elles commencent et finissent avec lui. La propreté recherchée dans les hommes; la coquetterie dans les femmes; l'envie de plaire par les talens aimables, décèlent les cœurs amoureux. Dans l'âge mûr, le contraire avertit que le flambeau est éteint; et dans les deux sexes,

un coup d'œil suffit pour en être averti. La
carrière de la gloire n'est guère ouverte qu'à
l'homme : elle le console des pertes de l'amour,
auquel il renonce plus aisément que la femme.
Celle - ci , en perdant ses charmes , se voit
presque anéantie ; aussi use - t - elle de mille
moyens pour retarder son désastre : et l'amabilité sans caprices, la douceur, les prévenances
finement dissimulées, annoncent presque toujours , dans une femme , la fin de ses beaux
jours. C'est la rose sans épines que l'homme
cueilleroit alors avec moins de peine , et qui
cependant a moins de charmes pour lui que
celle qu'il achète par des soupirs, et qu'il enlève
à la pudeur.

La coquetterie sans penchant à l'amour
paroît un vice contre nature ; s'il existe, c'est
la faute des hommes qui, souvent, offrent
tous à-la-fois des hommages à la même beauté.
Comment, sous un langage toujours passionné,
distinguera-t-elle l'homme qui doit seul la charmer ? comment, dans une foule d'adorateurs,
choisira-t-elle celui auquel elle doit sacrifier
tous les autres ? Il lui faut du temps, et il est

naturel que, sans expérience et dans son printemps, la beauté se fasse un jeu charmant de les entretenir tous d'espoir et de crainte *. L'homme risque peu s'il a mal choisi; la femme a tout perdu par un mauvais choix : cependant, quoiqu'elle soit flattée des hommages multipliés qu'on lui rend, croyons qu'elle a un plus grand besoin encore d'épancher son cœur dans un autre. Le grand secret pour l'homme qui veut se faire aimer d'une coquette, c'est-à-dire de presque toutes les femmes, c'est de souffrir que d'autres que lui rendent hommage à celle qu'il aime. S'il a ce courage, il sera bientôt aimé uniquement : tout ce que la flamme de mille amans avoit prodigué de plus tendre à sa maîtresse, lui sera rendu par elle pour prix de sa complaisance ; et s'il veut conserver ce qu'il a de plus cher, je lui conseille d'agir de même lorsqu'il aura été préféré.

---

* Je ne parle ici que de la femme honnête qui cherche une ame digne de la sienne. Quant à la coquette sans amour, ce caractère perfide, enfant de l'amour-propre, mérite d'être traité séparément.

A 3

L'union des sexes est sans doute le premier vœu de la nature. Le hasard favorise souvent cette union ; quelquefois les convenances, mais souvent aussi les disconvenances morales. Ceci paroît un paradoxe; mais, si vous en avez l'autorité , ne défendez jamais , même avec raison , à telle femme d'aimer tel homme , ou à tel homme d'aimer telle femme, si vous ne voulez leur donner aussitôt l'envie d'être rebelles. L'amour - propre se révolte ; notre amour pour la liberté se fait sentir à proportion que nos penchans sont naturels ; aussi voyons-nous , presque toujours , naître l'amour entre les enfans de familles désunies.

Pourquoi faut-il que l'amour-propre soit un des plus puissans motifs qui conduisent à l'amour ? Que l'homme fêté, recherché pour ses vertus , pour ses talens , trouve moins d'obstacles, on le comprend ; il est connu , il est chéri avant de paroître : mais aimer , par un amour-propre mal entendu, un être de nul mérite, ne devroit être que le partage des fats et des folles. Néanmoins on voit les hommes, en général, dédaigner toute conquête

facile. Leurs vœux les plus ardens sont pour
la femme dont il n'est guère possible d'approcher sans lui manquer de respect, ou sans
scandale.

L'on voit des femmes aimables prodiguer
leurs agaceries à l'homme qui n'a d'autre
mérite que d'être aimé d'une femme qu'il
n'aime plus, et qu'il rend malheureuse. Ces
victimes de l'amour confient leurs secrètes
douleurs à leurs meilleures amies, et s'en font
autant de rivales qui veulent venger l'honneur
du corps. Elles ne voient pas qu'un infidèle
amant ne fait couler leurs pleurs, que pour
former plus sûrement de nouvelles chaînes.

L'imagination travaille fortement dans les
ames amoureuses, plus encore chez les femmes
que chez les hommes. Quelquefois un rien, que
personne n'aperçoit, les décide et leur tourne la
tête. « Vous ne savez pas! vous ne connoissez
» pas les qualités de cet être adorable », vous
disent - elles. Charmante illusion! miracle
continuel de la nature, qui veut aussi associer
les vertus morales à la beauté physique; qui
ne veut pas que les individus les mieux faits

A 4

se recherchent exclusivement , ce qui prépare-
roit infailliblement une classe d'êtres difformes !

A P P L I C A T I O N.

ON pourroit dire que le cœur de l'homme
n'est agité que de deux passions, amour et
haine *. Mais ces deux sentimens, appliqués
diversement, prennent les noms de toutes les
passions humaines, et ne s'expriment plus de
même en musique, ni dans aucun des beaux
arts. L'avarice est l'amour de l'or; et l'avare
n'a aucune des inflexions de l'amant véritable.
L'égoïste n'aime que lui, en détestant tous les
autres; et, par une réaction inévitable, il est
véritablement l'ennemi de lui-même, puisqu'il
est à son tour détesté. L'envieux s'estime et hait
le mérite dans autrui. Le libertin aime la pudeur
et lui fait la guerre. Le conquérant n'aime que
sa vaine gloire, et hait tout ce qui s'y oppose....
Mais il n'est ici question que de l'amour proprement dit, de l'amour qui entraîne un sexe

---

* Les physiciens disent de même, que toutes les
substances ont entre elles des qualités attractives ou
répulsives, comme il en est, sans doute, qui sont neutres.

vers l'autre. Combien de réflexions n'a pas dû faire l'artiste qui veut peindre l'amour ! Il est noble, pur, généreux ; il est accompagné de toutes belles qualités dans les êtres simples et vertueux. Plus ou moins d'esprit, de grâce ou de gaucherie, n'importe : cette passion élève l'ame de celui qui en est véritablement atteint au-dessus de toute infirmité morale.

L'homme amoureux élève également celle qu'il aime au-dessus de l'humanité. « C'est un » ange, dit-il, dont à peine un mortel peut être » digne. » L'artiste doit-il, dans ce cas, emprunter des chants mystiques pour exprimer ces éloges? non. L'amant qui parle ainsi ne sait ce qu'il dit, quoiqu'il le sente : il est trop passionné, trop attaché à la terre, pour pouvoir s'élever dans les cieux. D'ailleurs, il est loin de désirer que sa maîtresse soit un ange, il n'auroit plus rien de commun avec elle : c'est une femme qu'il veut. On croiroit que les êtres immoraux ressentent les feux de l'amour avec plus de violence que les êtres purs ; mais ce n'est qu'une apparence ; l'être immoral mêle, malgré lui, une teinte défectueuse aux accens de l'amour pur qu'il

veut imiter; et c'est parce qu'il le sait, c'est
pour en obtenir le pardon, qu'il s'agite et verse
des pleurs amers auprès de celle dont il attend
du retour. L'homme vertueux est plus calme
dans sa passion; il semble dire : « Voyez mes
» yeux, ils sont le miroir de mon ame, qui est
» pure comme mon amour ». L'homme favorisé
de la nature fait d'abord peu de frais auprès
des femmes : il n'est pas sûr d'avoir besoin
d'aimer pour l'être infiniment; mais les femmes,
plus savantes que nous dans l'art de la guerre
d'amour, savent le voir venir et le faire
descendre jusqu'à un point d'humilité et de
soumission, qu'elles n'exigent pas d'un homme
moins parfait à l'extérieur.

Mettez tout cela en musique, dira-t-on, et
vous serez bien habile. Il faut cependant que
toutes ces différences morales soient senties par
l'artiste, s'il veut mettre chaque personnage
dans ses vraies dispositions. Excepté, comme je
l'ai dit, l'homme simple qui saisit avec justesse
le ton de la nature, chaque cœur amoureux
donne à ses inflexions une nuance de ses
affections morales, bonnes ou mauvaises; et,

pour qu'on le reconnoisse, il faut qu'il soit saisi par l'artiste.

Malheur à l'amant qui croit nécessaire d'avoir beaucoup d'esprit pour être aimé ; mais cette manie est trop commune en France, pour que l'artiste puisse en négliger l'étude : je parle d'ailleurs aux musiciens qui travaillent d'après le poëte. Si donc vous faites parler un amant spirituel, ce n'est pas la chose même qu'il faut peindre, mais le trait délicat qui la décèle. L'esprit flatte infiniment la nation française qui est elle-même très-spirituelle * ; l'esprit, quel qu'il soit, n'est jamais perdu aux théâtres de Paris ; les gens sensés savent l'apprécier, lorsqu'il ne sort pas des bornes prescrites par le bon sens. Si ce n'est qu'un

---

* On ne peut guère douter que la révolution que nous éprouvons dans ce moment, ne change l'esprit de la nation. Il est certain qu'outre le climat, le gouvernement influe beaucoup sur l'esprit des peuples. Le Français, plus appliqué au commerce, aux arts, aux sciences, cessera probablement d'être léger, frivole et galant ; on peut croire qu'il deviendra plus solide en tout, et qu'il perdra en partie la légéreté, qui jusqu'à présent a été son caractère distinctif.

entortillage inintelligible , il est encore saisi
par les sots , qui ne restent jamais en défaut
dès qu'il s'agit de finesse. Demandez-leur, en
pareil cas, ce que l'on vient de dire , vous
verrez combien ils seront embarrassés de vous
répondre. Enfin dans les arts d'imitation comme
en amour, existe ce qu'on appelle le *je ne sais
quoi* , qui est déjà difficile à apprécier dans
les ouvrages des grands maîtres, et très-difficile à trouver pour ses propres ouvrages. De
bons traits, de bons matériaux placés différemment , font dire d'un homme qu'il a un
certain mérite ou un mérite certain ; ces deux
sortes d'éloges sont bien différentes.

CHAPITRE II.

DE LA JALOUSIE.

En traitant de l'amour sous tous ses rapports,
nous avons dit quelque chose de la jalousie, qui
toujours l'accompagne ; mais un chapitre particulier sur cette passion a semblé nécessaire.

Ce livre, pour être utile au jeune musicien, doit parler des passions et des caractères qu'il rencontre le plus souvent dans les drames sur lesquels il exerce son art. J'imagine donc qu'avant de se mettre au travail, il examinera attentivement quels sont les caractères que l'auteur des paroles a mis en action. Je suppose que c'est l'*Amant jaloux* de *d'Hele* dont il va s'occuper. « *Alonze, Léonore, Isabelle, Florival,* » sont tous amoureux : lisons, dira - t - il, le » chapitre de l'amour. Mais *Alonze* est jaloux : » lisons les chapitres de la jalousie, de la fureur » et de l'orgueil. Mais *Florival* est vif : lisons » le chapitre de la vivacité de caractère. *Lopez* » est négociant, riche et avare : lisons les cha- » pitres de l'homme d'ordre et de l'avarice. » *Jacinthe* est vive, spirituelle et intrigante : » lisons le chapitre de l'esprit d'intrigue dans les » valets. » Cette lecture peut lui indiquer des nuances propres à tous ses personnages, donner à sa composition musicale la variété, et sur-tout le ton de vérité, qui sont si précieux pour que la musique de tout un drame ne soit pas de la même couleur.

APPLICATION.

Selon les individus, la jalousie se revêt
de différentes nuances. Si l'on aime véritablement, elle est naturelle : si l'on n'aime pas,
elle est froide quoique éclatante, parce qu'elle
ne provient que d'un orgueil humilié ou qui
craint de l'être ; c'est la jalousie sans amour,
celle de presque tous les maris après deux ou
trois ans de mariage. Si l'on aime un objet digne
d'amour, les accens de la jalousie prennent une
teinte respectueuse ; sans qu'il en convienne
jamais pendant l'accès, le jaloux s'emporte plus
contre lui-même que contre l'objet aimé. Si
l'objet est méprisable, la jalousie est basse ; on
cherche à la cacher. Si l'on aime un objet trop
disproportionné par l'âge, la jalousie est ridicule.

Le jaloux amoureux forme de longs intervalles dans son chant ; plus il craint d'accuser
à tort celle qu'il aime, plus il donne d'assurance à ses tons toujours fiers et orgueilleux.
Il emploie souvent le genre chromatique, qui
est à-la-fois douloureux et sinistre ; douloureux
pour le jaloux qui veut intéresser ; sinistre

pour ceux qui l'écoutent, et sur-tout pour celle qui est l'objet de ses transports jaloux. La jalousie chez la femme a les mêmes caractères; mais dans tous les cas elle la dissimule plus que l'homme, à moins que cette passion ne soit extrême; car alors ses transports sont ceux de l'homme lui-même, et ils paroissent plus violens dans la femme, vu la douceur et la foiblesse de son sexe.

CHAPITRE III.

DES MŒURS ÉTRANGÈRES.

L'HISTORIEN philosophe doit étudier les hommes de tous les pays; il doit connoître, rapprocher, comparer leurs mœurs. Par tout il les voit dirigés, entraînés par l'influence des climats, en butte aux préjugés qu'enfantèrent les religions, les gouvernemens. Alors, tenant d'une main la lanterne de *Diogène,* de l'autre la balance de l'équité, il cherche l'homme dans l'homme, et nous transmet des vérités quelquefois si étrangères à nos mœurs , que nous sommes souvent tentés de les ranger parmi les fables. Enfin, entre les hommes, tous nés frères , les lois, les religions, les habitudes , les climats divers , engendrent des mœurs si dissemblables, qu'à peine osent-ils quelquefois se reconnoître pour fils d'une même mère.

A P P L I C A T I O N.

DANS tous les pays les passions n'ont qu'une source ; mais étant plus ou moins influencées par les climats, les lois, les religions. . . . les passions n'ont plus le même langage , à moins qu'elles ne soient extrêmes , car alors la nature reprend ses droits. La paysanne et la femme de cour font entendre le même cri d'horreur ou d'amour : quel que soit l'individu , tout préjugé d'éducation cesse quand l'ame est fortement agitée , et dans ce cas l'artiste peut n'avoir qu'une manière de peindre. Si, dans le désordre extrême , l'éducation réprime encore l'élans des passions , nous avons le droit de dire que les préjugés rendent la nature factice. Disons cependant que dans les arts d'imitation

la

la nature doit être embellie : c'est cet embel-
lissement, cette noblesse, ce soin de ne rien
outrer, ce procédé si délicat, si difficile, de
savoir s'arrêter au point juste, qui constituent
le mérite de l'artiste. N'en doutons point, telle
production des arts n'est que médiocre, parce
que l'art s'y montre plus que la nature ; telle
autre est, si j'ose le dire, trop naturelle, n'a
pas assez emprunté les charmes de l'art, pour
pouvoir séduire l'imagination qui, dans les
arts seulement, aime les fantômes merveilleux
ressemblant à la nature, sans être elle-même.
Au reste il est tant de sortes d'individus si différemment organisés, si différens par leur âge,
leurs passions, que toute espèce de musique
trouve ses apologistes, sans compter les hommes
sans caractère qui se laissent entraîner à l'opinion d'autrui ; et le plus grand nombre encore,
ceux qui, ennuyés d'eux-mêmes, cherchent
leurs plaisirs dans la variété. On trouve, dis-je,
mais pour un temps, des amateurs de tous
les genres de musique. Celui-ci la veut
forte, l'autre douce, compliquée ou simple ;
il est des hommes durement organisés, qui ne

sentent que le mouvement ou rhythme musical, et pour qui les plus beaux chants sont insignifians. La jeune fille est affectée de l'odeur de la violette, tandis que le matelot sent à peine celle du goudron; mais à travers toutes ces manières de sentir, il est encore permis à l'homme expérimenté de conclure et de dire que l'harmonie compliquée ne convient qu'à certaines passions fortes; que la mélodie est la musique par essence; que trop de science est abusive; que pas assez tient de la nullité; que trop de difficultés vaincues, soit dans le chant, soit dans les sonates, montrent plus de prétention à surprendre l'auditoire que de droits à lui plaire *; et qu'enfin, au milieu de tout ce qui plaît aux hommes en général, il est quelques hommes qui ont le droit exclusif de fixer le vrai goût : ceux-là seuls sont modérés en tout, et savent mettre chaque genre de

---

* J'aime ce mot du baron de *Gleken*, ministre de Danemarck. Un musicien exécutoit une sonate de violon de la plus grande difficulté. — Avouez, lui dit une dame, que ce qu'il joue est bien difficile. — Oui, madame, répond-il, je voudrois même que cela fût impossible.

musique à sa véritable place respectivement
aux paroles. Passons maintenant aux passions,
aux caractères plus modérés des peuples divers.
Quelles doivent être les réflexions de l'artiste
qui peint les personnages de différens pays ?
Il est impossible que l'homme·artiste les ait
tous parcourus, qu'il ait fréquenté avec tous
les personnages qu'il fait agir et parler. Que
doit-il faire dans ce cas ? consulter l'histoire,
savoir si les hommes de tel pays sont instruits,
superstitieux, ignorans ; s'ils sont vifs ou lents ;
quel est leur climat *. D'après ces données,
le musicien doit se monter la tête au ton,
quoique factice, que peut avoir tel peuple ;
que quelques traits de caractère soient le type
dont il tire souvent sa mélodie ; qu'un rhythme
original inventé par lui soit répété plusieurs
fois dans le cours de son œuvre ; alors les
spectateurs se feront illusion, et croiront que
c'est ainsi que parlent les Chinois, les Turcs,
les habitans du Japon..... Ils seront satisfaits,
sur-tout si l'artiste a su faire une production

---

* *Voyez* le chapitre *DE LA SENSIBILITÉ.*

aimable avec des traits bizarres. Je l'ai dit dans
le premier volume : on m'a demandé si l'air
de la romance de *Richard* étoit celui qu'on
chantoit jadis sur ces paroles anciennes. Non ;
j'ai fait un nouvel air, mais j'ai tâché qu'on
crût qu'il étoit vieux.

J'étois à Lyon lorsque je fis la musique de
Guillaume Tell ; je priai le colonel d'un régi-
ment suisse qui étoit en garnison dans cette
ville, de me faire dîner avec les officiers de son
corps. Au dessert, je dis à ces messieurs qu'ayant
à mettre en musique le poëme de *Guillaume
Tell,* leur ancien compatriote, je les priois de
chanter les airs de ce temps et les airs des
montagnes de la Suisse qui avoient le plus de
caractère : j'en entendis plusieurs, et, sans en
rien copier, que je sache, ma tête se monta
sans doute au ton convenable ; car les Suisses
et les musiciens en général aiment le ton
montagnard qui règne dans cette production
musicale.

CHAPITRE IV.

DES ACCENS ÉTRANGERS.

COMMUNÉMENT l'on dit que les gens instruits n'ont qu'un langage ; c'est-à-dire qu'en général ils pensent tous de même. Disons aussi, et cet axiome ne sera pas moins vrai, que les mœurs influent sur l'accent de tous les hommes, instruits ou non. Dans une grande ville et dans ses faubourgs l'accent est différent. En prenant Paris pour exemple, on remarque que l'accent de la Rapée et du Gros-Caillou n'est pas absolument le même que celui des Porcherons et de la Nouvelle-France. Les habitués des faubourgs riverains ont, en général, un accent traînant, qui provient des cris prolongés auxquels ils s'habituent pour se parler de loin. On m'a assuré que certain galimatias, inintelligible de près, devient une phrase composée de mots ordinaires, lorsque les sons, emportés ou retenus par le

vent et le courant de l'eau, arrivent à leur
destination. Si cela est ainsi, il en est à-peu-
près des sons comme de certaines peintures
vues de biais à une distance donnée. A Rome,
chez les moines de la Trinité-des-Monts, on
voit en perspective et de biais, un *Saint-
François* en prière et les mains jointes : on
approche, c'est un débarquement de marchan-
dises, et le saint a disparu.

Si, comme nous l'avons dit, la différence
d'accent existe dans une ville et ses faubourgs,
combien se fera-t-elle sentir chez divers peuples
éloignés les uns des autres et influencés par des
religions, des mœurs et des climats différens?
Le musicien qui réfléchit sur son art est surpris
en écoutant parler un Italien, un Anglais,
un Allemand, un Flamand, un Russe . . . . .
Il trouve dans chaque accent une musique
différente. L'Italien module juste, ferme et
beaucoup. L'Anglais module moins et forme
des intervalles plus courts; ses dents presque
toujours fermées l'y contraignent. L'Allemand,
le Flamand modulent moins que l'Italien et
plus que l'Anglais; ils tirent leurs sons du fond

de la gorge, ils forment beaucoup de sons gutturaux. Le Russe a de la candeur dans ses modulations; cette langue semble plus amie de la musique que les autres, excepté l'italienne. Nous ne devrions pas parler de l'accent de la langue française, puisque dans ce chapitre il n'est question que des accens étrangers; mais comme nous sommes tous étrangers respectivement les uns aux autres, et que j'écris pour tout le monde, nous dirons que le Français, vif, pétulant, spirituel, doué de beaucoup de grâces et de goût, module différemment selon le sentiment ou la passion qui l'anime. Nous en parlerons dans le chapitre de la *Sensibilité:* son climat tempéré lui laisse une latitude entre le froid et le chaud, qui doit le rendre inconstant et propre à tout, avec un caractère moins prononcé, cependant, que les nations soumises aux ardeurs d'un soleil brûlant ou à l'âpreté des frimas.

A P P L I C A T I O N.

L'HARMONIE est, selon le pays, plus ou moins compliquée; mais étant régie par le

B 4

corps sonore, elle est par tout la même. Il n'en est pas ainsi du chant, puisqu'il participe de l'accent. *Favart* a dit, dans l' *Amitié à l'épreuve*, en parlant des musiques différentes :

> Celle qui sait exprimer la nature
> Est de toutes les nations.

C'est la vérité ; mais cependant, si la nature de l'accent a des différences chez toutes les nations, la mélodie doit les avoir aussi. N'en doutons point : tous les peuples ont adopté et adopteront d'abord la mère musique, la musique italienne ; mais après qu'elle aura séjourné chez eux quelque temps, ou quelques siècles, selon les circonstances, elle prendra la teinte qui lui sera propre ; elle sera régie par l'accent le plus général de ce même peuple, et seulement alors il pourra dire avoir une musique à lui. Tâchons cependant d'expliquer une sorte de contradiction que l'on peut remarquer parmi certains peuples. Les Italiens, avons-nous dit dans le texte de ce chapitre, modulent beaucoup en parlant, et pourtant ils modulent peu dans leur musique ; pourquoi cette contrariété ? Les Allemands , les Français qui modulent moins en parlant que les Italiens, modulent beaucoup dans leur musique ; pourquoi ? Je pense que les Italiens modulent peu, parce qu'ils sont forts de mélodie; et que moins un peuple aura d'accens mélodieux, d'accens de l'ame, plus il se jettera dans les modulations matérielles des tons, pour y suppléer ; et, ce que nous disons des peuples, on peut le dire des hommes individuellement. Il n'est cependant pas moins vrai, que si les Italiens moduloient davantage dans certains cas , et que si les Allemands et les Français chantoient autant que les Italiens, quand il le faut, ils feroient bien.

CHAPITRE V.

DES RELIGIONS.

Tous les peuples du monde adorent la Divinité ; avant de la comprendre , ils l'ont déjà sentie. S'ils sont ignorans , ils la voient et l'adorent dans les astres et dans les productions

des hommes qui leur imposent quelque respect ;
plus instruits, ils vont de la créature au créateur sans changer de religion, puisque l'objet
du culte est le même.

Pendant l'absence de sa maîtresse, l'amant
couvre de baisers la dépouille aimable qui
cachoit ce corps chéri ; il est idolâtre, et n'est
pas plus coupable que le peuple qui adore les
œuvres de Dieu, en attendant qu'il sache plus
directement élever son esprit vers le créateur
de toutes choses.

APPLICATION.

La mélodie des chants pieux doit être
pure * ; les intervalles irréguliers doivent en être
bannis : c'est sans doute pour cette raison que
les anciens contrapontistes, qui n'ont jamais
composé que pour l'église, font observer
rigoureusement cette règle dans leurs écoles.
Lorsque le chant est mesuré, les rhythmes
doivent être graves et jamais sautillans. Quant
aux dieux du paganisme que nous célébrons sur
nos théâtres, voici ce qu'il convient d'observer,

---

* *Voyez* MUSIQUE D'ÉGLISE, *premier vol.*, *pag.* 73.

eu égard à la puissance, aux facultés que leur
attribuent la fable et les poëtes de l'antiquité:
Chaque dieu, chaque déesse demandent une
mélodie, une harmonie et un rhythme différens. Tout ce qu'il y a de noble et d'imposant,
convient à *Jupiter*. *Apollon*, par sa qualité de
dieu de l'harmonie, doit inspirer aux musiciens des chants nobles, riches et éclatans.
Mars appelle un rhythme guerrier; *Vulcain*,
un rhythme imité de celui des forges; l'*Amour*,
une mélodie douce, mêlée à quelque chose
d'acerbe; *Bacchus*, des chants bachiques, mais
plus nobles que ceux de l'homme. Les déesses
ont aussi des facultés que l'artiste peut respecter. *Junon* participe à la grandeur, à la
majesté de son époux, maître des dieux; mais
son caractère inquiet et jaloux oblige l'artiste
de joindre à la majesté de l'harmonie quelque
chose de sinistre, de morose. *Minerve* sera sage
dans l'harmonie et dans le rhythme: un chant
large et noble doit caractériser la divine sagesse
qui par tout l'accompagne. *Vénus*, aussi tendre
que son fils, n'abandonne jamais les chants
voluptueux : ses modulations ne sont que des

transitions pour aller d'une volupté à l'autre:
Diane prend le rhythme de la chasse, qui a
des rapports affoiblis avec le rhythme du dieu
de la guerre. Quant aux différentes religions
des peuples de la terre, je l'ai dit dans le texte
de ce chapitre, elles sont toutes instituées pour
honorer l'unique Dieu de l'univers : ces peuples
peuvent se tromper ou être trompés dans le
culte qu'ils observent; mais l'artiste qui parle
pour eux doit redresser leurs torts, et envoyer
leur hommage au Dieu de tous les mortels.

CHAPITRE VI.

Les grands talens sont-ils toujours accompagnés de bonnes mœurs!

QUE l'on cite un homme de génie, un homme
d'un esprit solide qui, par ses mœurs, ait
scandalisé les gens de bien en état de l'apprécier, je croirai que cela est possible. Cependant
la vérité n'est pas toujours pour le vulgaire ce
qu'elle est pour l'homme de génie : en révélant

des vérités sublimes qui contrarient l'esprit de son siècle, on peut croire qu'il s'égare; mais souvent après l'avoir cru un méchant, un impie , un athée, on lui érige des statues après sa mort. Il est, sans doute, des hommes d'esprit dont les mœurs flétrissent les talens; et ce seroit-là l'écueil du sujet que nous cherchons à développer, si chacun n'étoit persuadé qu'il est de bons et de mauvais esprits comme de bons et de méchans génies. En général, l'esprit n'est pas une chose naturelle; au contraire, l'esprit est éloigné de la nature; il semble même que plus il s'en éloigne, plus nous admirons ses brillans écarts. Mais cette admiration n'est que momentanée, et ne laisse point de trace en nous. C'est alors l'esprit qui séduit l'esprit, tandis que le cœur se tait; ce ne sont que des allusions fines, apanage des talens superficiels, qui amusent l'imagination , et ne persuadent point l'homme qui a l'esprit juste. Ne doit-on pas croire que l'individu qui n'aime que les illusions, les subtilités, les tours de force de l'esprit; qui se plaît dans le tourbillon des idées; qui, au milieu du labyrinthe de son imagination, semble courir après la raison qu'il n'atteint presque jamais; ne doit-on pas croire que de tels hommes présenteront à l'extérieur et dans leurs mœurs, l'image du chaos dans lequel ils sont enveloppés? Ne doit-on pas croire que leur amour-propre, flatté de l'originalité de leur esprit, de cet esprit subtil qui croiroit ne pas exister s'il présentoit les choses sous des rapports simples, ne s'habitue à dédaigner la vérité qu'il croit trop commune, que parce qu'il ne peut en sentir les charmes? D'après ces distinctions, il est évident qu'on peut avoir de l'esprit, et pas le sens commun ; de l'esprit sans mœurs, et avec un mauvais cœur *.

Si les dons de l'esprit, tels que nous venons de les indiquer, si l'esprit seul, sans l'assentiment du cœur, consistent dans des subtilités, dans le rapprochement d'idées éloignées, et n'ayant que peu ou point de rapports entr'elles ; si cet esprit, dis-je, se rencontre dans un homme riche, dur, indépendant, mal élevé,

---

* L'on trouve aussi de mauvaises têtes avec un bon cœur; mais ceci n'est pas de notre sujet.

n'ayant jamais remporté de victoires sur ses
passions, n'ayant point ressenti les maux qui
nous font compatir à ceux d'autrui, le cœur
d'un tel homme se laissera régir par sa tête :
c'est un homme d'esprit auquel il ne faut se
fier en rien. Il sera rusé, menteur, subtil,
méchant et fripon ; il sacrifiera vingt familles
pour un bon mot.

Les sots sont ici bas pour nos menus plaisirs,

est un vers qu'il croit avoir fait ; c'est son
axiome sentimental. Fuyez un tel homme,
ne vous laissez pas séduire par ses discours
illusoires ; cette langue dorée est un serpent
tortueux dont les écailles brillantes enveloppent
un venin mortel. Son cœur est nul ; cet homme
n'a point d'ame ; plût à dieu qu'il eût l'instinct
de la brute, il le serviroit mieux que son esprit.

A P P L I C A T I O N.

L'HOMME de génie destiné aux grandes
choses seroit dans sa jeunesse plus immoral
que l'homme sans passions, si son génie naissant
ne le préservoit déjà des dangers vers lesquels
il l'attire ; mais tout voir, tout connoître,

tout examiner, tout comparer, sont pour lui des désirs si violens, qu'ils servent de contre - poids aux passions dangereuses qui voudroient l'entraîner vers le mal moral, et opposent un rempart à la vivacité de ses sens. Disons donc que l'homme bien né s'égare et revient de ses fautes : dans un âge avancé, au milieu de ses triomphes, il jouit du bien qu'il a pu faire aux hommes ; fier de sa propre estime, il descend avec plaisir dans le fond de son cœur où il a puisé ses ouvrages ; et jamais il n'est ni dur, ni méchant, si l'envie, la calomnie ne viennent aigrir son caractère. *Voltaire* disoit, avec plaisir sans doute,

J'ai fait un peu de bien, c'est mon meilleur ouvrage.

Voyez l'homme d'esprit au milieu des cours ; l'empreinte de la sagesse et des vertus, le sceau de la liberté qu'il porte sur son front, le feront reconnoître parmi une foule d'esclaves. Là, tout est imitation, excepté celle de la nature ; là, vous ne verrez qu'un ton, qu'une manière : celui des courtisans qui sait avec le plus de grâces déguiser la vérité, est le plus honnête homme,

homme ; chaque valet est le singe de son maître, et tous les valets et les maîtres sont, de très-bonne foi, les singes du prince. Mais l'homme de génie n'imite point ; il croiroit s'avilir s'il cessoit d'être lui-même. Il essuie les sarcasmes, les bons mots : cet homme, dit-on, est rempli d'orgueil, il ne veut ressembler à personne ; ah ! dites qu'il ne peut ressembler à personne sans se dégrader. Ira-t-il intriguer, flatter, mentir pour parvenir à un poste éminent ? Il s'arrêteroit en route, en voyant à quel prix il peut l'obtenir ! Il aime mieux dédaigner les honneurs, la fortune ; et tel qu'un autre *Fénélon*, il subit tranquillement l'arrêt qui l'exile pour avoir dit la vérité.

Voyez-le au sein de sa famille ; son exemple, sa constante application, la régularité de sa conduite apprennent à ceux qui l'entourent, que la seule vertu conduit au bonheur *.

---

* Quels que fussent leurs caractères, la femme de *Socrate*, la veuve de l'indigent *Rousseau*, ont donné, soyons-en sûrs, plus de larmes aux cendres de leurs époux, que toutes les veuves réunies de nos financiers millionaires.

Les passions, même vicieuses, de l'homme de
génie, sont subordonnées à une passion plus
impérieuse ; il lui est impossible de s'oublier
au point de ternir sa réputation, pour laquelle
il sacrifieroit volontiers tous les biens de ce
monde. La gloire, l'honneur, l'estime des gens
de bien et sur-tout de soi-même, ont toujours
fait l'homme estimable ; tout autre intérêt a des
côtés foibles et doit paroître suspect. L'homme
qui excite habituellement son imagination, a,
bien plus que les autres hommes, besoin de
ce penchant naturel qui fait aimer l'ordre et
les bonnes mœurs pour elles - mêmes ; étant
souvent dans le délire, il ne lui faudroit que
changer d'objet pour flétrir sa gloire. Mais ne
craignons rien : si quelquefois il s'égare, il est
en général exempt de foiblesses habituelles.
Je ne prétends pas que ce chanteur musqué,
ce joli comédien qui marche tout d'une pièce,
parce que dans son habit il ne lui reste pas
une jointure flexible, soient sages et réservés,
après avoir fait tourner la tête de nos jolies
femmes : non, sans doute. Aussi ne parlé-je
pas de ces gens-là, à qui il suffit, avec un

peu d'instinct, d'effleurer ce que la science a
de plus gracieux pour briller avec l'esprit des
autres. Mais l'habile chanteur aura approfondi
la science de l'harmonie ; le véritable comédien
aura lu l'histoire, aura étudié les mœurs de
tous les pays dont il représente les personnages :
il sait sa langue comme un académicien ; ce
sont des artistes estimables qui cessent d'être
dangereux à la société. On abuse de tout sans
doute, même de la religion ; comment n'abu-
seroit-on pas des arts qui ont le plus d'empire
sur les sens ?

C'est l'ignorant, c'est le prétendu savant qui,
remplis de vaine gloire, nuisent aux bonnes
mœurs. Rien n'est égal à l'humeur qu'ils éprouvent, lorsqu'après de longs efforts ils sont obligés
de renoncer à la célébrité qu'ils ambitionnoient ;
leur mécontentement provient sur-tout de ce
que les mêmes matériaux, les mêmes idées dont
ils se servent sans nul effet, en produisent de
très-grands dans les bons ouvrages ; ils ne peuvent
se persuader qu'il leur manque le jugement qui
régit tout, et sans lequel on ne peut rien
faire de bon. Vraiment tout est créé depuis

long-temps, et tout dépend de la place que l'on donne à chaque chose : voilà ce qu'ils ne comprendront jamais. Qu'est-ce enfin que l'homme de génie et d'un esprit vrai ? celui pour qui la nature a tellement disposé l'organisation , pour qui l'équilibre entre les cinq sens est tel, qu'il est plus qu'un autre frappé par la vérité qu'il chérit, et par l'erreur qu'il déteste *.

---

* L'homme seul a reçu de la nature l'équilibre dont nous parlons. Tel animal peut avoir un sens supérieur au même sens de l'homme. L'oiseau peut avoir la vue perçante ; le chien, l'odorat fin ; le cheval, le goût délicat ; le lièvre, le chat, entendre, pour ainsi dire, voler une mouche ; le limaçon peut être sensible au frottement même d'un cheveu. C'est cette perfection même d'un des cinq sens qui rompt l'équilibre avec les autres, et qui rend l'animal stupide. Quoi, dira-t-on, l'homme de génie ne peut-il avoir un sens plus foible ou plus parfait que les autres sens ! Oui ; mais il sait, par un tempérament naturel à sa raison, les accorder entre eux, de manière que selon le besoin un sens ne commande qu'avec le consentement des autres, et jamais uniquement. Les sens s'émoussent dans l'âge avancé, aussi n'est-il pas celui des productions du génie. Il est possible cependant que l'expérience acquise supplée, jusqu'à un certain point, aux sens émoussés, et donne à la vieillesse une invention de calcul et même une fraîcheur empruntée.

Aimer la nature , c'est aimer la vérité qui par tout l'accompagne ; étudier profondément quelque science que ce soit, c'est mettre l'ordre où il n'étoit point, c'est substituer la sagesse à l'erreur ; et l'habitude de l'étude et de l'ordre font , sans contredit, les meilleurs de tous les hommes.

CHAPITRE VII.

Il faut savoir se faire pardonner ses talens.

Oui, n'en doutons point, il faut se faire pardonner des talens qui coûtent tant de peines à acquérir. Cependant il n'est point, je crois, de moyen d'y parvenir absolument. Lafontaine, le plus simplement spirituel de tous les hommes, est peint, dans les Caractères de la Bruyère, comme un homme grossier et stupide. Faut-il se faire craindre ? on vous caresse en parlant à vous-même, et l'on vous déchire davantage en votre absence. Faut-il se faire aimer par des bienfaits ? ils humilient presqu'autant que le talent, et l'ingratitude s'en mêlera bientôt. Que faire donc? ce que font les malades incurables, vivre avec son ennemi, en agissant le mieux que l'on peut. Je disois un jour à un musicien très-subalterne, qui me parloit avec une majesté incroyable : *Que vous ai-je fait! Rien*, me dit-il. *En ce cas*, lui dis-je, *traitez-moi comme un autre.* Oui, nos talens humilient ceux qui en ont moins que nous, et il faut savoir se les faire pardonner pendant sa vie, car lorsqu'on est mort, tout est pardonné. On exalte au contraire le talent qui survit à l'homme, pour ravaler celui des hommes qui vivent après lui.

APPLICATION.

Tout homme à grand talent qui parle sur la scène, doit avoir l'aplomb, la modestie, la modération, et sur-tout la dignité que donne immanquablement ce même talent. S'il s'emporte, s'il s'extasie; il faut qu'on sente que chacun en eût fait autant; qu'il a été entraîné par la chose même, et que la vanité du talent n'est entrée pour rien dans sa colère, son emportement ou son enthousiasme. Comment, dira-t-on, l'artiste médiocre pourra-t-il faire agir et parler l'homme supérieur qui est si loin de ses conceptions ? Ne cherchons point ce que l'artiste ignorant est capable de peindre : il ne peut rien, il ne peut même pas rendre la bêtise qu'il possède intérieurement, et dont il est l'enveloppe malheureuse. N'en doutons point, il faut autant d'esprit, de sagacité, sentir aussi juste pour peindre un niais qu'un Alexandre.

CHAPITRE VIII.

DE LA MODE.

LE gouvernement fait les mœurs ; le ton, les manières plus ou moins simples, plus ou moins apprêtées ou bizarres, plus ou moins décentes, ne sont que le reflet des mœurs. L'homme imite volontiers tout ce qui lui impose, tout ce qui est au-dessus de lui ; et comme, tant au physique qu'au moral, la force, le courage, la beauté, le talent, l'esprit, la fortune, rendent les hommes inégaux entre

C 4

eux ; comme l'apanage des uns n'est jamais,
au même point, l'apanage des autres, ils sont
tous imitateurs, parce qu'ils sont inégaux.
Un instinct limité répugne à l'homme ; il
cherche sans cesse à perfectionner son être et
ses œuvres : autant la brute, par sa nature,
reste concentrée, autant l'homme cherche à
sortir de lui-même ; c'est là son instinct, qui
seul prouveroit qu'il est fait pour la société,
sans laquelle les objets de comparaison lui
manqueroient pour pouvoir s'élever à la perfection qu'il recherche. La mode, cet étendard
des mœurs, agit sur l'homme avant qu'il s'en
doute. Avec l'habit de l'ordre, un moine en
prenoit l'esprit ; de même une jeune femme
modeste se croit obligée d'être coquette et
légère, parce que, en arrivant de sa province
dans la capitale, on la revêt des pompons qui
désignent la coquetterie et la légéreté. Dans
les grandes villes, où l'on n'a pas le temps de
se connoître, l'on se juge par l'extérieur, en
attendant qu'on se connoisse mieux. Prenez-y
garde, femme honnête et décente ; si vous
prenez l'habit et le ton d'une évaporée, on

vous traitera comme telle, et vous ne tarderez peut-être pas à l'être réellement.

Le peuple doit aimer à imiter les gens du bel air; il est séduit par les accessoires, les dehors attrayans du vice, avant d'en connoître le principe. Les arts d'imitation suivent le torrent; pour être vrais, ils peignent la manière d'être, la tournure de chaque chose; ils l'outrent souvent pour en faire la censure. C'est ainsi qu'imitant aveuglément tout ce qui est de mode, un préjugé remplace un préjugé; un ridicule ne se détruit qu'à la naissance d'un autre; c'est à travers le temps qu'on aperçoit la force de l'influence générale et réciproque; alors il n'est personne qui ne dise: « Est-il croyable » que l'on ait fait telle chose il y a dix ans »!* Plus

---

* Au moins évitons l'indécence; n'insultons point à la pudeur. Voici l'extrait d'un journal auquel tout Paris applaudit dans le temps. « C'est une chose » étrange que la manière actuelle dont les jeunes gens » s'habillent; ces culottes étroites, dont l'objet est de » dessiner la cuisse avec une indécente exactitude, » offensent la pudeur jusque sur nos théâtres. Des » mères de famille, justement alarmées de cette licence » honteuse, ont pris le parti d'éloigner leurs filles des

que jamais, il semble que le but des hommes
est de suivre les principes d'une saine philosophie, en tout ce qui peut perfectionner la
société. Un gouvernement despotique détruit
toute liberté naturelle; l'homme vivant dans
la contrainte se replie sur lui-même, jusqu'à
ce qu'il ait secoué le joug; il s'amuse de niaiseries dont auroit rougi la femme d'un Spartiate
ou d'un Romain; il se complaît dans ses mœurs
efféminées, toutes factices, qu'il nomme *du*
bon ton ; et l'homme le plus raisonnable, le
plus sévère, est plus ou moins entraîné,
malgré lui, par la force de l'exemple. Il est
même raisonnable de ne pas fronder la mode
régnante; il faut savoir être un peu fou pour
ne pas paroître l'être tout-à-fait. L'on voit souvent la mode passer d'un excès à l'autre : cette

» scènes où ce costume est toléré. Nous ne citons per-
» sonne; mais nous invitons, entre autres, deux jeunes
» gens d'un de nos grands théâtres, à respecter le public
» à cet égard. Cette grossière confidence de leurs per-
» fections est scandaleuse, et nous les avertissons que,
» si quelques effrontées les en félicitent, les honnêtes
» gens en sont outrés ».

transition, comme on le croit, ne tombe pas
des nues ; elle est préparée de loin par les
réfractaires, qui toujours font précisément le
contraire des autres *.

Dans les villes de province, l'habit à part,
on sait toujours ce que vaut l'homme : l'habit
et la bourse font tout à Paris pour les gens du
bel air. Tel étranger, tel grand flandrin, Hollandais ou Anglais, qui dans son pays n'étoit
jamais sorti de la foule, n'a besoin, en arrivant,
que du valet de place qui l'attend à la porte de
l'hôtel garni, pour lui faire jouer un rôle **.
Il lui fait connoître cent émissaires officieux et
fripons, qui lui louent à l'instant un carrosse,
le font habiller dans le dernier goût, le mènent
dans les coulisses, où il est tout étonné de se
voir la coqueluche des belles dames qui les
habitent. Dès le lendemain on a prévenu tous
ses désirs ; il passe successivement d'un lit

---

* En toutes circonstances, voici leur manie : « Tu as
» de petites boucles ; j'en aurai de grandes : tu en portes
» de grandes ; je n'en aurai plus, &c. »
** Ce qu'on lit ici de l'ancien régime, n'est qu'un
coin du tableau de ses abus.

voluptueux à la table , aux spectacles , aux
promenades et dans les maisons de jeux. Dans
son cercle empesté , on ne parle que de lui , de
sa magnificence ; il n'a qu'à laisser faire , on lui
donne à son choix les titres de *marquis , comte*
ou *baron.* Il ne connoît rien de délicieux comme
Paris; dans un mois il se voit métamorphosé
au point de ne plus se reconnoître lui-même;
il a bien de la peine à reprendre son style ordinaire pour écrire à ses parens. Le retour dans
son pays est un peu difficile après cet enchan-
tement ; mais enfin lorsque la finance est
épuisée, lorsque l'ordre d'un père le prescrit, il
faut bien s'y résoudre. Combien il en coûte
alors d'aller reprendre son poste dans un bureau , les travaux d'une manufacture avec les
habits convenables ! L'on croit se dégrader en
redevenant homme simple et honnête.

On se rappelle , sans doute , l'histoire de ce
jeune Hollandais-qui , après avoir tout dépensé
à Paris, après avoir perdu sur sa parole quelques
milliers de louis , fut obligé de s'enfuir pour
se rendre dans ses foyers. Son débiteur, un
de ces hommes du bon ton , sans probité , sans

talens, sans fortune, et, fort heureusement aujourd'hui, sans naissance, se rend à Amsterdam; après s'être informé dans la ville, il va sur le port; on lui dit. « Voilà peut=être le » négociant que vous cherchez, mais il n'est » point baron».II l'aborde.—Votre fils ou votre parent, M. le baron un tel, n'est-il pas venu à Paris l'hiver dernier? — Oui, mon fils y a été. — Il me doit deux mille louis. — Aussitôt le négociant appelle *Henri*. Son fils arrive, coiffé d'un bonnet de laine. — Connois-tu Monsieur? t'a-t-il prêté de l'argent à Paris?— Le jeune homme, tout honteux de son costume, devant M. le comte, répond timidement : Oui, mon père, je dois à M. deux mille louis. — Pourquoi ne l'as-tu pas dit plutôt?.... Pourquoi t'appelois-tu *baron* à Paris? — Je vous jure, mon père, que ce n'est pas moi qui me suis donné ce titre; mon valet, puis tout le monde m'y ont forcé. — Vas, retourne à ton ouvrage. Suivez-moi, Monsieur. — Il le mène chez lui, et dans une espèce de cave. — Voulez-vous de l'or, de l'argent ou du papier? — L'or ne m'incommodera point, dit M. le comte. —

D'un coup de marteau, le négociant ouvre
une tonne d'or, et, sans mot dire, lui paye sa
créance, bien ou mal acquise, reprend sa pipe
et retourne au port, en lui disant, *Adieu, M...*
Que de réflexions n'auroit pas dû faire *monsieur
le comte*, en comparant la dure et sévère probité du Hollandais à la sienne !

A P P L I C A T I O N.

L'ARTISTE, ainsi que l'homme sage dont
nous venons de parler, ne doit pas fronder la
mode. Trop de sévérité révolte, et ne corrige
pas ceux qui en sont engoués : mais en cédant
prudemment au torrent; en sacrifiant à la mode
dans les détails, il doit rester fidèle aux vrais
principes. Pendant sa vie, *Vernet* a pu changer
plusieurs fois le costume de ses figures pour
suivre la mode ; mais, pour se rendre immortel,
il n'a point varié par le fond de son art. On dit
que *Boucher* l'emporta, il y a cinquante ans, sur
tous les peintres de Paris par la réputation ; ose-
roit-on vanter aujourd'hui ces beaux bergers, ces
belles bergères à têtes rondes, et qui ont la taille
si svelte, qu'on peut craindre, avec raison,

que le buste ne se sépare du reste du corps * ?

Vers la fin de sa carrière, *Vernet* remarqua qu'on aimoit la force du coloris, il fit alors quelques tableaux très-forts en couleurs ; mais il se garda bien de renoncer à ses principes. Il sacrifia à l'idole du jour, en peignant les sites d'un pays tempéré avec les couleurs propres à la nature des régions brûlantes (1). —Vous serez, me disoit-il, forcé d'adopter quelque chose de la musique forte et bruyante, qui, malheureusement, devient à la mode. — Oui, lui dis-je, mais après avoir exagéré si peu que ce soit, ne faudra-t-il pas toujours en revenir à la juste modération (2)?—Je fis *Raoul barbe bleue*, *Pierre le Grand*, *Guillaume Tell*, où je cherchai à renforcer le coloris musical, c'est-à-dire, l'harmonie et le travail de l'orchestre ; mais je fis comme *Vernet*, je ne changeai pas de système : les intentions premières, c'est-à-dire, le dessin, le chant, furent pour le théâtre ; et l'orchestre, quoique plus nerveux,

---

* Les critiques d'Athènes donnoient le nom de *guêpes* aux femmes qui se séparoient ainsi le corps avec affectation.

n'en fut que le coloris. Je ne puis être de l'avis des musiciens qui, trop souvent, font le contraire. Ne doutons pas que *Gluck* ne les ait entraînés à ce parti ; mais il falloit être philosophe comme lui, posséder l'art de faire un grand tout bien ordonné, pour avoir osé renverser le principe, en rendant principal ce qui, par essence, ne doit être qu'accessoire. Ce qui prouve cependant, et sans réplique, que, pour travailler dans les vrais principes, l'orchestre doit être subordonné au chant, et non pas le chant à l'orchestre, c'est que le genre de *Gluck* a déjà été saisi et imité par plusieurs compositeurs, et qu'il peut l'être encore. Je crois qu'on n'imitera pas de même, et avec succès, un chant pur et vrai, ni même le beau chant idéal de *Sacchini*. Ainsi la maniere de juger si un genre qui plaît est tout entier dans les vrais principes de l'art, c'est de remarquer si, à chaque instant, les jeunes artistes ne font pas des efforts pour le perfectionner encore ; et si, dans leurs imitations, ils n'obtiennent pas des résultats supérieurs.

Dans la musique de *Raoul barbe bleue*, j'ai eu

eu soin de ménager des repos, par des morceaux
simples qui ne pouvoient être autres sans
déraison.

Avant de commencer cette pièce, j'avois
sur-tout envie de faire aussi bien qu'il me
seroit possible, le trio

Ma sœur, ne vois-tu rien venir !

autant auroit valu ne pas faire la musique de
ce drame, que de manquer ce morceau, dont
la situation, connue dans le conte depuis cent
ans, avoit le droit de faire frémir tous les
petits enfans, et de rappeler aux grands qu'ils
furent petits. J'ai souvent dit, dans mes écrits,
qu'un maître peut se permettre une licence,
s'il en résulte un effet vrai. Dans l'air *Venez*
régner en souveraine, chanté par *Raoul*, il y a
trois quintes de suite ; et deux, comme l'on sait,
sont déjà défendues par les règles de l'harmonie ;
c'est à cet endroit,

Ve - nez ré - gner   en sou - ve - - rai - ne.

Le basson soutient des notes qui forment

des quintes avec le chant, et cet effet est dur à l'oreille sans doute; mais si l'on fait attention que lorsque *Raoul* dit à *Isaure*, « Venez régner » en souveraine », c'est comme s'il lui disoit : « Venez chez moi pour y être égorgée, si » vous êtes curieuse » (et le public sait qu'elle a ce défaut) : les quintes alors font frémir l'auditeur, et c'est précisément ce que j'ai voulu. Dans la musique de *Pierre-le-Grand*, il n'y a pas plus de surabondance harmonique que dans *Raoul*. Dans *Guillaume Tell*, l'énergie révolutionnaire devoit se faire sentir; mais à travers ce sentiment terrible, quelques traits champêtres indiquant la candeur des habitans de la Suisse, s'y font par tout entendre; ils semblent dire : « C'est pour conserver nos » vertus que nous nous insurgeons ».

J'ai entendu dire souvent que la musique est un art absolument soumis à la mode, et les musiciens qui se voient promptement oubliés, appuient ce jugement pour se consoler. J'ose croire que si, du temps de *Corneille*, de *Molière*, la musique eût été ce qu'elle est aujourd'hui, elle n'eût pas essuyé plus de variations que les œuvres de ces écrivains, dont quantité de termes ont vieilli. *Pergolèze*, dont on chante toujours la musique, parce qu'il a bien saisi la nature, étoit à-peu-près leur contemporain, et prouve évidemment ce que j'avance. Mais je crois connoître la cause qui assujettit la musique, plus qu'aucun autre art, aux variations dont on l'accuse ; c'est qu'elle est continuellement dans la dépendance de ceux qui l'exécutent. Un livre de science, de philosophie, un tableau, une statue, sont lus, examinés, jugés tranquillement par tout le monde, sans le besoin d'aucun secours étranger ; en est-il de même des ouvrages dramatiques, de la musique surtout, qui a besoin indispensablement, pour paroître au jour, d'une quantité de talens réunis, qui modifient à leur manière ou altèrent le sentiment de l'auteur et le vrai sens de son ouvrage ? Défendrez-vous à cette chanteuse de faire des roulades, des trills, mille ornemens déplacés, si elle excelle dans cette partie, et si le public la couvre d'applaudissemens chaque fois qu'elle multipliera

ces colifichets ? Pendant vingt ans j'ai vu le
public enivré de plaisir lorsqu'il entendoit
un trill bien battu ; on en plaçoit par tout
dans ma musique, quand je n'en indiquois
pas assez au gré des chanteurs. Aujourd'hui
le trill est encore en usage ; mais (ne nous y
trompons pas) il a changé de place : au
temps de *Lulli*, de *Rameau*, l'on plaçoit le trill
sur la dernière note des phrases ;

E X E M P L E :

Je vous le   dis.

aujourd'hui ce trill ainsi placé seroit une
horreur ; mais de cette manière on le trouve
superbe :

Je vous   le·   dis.

Convenons de bonne foi que l'un vaut l'autre ;
que ces différences sont puériles, et ne font
rien à l'art. Il n'étoit pas permis, jadis, pour

certains chanteurs peu musiciens, de faire un accompagnement différent du chant; si cette partie ne se trouvoit pas au premier violon, il falloit de toute nécessité qu'elle fût ailleurs : aujourd'hui on commence à chanter en France; et cette manière de suivre le chant empêche le chanteur de se livrer aux broderies exagérées; est-ce un si grand mal?

Les défauts mêmes d'un chanteur qui excite l'enthousiasme, sont saisis et deviennent un objet de mode. Toutes les femmes grasseyoient en chantant, lors de mon arrivée à Paris; cela étoit essentiel. J'ai vu le moment où tous les hommes alloient chanter du nez, si un événement n'avoit tranché sur cette manie. Je vais rapporter un fait singulier dont j'ai été témoin : Tousser en chantant ne fut jamais une chose agréable; eh bien! j'ai vu à Rome un habile chanteur, nommé *Nicolini*, garçon assez replet, comme tous ceux de l'espèce mutilée, qui, sans doute, avoit la respiration courte, et qui, par tout où il avoit besoin de respirer, coupoit la note et en remplissoit la durée par une petite toux sèche. Cela est affreux!

— Non, c'étoit charmant, puisque toutes les dames romaines l'imitoient. Heureusement cette mode fatigante ne dura pas, car bientôt on auroit vu un peuple de beautés asthmatiques. Voici un des airs qu'il chantoit à ravir :

Quoique je n'aye nullement cité cet air de *Sacchini* dans l'intention d'en faire l'analyse, je ne puis en dissimuler le défaut relativement à la ponctuation du sens des paroles, chose à laquelle les musiciens italiens ne sont pas obligés de faire attention.

> Rondinella a cui rapita
> Fu la dolce sua compagna :

il n'y a pas même de repos de tonique après ces deux vers ; *Sacchini* en a fait un après le premier ; ensuite arrive le verbe comme s'il tomboit des nues. Les musiciens m'entendent assez ; mais ceux qui ne le sont guères voudroient, peut-être, l'exemple de ces défauts corrigés. Voici le premier chant correct qui me vient à l'esprit.

Ron - di - - - nel - la   a cui   ra-pita   fu la

dol - ce su- a   compagna,   va   smar - - ri- ta, &c.

Allez maintenant aux bouffons de la rue Faydeau, à Paris *, vous y entendrez, de même, chanter le français d'une manière extravagante pour la langue. Tous les *e* muets sont devenus

---

* Ce chapitre est écrit depuis plusieurs années.

syllabes capitales ; on ose même, sur l'*e* muet,
faire des roulades pour ramener au *da capo.*
Exemple d'un air supposé :

De ma　　　pei - ne - - - - - - - - - - - - -

C'est pour mon　　　cœur.

Peut - on pousser plus loin l'extravagance ?
Mais, encore une fois, soyons sûrs que le fond
de l'art ne dépend point de l'ineptie d'un
chanteur ; toutes les folies de la mode viennent
se briser contre ses bases inaltérables. L'Italie
a donné naissance à la mélodie ; l'Allemagne a
perfectionné l'harmonie ; la France a vu naître
l'art dramatico - musical ; et, soyons justes,
c'est aux poëtes français, plus qu'aux musiciens, qu'appartient cette gloire. Les bons
poëmes, bons à tous égards et sans longueurs,
n'ont guère été faits qu'en France ; et plus
un poëme est bon, moins il est permis de
le dégrader par des contre - sens musicaux.
Comment le peuple français, naturellement

peu musicien, et idolâtre de sa langue, peut-il permettre des absurdités en musique, dira-t-on? Je réponds à cela que le Français est juste : il permet tout quand le poëme est mauvais ; mais il ne permet rien d'absurde au musicien, si le poëme est intéressant et bien fait. Il a senti le prix d'un ouvrage raisonné dans toutes ses parties, il ne s'en départira plus. Jeunes musiciens, prenez donc de mauvais poëmes, si vous voulez faire de la musique banale; mais ne comptez pas sur des succès constans, ni sur une gloire solide; chaque année vos productions rentreront dans la poussière comme les feuilles de l'automne.

Il est une autre manie qui s'accrédite maintenant, et qui est d'autant plus dangereuse qu'elle en impose au commun des auditeurs : c'est celle de faire beaucoup de bruit, dont je veux parler. Il semble que depuis la prise de la Bastille on ne doive plus faire de musique en France, qu'à coups de canon ! erreur détestable qui dispense de goût, de grâce, d'invention, de vérité, de mélodie et même d'harmonie, car elle ne fut jamais dans le bruit. Si nous n'y

prenons garde, nous dessécherons l'oreille et
le goût du public ; nos meilleurs chanteurs
deviendront ventriloques au bout de deux ans,
et nous n'aurons plus que des compositeurs
bruyans. N'en doutons point, ce genre monstrueux seroit la perte de l'art musical, de même
que la pantomime fut celle de l'art dramatique
chez les Grecs et les Romains. Je mé sers ici
d'une comparaison triviale ; mais si dans un
repas on commençoit par servir les mets les plus
piquans, pourroit-on ensuite en offrir d'autres
moins apprêtés ? Nous avons tous remarqué
le danger de monter trop haut sa lyre au commencement d'un ouvrage ; après avoir abusé
des grands effets, on commence un morceau
de mélodie qui devroit être aimable, avoir
toute son étendue et ce qu'on appelle l'*aplomb
magistral* ; mais à peine a-t-on fait quelques
mesures, qu'on est saisi de la crainte des longueurs ; on retourne vîte à la timbale pour
se tirer de presse, et se sauver dans le bruit
qu'on a prodigué d'avance. Il est, je le répète,
bien dangereux de se livrer à ce débordement
continuel de musique, qui épuise tous les effets

dont on a besoin dans la suite d'un drame. Je n'ai jamais parlé de cet abus avec mes con-frères *Méhul*, *Lemoine*, *Chérubini*, *Lesueur*.... qu'ils ne m'ayent témoigné leurs craintes sur les suites funestes de cet abus. Ils conviennent tous que l'harmonie est aujourd'hui compliquée au dernier point; que les chanteurs et les ins-trumens ont franchi leur diapason naturel ; que plus de rapidité dans l'exécution rendroit notre musique inappréciable pour l'oreille, et qu'enfin un pas de plus nous jetteroit dans le chaos. Tout nous commande donc de rétro-grader vers la simplicité ; soyons sûrs qu'elle aura pour nous tout le charme de la nouveauté, et que, telle qu'une maîtresse charmante qui daigne nous pardonner une infidélité, nous la retrouverons plus aimable encore.

Le duo d'*Euphrosine* feroit-il un effet aussi impérieux, s'il n'étoit précédé de musique mé-lodieuse et d'effets d'harmonie qui ne sont qu'en demi-teintes, en comparaison des couleurs fortes de ce morceau ? L'orchestre immense de l'Opéra avoit déjà étonné les spectateurs par ses déploiemens magnifiques ; mais on étoit

loin de s'attendre à des effets terribles sortant de
l'orchestre de l'Opéra-comique. *Méhul* l'a tout-
à-coup triplé par son harmonie vigoureuse,
et sur-tout propre à la situation. Il a dû voir
qu'il est inutile d'exiger des musiciens de l'orchestre des efforts extraordinaires ; soyons forts
de vérité, l'orchestre fournira toujours au gré
de nos désirs. Je ne balance point à le dire : le
duo d'*Euphrosine* est peut-être le plus beau morceau d'effet qui existe. Je n'excepte pas même
les beaux morceaux de *Gluck*. Ce duo est
dramatique : c'est ainsi que *Coradin*, furieux,
doit chanter ; c'est ainsi qu'une femme dédaignée et d'un grand caractère doit s'exprimer ;
la mélodie en premier ressort n'étoit point ici
de saison. Ce duo vous agite pendant toute
sa durée ; l'explosion qui est à la fin semble
ouvrir le crâne des spectateurs avec la voûte
du théâtre. Dans ce chef-d'œuvre, *Méhul*
est *Gluck* à trente ans ; je ne dis pas *Gluck*
lorsqu'il avoit cet âge, mais *Gluck* expérimenté, et lorsqu'il avoit soixante ans, avec
la fraîcheur vigoureuse du bel âge. Après
avoir bien entendu ce morceau, dont le

premier mérite, à mon gré, est d'être vigou-
reux sans prétention et sans efforts pour l'être;
je destinai de bon cœur à mon ami *Méhul*, l'épi-
graphe que *Diderot* avoit jadis placée sous mon
portrait :

> *Irritat, mulcet, falsis terroribus implet,*
> *Ut magus.....*

Il semble effectivement que c'étoit pour l'auteur
du duo d'*Euphrosine* qu'*Horace* fit ces vers.
  Excepté les situations où la plus grande
force est nécessaire, guérissons-nous de la
fièvre continue qui, dans les arts comme dans
l'économie animale, annonce toujours quelque dérangement occulte. Donnons à la mode
régnante tous les détails d'agrément; que nos
bons chanteurs en inventent, ou aillent en
chercher chez les Italiens; mais que ce ne soit
jamais aux dépens de la prosodie, ni du sens
des paroles. C'est sur-tout à la terminaison
des phrases musicales, qu'on s'aperçoit que la
musique a vieilli. Ne faisons point de difficulté
de substituer à la cadence qui n'est plus en
usage, celle qui maintenant est à la mode; le

nombre des terminaisons est borné, parce que, de force ou de gré, il faut finir la phrase par la note tonique qui représente le point final. On devroit nous donner la collection de toutes les cadences parfaites connues dans notre musique et celle des autres peuples ; le compositeur pourroit consulter ce tableau, pour y choisir celles qui seroient de mode, et qui conviendroient au genre de son morceau. On devroit aussi nous donner le tableau des effets d'harmonie et des sorties de ton, gradué depuis les transitions naturelles jusqu'aux excès harmoniques. On pourroit dire alors du compositeur qui auroit modulé trop rudement : « Il devoit prendre tel numéro, de » préférence à celui qu'il a choisi ».

N O T E S.

*P*AGE 47. (1) Les arts ont beaucoup perdu, sans doute, par la mort du célèbre *Vernet*. Il étoit dans l'âge où une longue expérience a découvert leurs secrets aux yeux de l'artiste. Jamais je ne quittois *Vernet* qu'il ne m'eût appris quelque chose en musique ; et peut-être lui parlois-je peinture, du

moins le disoit-il, quand je raisonnois devant lui
sur la mélodie et l'harmonie musicales. O mon ami!
je t'ai pleuré; mais bientôt mes regrets ont cessé;
car si la Parque eût de quelques mois prolongé tes
jours, de quelle mort plus affreuse n'eusses-tu pas
été la proie! tu eusses vu ta fille, ton idole, elle
qui ne *conspira* jamais que pour le bonheur de son
père et de ses amis, tu l'eusses vu périr sur l'horrible
échafaud des *Robespierre.* Fille d'un grand homme,
belle et tendre *Émilie!* console-toi; et, de l'échafaud où tu perdis la vie, vois le Panthéon où
bientôt reposera ton père. Ses cris t'y appellent;
élance-toi vers lui; tu le sais, pour être heureux
son ame eut toujours besoin de la tienne.

Page idem. (2) Je ne dissimulerai pas que souvent
en écoutant les compositions plus fournies, plus
pleines d'harmonie que les miennes, j'ai regretté
de n'en pas avoir fait un plus grand emploi dans
mes premiers ouvrages. J'ai souvent négligé la
partie de la quinte, qui est si nécessaire pour
remplir le vide qui se trouve entre les violons et
la basse, que je ne doute pas qu'un jour on n'in-
vente des demi-violoncels plus forts que les quintes.
Les musiciens exécutant la partie de la quinte, se
croient dispensés de jouer lorsqu'ils font la même
partie que la basse, et ils se trompent; la quinte,
pour remplir le vide dont je viens de parler, est

toujours d'une nécessité absolue. Au reste, il me seroit aisé d'augmenter le travail de la quinte et du basson ; cependant, et je ne sais pourquoi, je n'en suis pas tenté. Si, après moi, mes ouvrages restent aux répertoires des théâtres lyriques, quelque compositeur s'en chargera peut-être : mais je l'invite à se bien pénétrer du sentiment de ma musique ; qu'il sache bien ce qui y est, pour qu'il sente le danger de l'obscurcir par des remplissages, par des accessoires que je regarde souvent comme l'éteignoir de l'imagination.

CHAPITRE

CHAPITRE IX.

Sur les retours périodiques que l'on remarque dans les choses créées.

C'EST un livre et non un chapitre qu'il faudroit pour bien observer ces objets. Tous les hommes sont frappés des rapports et des retours réglés qui existent entre les choses créées ; tous les hommes sont sensibles à la symétrie ; l'homme qui voit une chose pour la première fois, semble douter et craindre d'être trompé par ses sens ; mais il ne doute plus s'il la voit reparoître plusieurs fois ; il croit cette même chose soumise à l'ordre de la nature, si elle reparoît périodiquement ; il croit enfin que toute la nature n'a qu'une ame, quand il voit des rapports semblables entre diverses choses, quand il voit qu'une même loi semble commander à toute la nature. Les harmonies entre les choses créées, ont été trop bien observées par le respectable *Bernardin de*

Saint-Pierre, pour que j'en parle ici : oui, tout est harmonie dans la nature, et ce concert harmonieux ravit d'admiration tous ceux qui y prêtent une oreille attentive *. Les retours périodiques d'une même chose ne doivent point surprendre les hommes : lorsque le philosophe est frappé d'un objet qu'il n'avoit point encore observé, il dit : « Ce que je vois aujour- » d'hui pour la première fois, est ancien comme » le monde, et durera autant que lui; car ce » qui est, fut et sera ».

La théorie des vents est encore inconnue ; mais qui oseroit assurer qu'un jour on n'aura pas observé les retours périodiques de tous les vents de l'année qui disposent et meuvent à leur

---

* Le même auteur semble indiquer que tous les individus, même le corps de l'homme, sont composés d'une même chose deux fois répétée de droite et de gauche, le tout surmonté sans doute d'une tête unique... Cet aperçu systématique est aussi abstrait que le système de la formation du fœtus, par *Buffon.* Cette idée de *Saint-Pierre,* moitié sublime, moitié comique, est assez bien représentée par la découpure d'un papier plié double, triple ou quadruple.

gré l'atmosphère dans lequel nous respirons?
Qui affirmera qu'un jour leurs changeantes
directions ne seront pas aussi familières aux
navigateurs, que celle des vents alizés soufflant
constamment à l'ouest entre les tropiques? Qui
oseroit croire qu'un jour l'homme élevé au-
dessus des nues, et soutenu par un aérostat,
observant de ce point sublime et dominant sans
peine l'étendue nébuleuse qui couvre le plus
vaste empire; qui sait, dis-je, si, par le moyen
de l'électricité, il n'apprendra point à détourner
de nos moissons, de notre habitation, les
grêles désastreuses, les vents et les tonnerres?
Et s'il apprend à les éloigner, bientôt il saura
les attirer quand il en aura besoin.

Puisque tout est harmonie, que tout est
soumis à l'ordre, tout doit être, dans la nature,
soumis à des périodes plus ou moins longues,
plus ou moins régulières, toujours dépendantes
d'une cause. Il est probable aussi que la cause
de tel effet n'est elle-même qu'un effet relativement à une autre cause. L'ordre, l'invariabilité
appartiennent tellement à la nature de chaque
chose créée, qu'on diroit (avec *Platon*, je

pense) que Dieu fut contraint par sa perfection infinie,

D'ordonner une fois, pour obéir toujours.

La terre, les cieux semblent réguliers dans
leurs mouvemens ; les planètes, les comètes
moins connues, tous les astres influencent-ils
tout ce qui couvre notre globe? nous l'ignorons ; mais les sages de l'antiquité l'ont présumé,
et il n'y a que la fatuité philosophique qui ose
rire des phénomènes qu'elle ne peut soumettre
à ses étroits calculs. Mais l'astre qui nous donne
la vie et le mouvement en nous communi-
quant sa chaleur, le soleil, est si régulier dans
sa course, il agit si directement, si périodiquement sur nous, que ses seules influences,
réglées avec une étonnante précision, suffisent
pour que tout sur ce globe vive, agisse, végète
et meure périodiquement. N'observons pas
d'abord l'homme, qui, parce qu'il règle une
partie de son instinct, le viole souvent par
orgueil et pour agir par lui - même ; mais
observons les animaux : l'oiseau se lève et se
couche avec le soleil, il chante dès qu'il sent

ses influences. L'homme est forcé de fermer sa paupière dès que cet astre s'éloigne, l'homme rebelle résiste, diffère, prolonge le jour dans la nuit; mais enfin il cède malgré'lui au sommeil qui l'accable. Jamais le soleil ne s'est levé que l'homme, même assoupi, ne le salue par quelques mouvemens plus précipités de son cœur; c'est alors que le coupable sent la pointe aiguë du crime, que le malheureux invoque son Dieu consolateur, que l'homme vertueux sourit avant d'ouvrir les yeux. Oui, puisque l'astre de feu qui nous vivifie est soumis à des périodes invariables, puisqu'il n'est pas dans l'année, un jour, deux instans dans la même position; puisque la même position de cet astre, en se représentant l'année suivante, ne nous retrouve plus au même degré de vie, la nature, l'homme, tout ce qui est soumis à cet astre, doit continuellement et à chaque instant éprouver des modifications. Notre inconstance, notre santé, nos incommodités périodiques, nos fièvres intermittentes, notre esprit, notre génie qui se montre tantôt sublime, tantôt resserré, tantôt haut, tantôt

E 3

bas , ont pour principale cause de tous ces changemens , la mobilité , la variété des influences de l'astre régulateur, qui agissent sur les élémens dont nous sommes composés. Mais, dira-t-on , les maladies, les chagrins, les contrariétés morales, les hasards....! Mais à mon tour je demanderai d'où viennent ces maladies, ces chagrins , ces contrariétés morales , ces hasards. Sont-ils causes premières ou secondes? L'homme le plus en proie au chagrin , aux contrariétés, n'est-il pas le plus foible, le plus souffrant, le plus susceptible d'influence? Je sais que l'homme en société est un être de raison , qu'il est tout orgueil , voulant tout pour lui seul ; et comme rien ne ressemble autant à un homme qu'un autre homme , ce conflit d'orgueil, ces tiraillemens de tous les hommes après une même chose, ne ressemblent pas mal à une troupe de chiens qui dévorent la curée. Mais enfin il faut ici fixer nos regards plutôt sur les causes premières que sur les causes secondes , et dire que l'homme, tourmenté par des désirs vacillans , est soumis avant tout aux lois physiques qui l'entraînent ;

qu'il est bien plus aisément froissé par les contrariétés morales, justes ou non, dès que le mouvement lui est donné par les influences mobiles de l'astre qui modifie ses facultés. Oui, si l'on vous promet aujourd'hui d'accomplir demain le plus cher de vos désirs, désirez aussi que le temps reste fixe, afin qu'aucune variation dans les élémens ne change en refus la promesse qu'on vous a faite.

APPLICATION.

JE ne m'amuserai pas ici à raisonner ou déraisonner sur les causes finales. L'homme a du génie, ou n'en a point; il est disposé par la nature pour être un homme d'esprit, comme pour être un niais. *Helvétius* auroit fait un volume de plus pour prouver le contraire, que je croirois toujours que le hasard et l'éducation ne font pas les grands hommes; mais ils les favorisent ou non; ou, si l'on veut, plus ou moins. Je vois chaque jour les efforts que font les hommes médiocres pour s'élever au vrai beau, et je vois, quoique les hasards leur appartiennent aussi, que ces mêmes efforts les laissent chaque jour aussi médiocres. Ils ont beau multiplier leurs productions, ils multiplient leur nullité avec elles. Ils ne savent pas tuer leur homme en le volant, comme dit *Voltaire ;* ils sont si timides et volent si mal-adroitement, qu'on les surprend toujours la main dans la poche.

Parlons maintenant de la rondeur, de la symétrie, de la période musicale dont on s'est tant moqué, dans les temps des guerres ridicules sur la musique, sans savoir ce qu'on disoit. Les contendans, ce me semble, ne s'entendoient point ; car si on s'étoit fait ces deux questions toutes simples : Qu'est-ce que la tragédie ? qu'est-ce que le genre agréable ? on auroit vu, si quelqu'un avoit su le dire, que la déclamation de ces deux genres de drames n'est pas la même, non plus que la musique ; que la tragédie ne dit, le plus souvent, qu'une fois les choses, mais avec énergie et brièveté : que le genre agréable, au contraire, prend les détours des grâces, de l'esprit, du sentiment ; qu'il répète trois fois les mêmes idées sous des formes différentes, et par conséquent use souvent des retours périodiques. Je dis donc que la rondeur, soit dans un discours comme dans tous les arts, est la forme d'adoption. Tout ce qui est beau, est rond ou à-peu-près, au physique comme au figuré. La symétrie est, pour tous les objets, le simulacre de la rondeur; plusieurs points rangés symétriquement, forment un ensemble que l'œil adopte aisément; en un mot, rond, quarré ou symétrique, sont des synonymes dans les arts. Les traits périodiques sont ceux qui se répètent dans une phrase ou dans le courant d'un morceau de musique; c'est, pour ainsi dire, un argument que l'on répète chaque fois qu'on a fourni une nouvelle preuve à sa conviction :

> Vous avez de beaux yeux,
> Donc vous êtes belle.
> Vous avez la taille d'une nymphe,
> Donc vous êtes belle.
> Votre teint a la blancheur du lys,
> Vos joues l'incarnat de la rose,
> Donc vous êtes belle.

Si je faisois la musique d'un air de ce genre, je ne répéterois peut-être pas chaque fois

Donc vous êtes belle; je le dirois deux fois; une au commencement de l'air, l'autre à la fin; les intermédiaires, je les laisserois dire à l'orchestre qui parleroit pour les auditeurs.

La rondeur, les retours de phrase en musique, en font presque tout le charme. Le plus beau trait de musique déclamée, n'a de mérite que localement; s'il ne forme pas un ensemble que l'imagination saisisse, il reste dans la partition, plus que dans la mémoire de ceux même qui l'admirent. *Oh ! que c'est beau,* vous disent-ils, en vous chantant quelque trait baroque. Un jeune homme m'a poursuivi plusieurs semaines en me chantant : *Je n'obéirai point à cet ordre inhumain,* de l'*Iphigénie en Aulide* de *Gluck :* ses domestiques le prenoient pour un fou, parce qu'ils ne pouvoient pas chanter sa chanson.

Qu'est-ce qui fait le charme de nos vaudevilles que l'on chante depuis un siècle! c'est leurs retours, leurs répétitions, leur rondeur enfin :

la répétition des deux traits que j'ai soulignés, est pour moi remplie d'agrément.

Le trait suivant qui est dans le vaudeville
Il est un capucin :

est dans le même cas.

Ce refrain-ci me plaît pour sa rondeur :

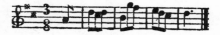

ce trait de la forlane :

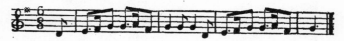

et cet autre :

Ce dernier refrain a été employé dans une
symphonie par l'habile artiste *Saint-George;*
il y est répété vingt fois, et à la fin du morceau,
on est fâché de ne plus l'entendre. Une nuit,
passant par la rue Thévenot, je m'assis sur
une borne pour entendre ce morceau qu'on
exécutoit à grand orchestre, dans une maison
voisine : il me fit un plaisir qui n'est point
effacé.

Gluck aimoit les bons vaudevilles, c'est-à-dire ceux qui, par leur parfaite construction, se logent dans la mémoire des hommes pour plusieurs siècles. On lui a reproché d'en faire sentir des réminiscences; la parodie d'*Iphigénie en Tauride*, n'a pas manqué de nous chanter

1. Il nous faut des vic - - - ti - - mes ;
2. Ran tan plan ti - - re - - - - li - - re.

On a dit que le premier chœur de démons dans *Orphée*, étoit pris du refrain, *Chantons* lætamini. Je dis, moi, que *Gluck* ne pouvoit mieux faire; la preuve, c'est qu'on n'a pas encore fait mieux que lui la tragédie. Le germe de la mélodie populaire est tout entier dans nos bons vaudevilles; c'est donc là qu'il faut le prendre : les airs chantans, les airs que nous savons depuis notre enfance, et qui ont vieilli avec nous, sont chers à tous les hommes. Pour ma seule satisfaction et au risque d'être accusé de plagiat, j'ai employé deux ou trois fois, dans ma musique, des traits d'anciens airs que j'aime

toujours à entendre; l'un est tiré d'une contre-
danse ; l'autre d'un air que mon père chantoit
en me faisant sauter sur ses genoux. Je n'entends
point ces fragmens sans émotion : ils me rappellent un père tendre, ou les sensations que
procure le spectacle charmant d'une troupe de
jeunes filles rassemblées dans un bal, et que je
voyois alors pour la première fois.

Il résulte de l'application de ce chapitre à l'art
musical, que la musique, ainsi que les bons vers,
ne se retient point; c'est-à-dire qu'elle n'a point
de charmes, si les différens traits qui composent
une phrase, n'ont entr'eux des rapports intimes.
Expliquer, donner la théorie de ces rapports,
seroit découvrir le secret de l'art. J'invite tous
les artistes à s'en occuper comme moi ; qu'ils se
souviennent que la chute d'une pomme qui
se détachoit de sa branche, a donné à *Newton*
l'idée sublime de l'attraction des corps graves
vers un centre. Nous sommes peut-être plus
près qu'on ne pense de savoir pourquoi une
note placée de telle ou de telle autre manière,
nous fait éprouver des effets différens. En
attendant cette découverte, personne ne peut

nier que dans presque tous les airs proverbiaux l'on trouve des traits qui respirent, non pas sou‑ vent une volupté tendre, mais, si j'ose le dire, une volupté polissonne, dont on n'explique pas encore le pourquoi. C'est, dira-t-on, parce que depuis un siècle l'on fait des paroles polis‑ sonnes sur ces airs ; cela est vrai en partie ; mais demandez cependant à *Radet,* à *Piis*, à *Barré,* à *Desfontaine,* si tel air ne se présente pas plutôt que tel autre, selon l'idée qu'ils veulent exprimer ; demandez-leur si l'air qu'ils chantent toujours en composant leurs couplets, ne développe pas leur idée poëtique ; remar‑ quez en outre que depuis un siècle, tels airs sont choisis de préférence pour rendre de tels sentimens. Il est donc évident que certains airs ont intrinsèquement un caractère, un sentiment qui leur sont donnés par leur mélodie , tou‑ jours si simple , qu'elle ne peut mentir, et sur-tout par leur rhythme toujours si marqué.

CHAPITRE X.

DES RESSEMBLANCES.

APRÈS ce que nous venons de dire sur les retours périodiques des choses créées, disons ce que l'on entend par ressemblance entre les choses et les objets. Si c'est la chose même qui se représente à différentes époques, sans des modifications nouvelles, ce n'est pas ressemblance, c'est la chose même : si la chose est modifiée, si d'autres circonstances l'accompagnent, si elle semble produite par une même cause, ou par une cause qui l'avoisine en rapports, alors on peut dire que la ressemblance existe. « Il n'est peut-être pas surprenant (dit » le bon *Plutarque*) que dans le cours infini » des siècles, la fortune étant toujours incons- » tante et indéterminée, le hasard ramène » souvent dans le monde les mêmes accidens : » car soit que le nombre des événemens qui » doivent arriver soit infini et sans bornes, la

» fortune trouve dans la fécondité de la matière
» une riche source d'accidens tout pareils;
» soit que leur nombre soit déterminé et fixe,
» c'est encore une nécessité que les mêmes cas
» arrivent souvent, puisqu'ils sont produits par
» les mêmes causes et par les mêmes combi-
» naisons ».

A P P L I C A T I O N.

On regrette le passé, qui ne nous appartient
plus; on néglige le présent, qui seul nous appartient; on espère dans l'avenir, qui souvent ne
nous appartiendra pas. C'est à-peu-près ce que
l'on fait dans les arts. « Quel malheur que
» nous ayons perdu les traces de l'harmonie
» et de la mélodie grecques! Quelle pauvre
» musique que celle de notre temps! Quels
» pitoyables acteurs, auteurs, chanteurs! Que
» je voudrois n'être né que dans cent ans, pour
» être témoin des progrès qu'aura faits la mu-
» sique ». Voilà comme j'entends quelquefois
parler les amateurs. Cependant rien ne ressemble au présent comme le passé et l'avenir;
la nature est toujours elle, et nous seuls nous
changeons

changeons moralement. Alors il n'est pas éton-
nant que nous changions de gouvernement,
de mœurs, de coutumes, de musique et de
volonté.

Quelle ressemblance y a-t-il entre la musique
de *Pergolèse* et la mienne? nous déclamons
mélodieusement tous deux. Quelle différence
y a-t-il entre *Pergolèse* et moi? il fut créateur;
car je ne trouve pas plus de musiciens de son
genre avant lui, que les littérateurs ne trouvent
de poëmes épiques avant *Homère*; il fut créateur, dis-je, et ma musique n'est qu'une
continuité de la sienne. Mais il n'a peint qu'une
partie des passions, et j'ai à-peu-près rejoint
les deux bouts du cercle, excepté les passions
exaspérées, où, comme je l'ai dit ailleurs, je
n'entends rien. Je suis plus étoffé que lui dans
la partie accessoire des accompagnemens, parce
que les exécutans se sont fortifiés; mais je suis
pâle et foible, matériellement, auprès de la
musique révolutionnaire de nos jours. Quelle
ressemblance y a-t-il entre *Buranello*, *Jomelli*,
Sacchini! aucune. *Buranello* peignoit les passions, mais pas constamment dans la vérité

comme *Pergolèse. Jomelli* , en Italie, faisoit de
la musique noble, vague; souvent à contre-
sens des paroles; il faisoit de la bonne musique
sur les paroles, et non pas avec les paroles.
En Allemagne, il devint plus savant harmoniste, mais le type de sa musique resta le même.
Sacchini chante vaguement, mais ses phrases
de chant sont si rentrantes les unes dans les
autres, son chant est si tendre, qu'on ne peut
qu'aimer sa musique. Quelle différence y a-t-il
entre *Paisiello* et *Cimarosa?* tous deux sont
favorisés de la nature, et une plus grande
connoissance du cœur humain auroit davantage diversifié leurs œuvres. Je termine, et
je prends ici ressemblance pour réminiscence,
quoique je sente, sans être un grand érudit, que
réminiscence veut dire *remémoration ,* et que
ce mot ne convient qu'aux facultés de l'esprit.
Combien de sortes de ressemblances y a-t-il?
une seule, avec la restriction du plus ou moins
ressemblant à une autre chose. Ce mot ne com-
porte-t-il pas de modifications? beaucoup:
1.° ressembler en embellissant son modèle; faire
de rien, ou de très-peu de chose, une chose

excellente ; 2.° ressembler et gâter l'idée qu'on emprunte ; 3.° et enfin la changer de place pour lui en donner une mauvaise au lieu d'une bonne.

Il est aisé de conclure que de ces trois ressemblances , les deux dernières ne sont qu'ineptie , et que l'autre est permise. Avec une *bonne idée*, le premier qui s'en étoit servi , n'avoit fait qu'une chose médiocre ; après l'avoir mieux considérée , je la reprends sous œuvre, et j'en tire un plus grand parti : malheur aux arts, si cet utile larcin n'étoit permis.

Ressemblances désirables.

C'est, comme je l'ai dit, celles qui embellissent l'objet emprunté. On peut s'emparer du *faire* tout entier d'un homme, mais il faut lui prouver par l'expérience que son *faire* étoit erroné; qu'on a rectifié ses erreurs, augmenté les progrès de l'art, en se servant plus avantageusement que lui de tous ses moyens. Il est encore permis, indispensable même, de prendre absolument le genre qu'on veut ridiculiser *.

* *Voyez l'article* JUGEMENT DE MIDAS, *dans le premier volume*, pag. 296.

F 2

Ressemblances à craindre ; Moyens de les éviter.

DANS un ouvrage de verve, un ouvrage immortel, je n'ai jamais pù trouver de ressemblance véritable. Quand l'auteur a été animé par la nature, les ressemblances disparoissent, on n'ose les regarder comme telles. D'ailleurs il en coûte si peu, après qu'une bonne production est achevée, de changer quelques notes qui rappellent une chose trop connue, qu'un auteur attentif ne néglige point de les faire disparoître. C'est sur-tout aux productions d'une haute réputation qu'il faut se garder de ressembler en détail, quoique ce soit toujours elles qui se présentent à l'imagination; d'abord parce qu'elles sont trop connues, et parce que les choses y sont si bien à leur place, qu'il est impossible de les mieux employer : leur réputation en est la preuve. Mais c'est dans les productions foibles ou manquées, qu'on trouve souvent un germe fécond qu'il est permis, qu'il est glorieux de faire fructifier sous sa plume. C'est, en quelque sorte, ressembler à l'auteur de la nature, qui, avec de la terre, le chaud et l'humide, a fait un homme.

Un rien conduit à des réminiscences; avec de l'attention et du courage on peut les éviter. Si vous retrouvez la même situation, la même expression poëtique, à-peu-près le même vers que vous ou un autre avez déjà mis avantageusement en musique, vous êtes en danger de tomber en réminiscence; que faut-il faire dans ce cas? s'arrêter? non; mais, le morceau fini, examiner attentivement quelle doit être la juste déclamation des deux personnages, celui de votre modèle et le vôtre. S'ils doivent tous deux déclamer de même, si le trait imité est également bon des deux côtés, c'est à vous de céder une place qui étoit prise; mais il est bien rare qu'il ne se trouve quelque légère différence physique ou morale entre les deux personnages, et vous êtes sauvé si vous l'apercevez. J'ai souvent dit à des poëtes qui m'offroient leurs poëmes : « J'ai fait la musique » de votre pièce il y a long-temps; je serois » en danger de recopier tel de mes ouvrages, » si je me chargeois du vôtre ». Artistes musiciens, ayez donc le courage d'éloigner de

F 3

vous les productions poëtiques qui ne peuvent
augmenter ni votre gloire ni les progrès de
l'art; songez que l'opinion publique ne nous
accorde un vrai talent que lorsqu'il se soutient
pendant le cours de notre jeunesse et de l'âge
mûr ; et que vingt œuvres médiocres nous
arrachent la couronne qu'un seul bon ouvrage
nous avoit méritée.

CHAPITRE XI.

Des limites inconnues de toute chose.

IL est inutile de chercher le point qui sépare
exactement une chose d'une autre : ce seroit
un malheur pour l'homme s'il arrivoit à cette
perfection mathématique, avec laquelle il n'a
point de rapport. Son être, composé de diverses
substances actives, aussi variables dans leurs
effets que les élémens dont elles font partie
intégrante, recevant sans cesse les influences
du chaud, du froid, du sec et de l'humide,
est dans une perpétuelle mobilité. Il y a plus

d'hommes qui maintiennent leur volonté d'hier, parce qu'ils l'ont dite ou écrite, que parce qu'ils pensent de même aujourd'hui : du moins si l'opération étoit à refaire, il y en a peu qui n'y changeassent quelque chose. L'auteur du mouvement universel se sert de la mobilité de la matière pour faire un grand tout impérissable. C'est parce que tout se meut, que tout se correspond, que tout prend vie par la mort, que tout meurt pour donner vie, que le monde existe; c'est dans ce dépérissement vital, dans cette génération mortelle, qu'est la durée du grand tout. C'est dans cette unité sublime que l'homme, admirant les effets merveilleux des causes premières qui lui sont à jamais occultes, reconnoît la toute puissance et l'immortalité du créateur.

Cœli enarrant gloriam Dei.

Ajoutons que la plus chétive production terrestre est aussi admirable, aussi incompréhensible dans son principe, que les astres qui roulent dans les cieux, et annonce de même la gloire et la toute puissance de l'Etre suprême.

Oui, le monde est un; les substances univer-
selles seroient dans chaque partie du grand
tout, si ces substances n'avoient entre elles
des vertus particulières; mais toutes se recherchent, ou s'évitent pour chercher celles
avec lesquelles elles sont en rapport, et c'est
amour ou haine qui leur donnent ces vertus
attractives ou répulsives, d'où naît le mouvement général qui vivifie tout, mais qui
use tout par ses frottemens pour revivifier de
nouveau. Où sont donc les limites de chaque
chose, puisque chaque chose n'est qu'un rouage
qui appartient et qui rentre dans la grande
machine ? Une chose trop prononcée, trop
mûre, trop parfaite, est déjà prête à se confondre dans une autre. Si elle n'a point encore
de caractère fixe, elle n'est pas encore com-
pétente. Vivre, c'est aller à la mort; mourir,
c'est courir à la vie.

A P P L I C A T I O N.

L E S arts d'imitation imitent par tout la
nature, et sont illimités comme elle; mais les
procédés des arts sont infinis par une autre

cause encore ; c'est parce qu'en imitant, l'artiste
doit créer. Que seroit-ce s'il copioit servi-
lement? On auroit droit de lui dire : Pourquoi
te donner tant de peines pour reproduire tels
et tels objets ? je les ai sous les yeux, faits des
mains de la nature, c'est-à-dire, plus purs,
mieux faits qu'il ne t'est possible de les refaire.
Mais l'artiste a deux natures à considérer, l'une
vraie, l'autre factice ; celle qui est la source
de toute chose, et celle qui appartient à l'art.
Outre la vérité éternelle , il doit connoître les
vérités relatives à son talent ; il doit connoître
parfaitement les mœurs, le langage, les procédés, les beautés idéales qui toutes appartiennent
à son art, mais qui n'appartiennent pas indis-
tinctement à tous les sujets qu'il traite. S'il
confond ses moyens, s'il ne les place pas avec
justesse, il aura beau dire : *Ceci est dans la
nature ;* nous lui répondrons qu'il a renversé
l'ordre dans lequel elle veut qu'on les emploie.
C'est avec toutes ces données que le véritable
artiste charme tous nos sens, suit par tout la
nature , en nous trompant toujours. L'architecte prend ses bases dans la nature ; ses angles,

ses colonnes, ses architraves, ses arc-boutans...
sont les mêmes que ceux qu'on trouve dans le
creux des montagnes. La nature ne forme pas
à nos yeux des édifices aussi réguliers que ceux
formés de la main des hommes, cela est vrai;
mais il est aussi très-véritable que le monde
dans lequel nous habitons, n'est qu'un grand
édifice dont nous n'apercevons qu'un coin de
l'antichambre. Toutes les beautés de l'architecture sont dans le grand tout; mais c'est
à l'artiste à les rassembler en petit, pour les
proportionner à notre petitesse; c'est à lui de
former un ensemble qui soit commode, qui
soit solide, qui plaise à l'œil par ses formes
symétriques, par ses ondulantes rotondités:
et soyons sûrs que l'artiste n'obtiendra pas ces
qualités requises, si dans ses procédés il oublie
un instant les bases qui sont dans le grand
tout.

La sculpture prend les formes mêmes de tous
les objets qu'elle veut rendre; mais l'artiste
consulte et choisit les beaux détails de mille
objets pour en faire un qui rassemble toutes
ces belles proportions éparses. Si la sculpture

faisoit l'homme d'après le plus bel homme connu , cet *Hercule* ne seroit encore qu'un marmouset rempli de difformités. On raconte à Rome que l'*Hercule Farnèse* fut précipité par les barbares, et perdu long-temps dans le Tibre; pour se consoler de sa perte les Romains en firent un autre de même grandeur colossale , d'après les plâtres existans : on le crut long-temps aussi beau que le premier. Cependant l'antique *Hercule* sortit des eaux ; il fut placé à côté de sa copie, qui parut être une lourde masse , tandis que l'original semble , par le mouvement de vie donné à tous ses membres, ne point tenir à son piédestal.

La peinture parle mieux à l'imagination que la sculpture, parce qu'elle fait voir ce qui n'est pas. Si la sculpture a pour elle la forme réelle des objets , la peinture possède leurs couleurs véritables, et par l'optique que les ombres représentent dans leurs dégradations , elle imite tous les corps en bosse, avec un prestige qui égale la vérité. Soit que l'homme aime les illusions , soit que la peinture se permette de renforcer les ombres naturelles , en voyant

deux statues dans un salon, l'une naturelle,
l'autre peinte, la dernière l'emporte souvent
pour l'effet et l'illusion. L'art de la peinture
est une magie continuelle ; après une exacte
connoissance des objets matériels, c'est sur-
tout de la couleur qu'il tire ses effets : car
tout est couleur, même les ombres ; après quoi
le coloris brillant qu'on leur oppose, forme un
magique tableau qui plaît d'autant plus qu'on
aperçoit encore l'illusion. Le peintre qui pourroit exécuter un groupe de personnages que
l'on prendroit pour la réalité, feroit-il bien ? je
pense qu'il fait encore mieux en nous mettant
du secret. Nous admirons volontiers la ressemblance d'un objet qui, vu en réalité, nous
est indifférent. Il faut de la poësie, de l'illusion,
tranchons le mot, il faut du mensonge dans
les arts d'imagination ; leurs dernières limites,
heureusement introuvables, leur donneroient
un terme fixe, une ligne de démarcation, une
sécheresse que l'imagination réprouve.

La musique, ainsi que les arts dont nous
venons de parler, tire ses premiers avantages
des beautés poëtiques, idéales ou exagérées

qu'elle se permet, non sans doute pour être plus vraie, mais pour être musique. La vérité physique est une, invariable ; la vérité morale est souvent de convention ; la vérité des arts, tantôt physique, tantôt morale, consiste surtout à flatter nos sens. C'est dans les arts seuls et dans les arts d'agrément qu'il est permis, qu'il est ordonné même à l'artiste de substituer l'erreur qui plaît, à la vérité matérielle, si celle-ci a moins de charmes. Leur unique but est de plaire, de séduire, de consoler l'homme dans ses misères, de l'instruire par l'attrait des plaisirs purs, de lui dévoiler les beautés de la nature, de lui montrer les charmes inexprimables des grâces, compagnes de la décence. Au physique et au moral, toute espèce d'erreur est punissable, et toutes se punissent inévitablement d'elles-mêmes : la nature a voulu que l'abus de ses droits fût rectifié promptement ou lentement, selon le plus ou le moins de mal qui peut résulter de ces mêmes abus. Mais, encore une fois, les arts nous trompent innocemment pour nous rendre plus heureux, et le bonheur seul rend l'homme sociable, indulgent et ami de l'humanité *. Où sont en musique les véritables limites de l'art? Faut-il déclamer le chant? jusqu'à quel point le faut-il? faut-il beaucoup d'harmonie et de science? faut-il que le chant prédomine? Croyons que chacun de ces procédés a ses avantages, lorsqu'ils sont bien employés. Nous pensons à cet égard avoir indiqué, et nous indiquerons encore le choix convenable qu'on en doit faire.

CHAPITRE XII.

De l'instinct de quelques animaux, de leur prétendu respect pour l'homme.

CERTAINS auteurs prétendent que les animaux ont pour l'homme une sorte de respect, que sa taille noble et fière, que la majesté de sa figure leur imposent. Cependant je ne conseille à aucun homme d'aller en faire l'essai dans les déserts, ou dans les forêts, peuplés d'animaux sauvages. Ne comptons pas plus

---

* *Voyez le chapitre* CARACTÈRE *ou* VÉRITÉ.

sur le respect des animaux que nous avons subjugués ; le respect, pour être véritable, ne doit être mêlé d'aucune crainte. L'homme même ne respecte pas un autre homme, quelque puissant qu'il soit, s'il le craint ; ce n'est qu'à la vertu , au talent naturel et éminent qu'on accorde une déférence respectueuse et volontaire. Mais si l'homme vertueux, si l'homme à grand talent exigent des distinctions , on ne leur doit plus rien *. L'homme n'inspire pas même le respect à ses animaux domestiques : il les nourrit, il les frappe, les caresse ; leur instinct doit céder à une volonté stable. Je demandai jadis à un berger qui conduisoit son troupeau dans les champs, si les animaux revenoient le soir à l'étable avec autant de plaisir qu'ils sembloient en avoir d'en sortir ;

---

* Ceci ne prouve pas cependant que l'homme ordinaire doive traiter l'homme de mérite avec une légéreté affectée. Ne voulant pas lui accorder une distinction honorable , s'il n'exige rien , quel droit as-tu de l'abaisser injustement! Traite-le comme un autre, au moins! Ton sot orgueil l'abaisse au-dessous de toi, parce que tu sens ne pouvoir t'élever jusqu'à lui.

je crois, me dit-il, que s'ils avoient abondamment au champ et la pâture et la boisson ; si on alloit les y traire quand ils n'ont point de petits, ils ne reviendroient que l'hiver.

D'après les histoires connues de l'éléphant, il semble plutôt le juge des actions de son maître que son esclave. Il obéit à tout ce qui est juste ; mais sa vengeance est toute prête, si le maître passe les limites du pouvoir que l'animal lui accorde. Ils semblent avoir fait un contrat qui dit : « Tu me nourriras, je te servirai sans » caprice ; mais si le caprice vient de toi ; si tu » comptes te venger sur moi du chagrin que » te donnent mille passions que je n'ai point ; » si injustement tu prends le bâton, voilà ma » trompe qui est plus redoutable ».

On a dit avec raison que le chat n'aime de nous que le bien que nous lui faisons ; pour se gratter, il se frotte indifféremment contre nous ou contre un meuble : c'est parce qu'il est toujours défiant, que des peuples anciens l'ont pris pour symbole de la liberté. Le chien est le véritable ami de notre espèce ; c'est le modèle qu'il faut suivre en se cherchant un

ami

ami parmi les hommes. Son tempérament est chaud pour l'amitié comme pour l'amour ; il abandonne même sa conquête à son rival, si son maître l'appelle avec obstination. Rien de plus aimable à examiner que cet animal, lorsque sa volonté est partagée entre son maître et sa maîtresse ou sa proie : il court d'un objet à l'autre, il demande, il supplie qu'on lui accorde quelques instans de plus ; mais si le maître persiste à l'appeler, il va se fourrer entre ses jambes, et ne se permet plus que quelques regards douloureux vers l'objet qu'il abandonne. Un traité des qualités du chien, bien écrit, et offrant avec méthode la plupart des faits curieux qu'on en rapporte, auroit sûrement du succès. Le dévouement de cet animal envers nous, lui mérite cette reconnoissance de notre part. Au reste, qui aime bien est bien aimé. Un de mes beaux-frères vient de rompre, la veille de ses noces, un mariage très-convenable, parce que sa future vouloit qu'il se défît de son chien. Tout convient à la citoyenne, me dit-il, excepté mon *Rocosto*; c'est mon ami de dix ans; mon chien mourroit s'il ne me voyoit plus : j'ai fait mes adieux à la dame, et je ne m'en repens pas.

APPLICATION.

Il est certain que les animaux aiment la musique, non la musique compliquée, car je crois qu'ils la craignent, mais le corps sonore, ses aliquotes et leurs dérivés les plus proches, mis en chant harmonieux. Les animaux, ou leur instinct, sont eux-mêmes, comme la musique pure, un résultat physique et mathématique. Si les oiseaux se rangent dans les airs, c'est dans la forme triangulaire, la pointe en avant, pour fendre la colonne d'air avec facilité. Le bataillon le mieux formé, est celui dirigé par l'instinct d'un troupeau qui craint la dent meurtrière de son ennemi. Les couleurs plaisent ou déplaisent aux animaux, selon leur naturel ; le rouge égaye la brebis, et excite la colère du taureau, parce que l'un aime à sortir de sa mélancolie, l'autre a besoin de calmer son naturel indompté, que le rouge excite encore. Les oiseaux, dont plusieurs ont le chant distinct, retiennent les airs qu'on leur répète souvent ; cependant il faut qu'ils soient peu ou point modulés. J'entendois ma mère seriner l'air intitulé : *Marche des Mousquetaires ;* votre serin, lui dis-je, ne chantera pas cet air tout entier, il s'arrêtera à cette mesure, et cela fut vrai. C'étoit à l'endroit où l'air touche la note relative du ton :

Ce que je dis prouve évidemment qu'en musique, le corps sonore seul est dans la nature. Les oiseaux font les notes adjacentes, comme on vient de le voir ; mais il ne faut pas, dans les airs qu'on leur apprend, s'écarter des modulations simples. Je ne sais pourquoi on n'imagineroit pas de petits airs en canon, composés des notes du corps sonore, qu'on apprendroit à plusieurs serins ; il seroit très-curieux et très-amusant de les entendre chanter en partie. Il faudroit des airs dans le genre que voici :

Da capo.

G 2

Les chiens sont sensibles à la mélodie et sur-
tout aux rhythmes bien marqués. Le caractère
prononcé de cet animal a des rapports avec les
rhythmes musicaux, et de l'antipathie pour
les sons soutenus sans détermination de mouvement. Vous entendez souvent les chiens
hurler avec les dissonances soutenues, et
jamais, si la mélodie est simple, et sur-tout
si le rhythme est propre à la chasse ou à la
guerre. Je vis un jour un chien qui haïssoit
la musique de tout genre; il attaquoit dans
les rues les joueurs d'orgues de Barbarie, et
du plus loin qu'il les entendoit, il entroit en
colère. Le hasard me fit connoître le maître du
chien; je sus de lui qu'un voisin, jouant beaucoup du violon, l'avoit battu plusieurs fois
pour l'éloigner de sa chienne. Voilà comme
souvent ce qui seroit plaisir devient peine, par
le rapprochement de deux sensations qui se
confondent. Frappez un gros coup sur un
tambour; donnez en même temps un coup de
pied ou un soufflet à quelqu'un, toute sa vie
le tambour lui rappellera l'affront qu'il a reçu.
A combien de réflexions ceci ne mène-t-il

pas relativement à l'instruction et aux mœurs en général ? La musique bien appliquée nous feroit aimer ou détester tout ce qui est bon ou pernicieux à la société.

Les araignées sont connues pour aimer sin- gulièrement la musique ; je crois même que tous les animaux ou insectes qui établissent délicatement une parfaite symétrie dans leurs ouvrages d'instinct, doivent être sensibles à la musique, dont la pureté a ses bases dans les données les plus pures de la nature. A Auteuil, dans une vieille petite maison que j'ai habitée long-temps pendant l'été, quelqu'un qui s'amu- soit à me voir travailler, écrasa une araignée qui étoit sur mon piano; il en fut fâché, lorsque je lui appris que depuis long-temps je la voyois descendre par son fil dès que je me mettois au travail, et qu'il n'y avoit pas de doute qu'elle ne fût attirée par l'amour de la musique.

CHAPITRE XIII.

Vérité, caractère, se connoître soi-même.

QUOIQUE la vérité ne soit qu'une dans la nature, cette vérité primitive est soumise à des modifications. Les deux plus frappantes auxquelles tous les hommes ont donné leur assentiment, sont la vérité morale et la vérité des arts. En physique, la vérité est une; la méconnoître, c'est erreur; s'en éloigner, c'est faillir; lui résister, c'est mentir, se rendre coupable, et mériter un châtiment inévitable. La vérité morale est celle qui convient à tous. Vouloir sortir de la classe commune, même pour se rapprocher de la nature, est un crime alors. Jusqu'à un certain âge ma fille est à moi; jeune homme! la nature a beau te crier que tu es sur la terre pour jouir de tes florissantes facultés; tu deviens impie si tu secoues le joug des lois de pudeur consenties par tous : vis seul si tu ne veux vivre que pour toi. Après s'être

convaincu de ces vérités, on sent que le premier point de morale, celui qui seroit le plus
essentiel à la société, celui qui rameneroit le
calme parmi les hommes, et qui leur prouveroit que le siècle d'or peut encore renaître,
seroit de *se connoître soi-même ;* que chacun ne
prétendît pas avoir toute la raison de son côté,
afin que la recherche de la vérité ne fût pas
ce qui amène, presque toujours, la discorde
sur la terre. L'instruction, l'étude de la nature,
peuvent seules nous faire atteindre à ce degré
éminent. L'ignorance est fille de l'orgueil ; et
l'orgueil et l'ignorance ont le funeste bonheur
de ne douter de rien. « L'affirmation et l'opi-
» niâtreté sont signes exprès de bêtise », dit
Montaigne. En général, l'homme est tout orgueil, enveloppé de dissimulation, de foiblesse
et de misère. Ses intérêts sont, malgré lui, les
bases de sa raison. Au lieu de dire *moi et tous
les autres,* ne dira-t-il jamais de bonne foi
tous les autres et moi ! Plaignons l'homme, si
fier de son être ; il vogue sur une mer remplie
d'écueils ; il marche sur des volcans recouverts
d'un peu de terre. Il semble que son créateur,

G 4

pour l'éprouver, ait dit : « Voyons ce que
» peut l'homme, en lui laissant la faculté de
» raisonner ». Ne vois-tu pas, homme débile,
que tout est au mieux en sortant des mains de
notre père ? Ne vois-tu pas que le mensonge
le plus éblouissant n'a jamais persuadé que
pour un temps ? Ne vois-tu pas que si tu as
l'art de me tromper par tes fausses vertus, le
mépris sera ton partage ? non, tu n'es pas
convaincu de ces vérités ; le flambeau de l'erreur est le fanal qui t'éclaire ; tu crois entrer
dans le port quand l'abyme te reçoit : alors tu
t'écries, *ô mon Dieu !* mais il est trop tard.

A P P L I C A T I O N.

J E le répète encore, la vérité des arts est
un mensonge charmant qui entretient l'espoir
du mieux dans le cœur de l'homme,

Et de ce doux espoir l'homme eut toujours besoin.

L'art consiste *dans les moyens de présenter
agréablement la nature.* L'homme de la nature
est-il artiste ? oui ; car on ne peut supposer
l'homme vivant dans une profonde solitude,

à moins qu'il n'y soit forcé : en courant après sa compagne, il voit bientôt naître sa société. L'homme heureux aime la propreté, il devient artiste en parant sa cabane; de même que la jeune amante le devient en parant sa personne. Le jeune amant cherche tous les moyens de plaire à celle qu'il aime, et dont il veut être préféré : il sait que les fruits vermeils ont plus d'éclat lorsqu'ils sont posés sur la feuille verdoyante; il sait donner une forme élégante au bouquet de fleurs qu'il lui prépare; il sait en nuancer les couleurs; et lorsqu'il offre son présent, il sait chanter mélodieusement, en lui disant, *Je t'aime.* Tout ce qui est vrai a du caractère; il n'y a que les demi-vérités qui choquent. Dans mille circonstances, l'on sent que, un peu plus à gauche, un peu plus à droite, la chose eût été d'aplomb. C'est déjà beaucoup de sentir cette vérité dans un ouvrage fait, soit que nous en soyons l'auteur ou que nous ne le soyons point. Mais la difficulté est plus grande lorsqu'en créant il faut conserver l'unité entre cent idées qui se disputent la prééminence. Il faut dans ce cas tout sacrifier au caractère de la chose. Sur cent idées qui fermentent dans la tête de l'artiste, une ou deux doivent régir toutes les autres. Dans un bon morceau de musique, il n'y a que peu de traits principaux auxquels les autres sont assujettis. Dans un tableau, il n'y a guère que, une, deux ou trois figures principales ; toutes les autres sont accessoires. Faire trop, fut toujours le cachet de l'ignorance ; ne pouvant rien produire avec peu, elle se jette dans l'abondance, où elle reste ensevelie *.

En musique, lorsqu'on entend certaines compositions, bonnes à plusieurs égards, mais laissant un vaste désir du mieux, c'est parce qu'il leur manque le caractère distinctif qui, lorsqu'il est prononcé avec justesse, ne permet plus d'hésiter. En écoutant les productions de tel musicien, je remarque qu'il n'a jamais manqué son but en peignant la douleur, mais qu'il est foible pour les autres caractères. Tel

---

* Je crains de répéter ici ce que j'ai dit dans d'autres chapitres. Il semble que toute grande vérité ait des réactions infinies qui se reproduisent nécessairement dans toutes les branches dont elle est l'arbre.

autre est vrai lorsqu'il peint les passions dans leur simplicité ; s'il veut les suivre dans leurs exagérations, ce n'est plus qu'un enfant qui veut manier la massue *. Tel autre n'est propre qu'à faire la musique vague des physionomies idéales, et veut faire des portraits.—Toi, c'est l'harmonie qui est ton partage, rends-la sublime, et fais des tragédies. — Toi, ne cours ni après l'harmonie mâle, ni après la peinture des mœurs ; fais des chants suaves, ou plutôt puise-les dans ton ame sensible où la nature les a déposés. — Toi, à qui la nature a révélé ses secrets, sois le peintre fidèle des passions, des caractères et des mœurs.— Toi, qui n'es guidé que par un instinct mélodieux, trop foible pour envisager les grandes passions, trop simple pour être initié dans le secret des caractères et des mœurs, fais des chants vagues comme l'inimitable *Sacchini.*

Non, il n'y a pas de musicien ayant un certain mérite, qui n'eût des succès certains, s'il apprenoit à se connoître soi-même, et s'il ne

---

* C'est de moi que je parle.

s'occupoit que du genre qui lui est propre.
Qu'il soit triste autant qu'*Young*; qu'il soit
gai comme la folie; qu'il soit mixte si son
penchant le veut; mais ne faisons point de
mélange insignifiant. On dira, sans doute, que
dans un drame d'une certaine étendue, plusieurs caractères concourent à la confection
de l'intrigue : oui; mais un genre particulier
domine dans chaque ouvrage, s'il est bien fait,
et le musicien doit choisir celui qui lui convient. Le reste sera foible, sans doute, à côté
de ce qui a été fait d'instinct; mais ne savons-
nous pas que la perfection n'est pas donnée à
l'homme, et que, de quelque manière que nous
nous y prenions, toute production humaine a
toujours son côté foible? Jeunes artistes, pour
être vrais, écoutez les accens de madame *Gon-
tier*, de *Grandménil*, *Juliette*, *Dosainville*, ils
ne vous égareront point.

CHAPITRE XIV.

A P L O M B.

DANS les arts on prend pour synonymes *aplomb* et *unité*. Cependant le premier appartient particulièrement aux objets matériels qui posent sur leurs bases ; *unité* est généralement applicable à tout ce qui est dans la nature.

A P P L I C A T I O N.

LE musicien n'a besoin de considérer le mot *aplomb* que dans son acception morale ; mais dans ce sens, un champ vaste est ouvert à ses réflexions. L'aplomb moral de l'homme régulier lui est donné par l'observance des vrais principes. L'homme sans aplomb prouve la foiblesse, la versatilité de ses idées. On a donc, en général, plus ou moins d'aplomb dans sa conduite, dans ses actions, dans ses ouvrages, selon que des principes plus ou moins sûrs nous dirigent.

Mais l'artiste doit encore connoître l'homme immoral qui, dans son aplomb, quoique factice, est peut-être plus imposant, en apparence, que l'homme estimable. Dans tous les genres d'immoralités, l'homme ne se donne un aplomb que pour masquer ses foiblesses ; il se cramponne, pour ainsi dire, de crainte que l'orage ne le renverse. Il n'y a que l'homme nul, sans bons ni mauvais principes, qui manque d'aplomb.

Le voleur, le scélérat ont un aplomb effrayant, que l'artiste musicien doit accompagner de sécheresse en mélodie. Oui la musique rhythmique convient et suffit à ces sortes de caractères.

Le joueur de bonne compagnie a un sang-froid extérieur, un aplomb séduisant : il sait garder un secret, comme il sait dissimuler ses gains et ses pertes au jeu. L'existence du joueur a infiniment de charmes ; toujours occupé, toujours agité, il ne peut connoître le désœuvrement. Un joueur honnête homme est un des êtres les plus heureux de ce monde ; son jeu, qui l'occupe entièrement, l'empêche d'être dominé par les passions qu'enfante directement l'amour-propre.

Les femmes attachées aux joueurs sont presque toutes heureuses ; elles ont de terribles bourrasques à essuyer ; mais la générosité naturelle de leurs amans ou de leurs maris, les vicissitudes continuelles dont elles sont les témoins, en un mot, leur existence avec des hommes toujours extrêmes et passionnés, cette existence qui ne peut supposer ni monotonie ni ennui, a pour elles des charmes infinis. J'ai connu la femme d'un joueur ; elle aimoit son mari qui étoit véritablement aimable ; tantôt elle étoit somptueusement fournie de meubles, de hardes et de bijoux ; mais bientôt tout avoit disparu, et il lui restoit à peine de quoi se vêtir. Dans cet état je voulus un jour la plaindre ; elle m'assura qu'accoutumée à des désastres qui étoient bientôt réparés, elle n'en étoit pas affectée : quelques semaines après je la vis en effet plus brillante que jamais.

Jeunes musiciens, rappelez-vous donc que tout être passionné a de l'aplomb dans sa diction et dans son chant ; mais que la moralité donne

le véritable aplomb ; l'immoralité au contraire
donne un aplomb factice, d'autant plus séduisant, qu'il est étudié avec art : que l'homme
nul est le jouet des hommes passionnés qui
l'entourent ; qu'il n'est d'aplomb que sur sa
bêtise qui caractérise tout ce qu'il fait, tout
ce qu'il dit ; enfin, que l'homme pur tient son
aplomb de l'exercice de toutes les vertus, et
qu'il est protégé par la main puissante qui
soutient la voûte des cieux. Pour celui-ci,
rien de factice ni dans ses modulations, ni dans
son chant ; c'est de la vérité seule qu'émanent
ses accens.

CHAPITRE XV.

UNITÉ.

MOT sublime qui renferme tout en lui-
même. Rien de parfait dans ce monde, si
l'unité ne se trouve dans l'objet désigné. Le
monde est une unité ; tout ce qui est, est par
l'unité ; depuis la naissance jusqu'à la mort de
chaque

chaque être animé, et depuis la création jusqu'à la destruction de chaque être inanimé, il y a unité. Pour établir une seule unité entre le ciel et la terre, les Illuminés et les philosophes systématiques se sont partagé la besogne. Les uns ont formé l'échelle qui descend depuis Dieu jusqu'à l'homme ; les autres, depuis l'homme jusqu'à la brute, et depuis la brute jusqu'aux créatures inanimées. Mais que d'hypothèses ils ont été obligés d'établir pour former ce grand tout ! Parcourons rapidement ces sublimes rêveries, et doutons encore jusqu'au moment où nous serons convaincus par l'évidence. Pour remplir le vide immense qui existe entre un Dieu créateur et l'homme créé, les Illuminés ont placé, entre le ciel et la terre, des êtres intermédiaires, des esprits aériens et tutélaires de l'homme, qui le protègent contre autant de mauvais génies enclins à le persécuter. Quoique l'existence des êtres spirituels, connus sous le nom d'*anges*, ne soit constatée dans les livres de *Moïse* par aucune époque de leur création, ces livres ne laissent pas de fourmiller de traits qui en font mention, en

H

rapportant que c'est par leur moyen que Dieu s'est manifesté aux hommes. Le comte de la *Mirandole*, prince italien, témoigne une grande vénération pour la science de la *cabale*, qu'il dit être une science qui élève l'ame à la comtemplation des choses célestes, et au commerce avec les esprits bienheureux; elle fait connoître, dit-il, la nature et les attributs de la divinité, les ordres et les fonctions des anges, les vertus des plantes, et jusqu'aux consonnances harmoniques des sons..... Il distingue la cabale en deux parties, l'une appelée *bérézith*, qui est la science des vertus occultes que le monde renferme; l'autre plus sublime, appelée *mercana*, qui est la science des choses surnaturelles et les hiérarchies des anges.

Agrippa, *Reuchlin*, *Swedenborg*, distinguent trois sortes d'intelligences, les supérieures qui n'ont aucun commerce avec le monde matériel, mais qui reçoivent immédiatement de Dieu les lumières qu'elles communiquent aux intelligences des second et troisième ordres; celles du second ordre, appelées *célestes*, qui sont préposées à la conduite des sphères et à l'harmonie des cieux; enfin, celles du troisième ordre, qui ont soin des hommes, et leur communiquent, par degrés, les influences et les lumières supérieures.

Au reste, si l'exaltation de leur esprit trompe les Illuminés, il est vrai de dire que tous ces êtres leur étoient nécessaires pour établir une chaîne depuis Dieu jusqu'à l'homme. D'autres auteurs du même genre veulent encore peupler d'êtres plus parfaits que nous les mondes qui roulent sur nos têtes ; mais pourquoi ces habitans seroient-ils des anges ? et s'ils sont tels, qui l'a dit aux Illuminés *? Ne prétendons pas, pour paroître savans, vouloir expliquer les choses que nous ignorons ; depuis que les hommes

---

* *Swedenborg*, dans son ouvrage intitulé *Du commerce de l'âme et du corps*, dit positivement, page 5 de la traduction française, « qu'il a le bonheur d'être en société » avec les anges dans le monde spirituel » ; et, page 8 du même ouvrage, « qu'il a plu au Seigneur d'ouvrir les » yeux de son esprit, de les élever dans le ciel, de les » abaisser même sur l'enfer : par ce moyen, dit-il, » j'ai vu clairement qu'il y a deux mondes distincts l'un » de l'autre ; l'un où tout est spirituel, l'autre dans lequel » tout est naturel ».

H 2

s'instruisent, ils prennent pour le plus grand
sot le systématique insensé qui veut en imposer.

A partir de l'homme jusqu'à la brute, les
philosophes ont rendu la chaîne des êtres plus
sensible, parce qu'ils avoient sous les yeux
les objets dont ils parloient. Entre l'homme
et l'animal tout-à-fait brute, il est, disent-ils,
des animaux doués d'un instinct si admirable,
qu'on n'ose presque pas les qualifier du nom
de *bêtes*. Tels sont les abeilles, les castors,
les chameaux, les éléphans, &c. Si on leur
oppose qu'ils sont insusceptibles de perfection,
et de rien changer à l'instinct primitif attaché
à leurs espèces, ils répondent que nos chiens,
nos chats, nos chevaux, nos oiseaux domestiques ont mille qualités perfectionnées, que
n'ont pas les mêmes animaux sauvages. Le don
de la parole leur est refusé absolument; ils ne
peuvent se communiquer leurs idées, à moins
qu'elles ne soient simples et communes à leur
espèce; aussi cette perfection machinale que les
efforts de l'homme parviennent à leur donner,
s'arrête à l'individu et ne passe point à sa progé-
niture; et c'est là une ligne de démarcation si

prononcée, qu'elle empêchera toujours les espèces de se confondre et même de se rapprocher.

Entre la brute et le règne végétal, ils font
remarquer l'oiseau-mouche qui naît, dit-on,
dans la tige d'un arbuste; la plante nommée
sensitive, parce qu'elle se retire à l'approche
de la main de l'homme. Au reste, malgré la
prétendue gradation que l'une et l'autre secte
veulent établir, pour former un tout de l'univers
et de son Dieu créateur, ce n'est, comme nous
l'avons dit, que par le secours des hypothèses
et de faits mal prouvés qu'on y parvient. Entre
Dieu et l'homme, c'est-à-dire, entre la toute-
puissance et la toute-impuissance, il y a un
vide immense que l'orgueil de l'homme voudroit
en vain remplir. On trouve encore un intervalle
immense entre l'homme et la bête plus ou moins
brute. Le vide est encore plus grand entre la
brute et les végétaux, qui, s'ils sont sensibles,
ne l'ont jamais su faire connoître. Les quatre
élémens, dont tout ce qui existe est composé,
sont aussi très-distincts, quoiqu'ils concourent
à établir l'unité, quand ils sont réunis dans
les corps organisés.

H 3

APPLICATION.

L'HOMME imitateur, l'homme artiste, a senti que ce n'étoit que par l'unité qu'il pouvoit donner un prix à ses productions. Qui dit *unité*, dit *tout*. Trouver l'unité dans les arts d'imitation, quelque sujet que l'on traite, c'est trouver le mieux possible. Si quelques détails oiseux, si même une beauté étrangère occupe une place dans un discours, dans un morceau de musique, dans un édifice d'architecture, dans un tableau, cette beauté devient une tache; à l'instant la production cesse d'être simple, et perd son unité.

L'unité est si nécessaire, que, même en rendant un morceau de musique presque monotone à force d'être simple, vous êtes encore sûr de produire plus d'effet qu'avec un morceau mal compliqué. Par exemple, les morceaux de chant qui ne sont accompagnés que d'un seul trait d'orchestre qui se répète sans cesse dans différens tons, produisent sur nous des effets que nous ne savons à quoi attribuer. Sont-ce des effets sans cause? non, cela est impossible ; c'est le charme de l'unité qui nous séduit. Cependant, rien de moins difficile à faire que les morceaux de ce genre : c'est une ressource connue des compositeurs, quand ils ne peuvent trouver sur certaines paroles un chant assez expressif; forcés alors de se contenter d'un chant presqu'insignifiant, ils ont recours à un seul trait d'accompagnement qu'ils promènent dans plusieurs gammes, jusqu'à la fin du morceau. Ces sortes de compositions sont quelquefois nécessaires, sont admirables quand tous les sentimens des acteurs de la scène ne forment qu'une volonté ; mais si les sentimens sont différens, l'on ne sait plus auquel attribuer cet accompagnement unique. S'il captive bon gré malgré, c'est que, semblable au magnétisme, ou plutôt au magnétiseur, cet accompagnement persécute, tourmente, irrite, et finit par avoir raison, parce qu'il faut céder à la force qui ne cède point. L'abus, même de l'unité, est donc un abus? dira-t-on. Non, ce n'est pas la conséquence qu'on doit tirer des morceaux faits comme je viens de le dire. Disons plutôt que le compositeur a jeté beaucoup d'unité dans l'accessoire de son œuvre, ne pouvant pas imaginer un chant heureux, varié dans son unité, et analogue aux paroles; qu'il a enfin abandonné l'objet principal pour briller par ses accessoires, et que c'est souvent un subterfuge adroit, plutôt qu'une création du génie. Ah ! combien il est difficile d'employer tous les moyens qui expriment nos idées et qui forment un bon ouvrage quelconque, en conservant cette unité divine que l'on sent mieux qu'on ne peut l'atteindre ou l'expliquer ! Cette idée précieuse de l'unité doit occuper sans cesse les jeunes artistes; elle m'occupoit tellement dans le temps de ma jeunesse, que j'avois pris pour emblème de l'unité une boule que je posois sur ma table ou sur mon clavecin quand je composois; et dès que mes idées se compliquoient et m'éloignoient de mon objet principal, ma boule étoit devant mes yeux; je me disois : « Mon ouvrage ne » sera pas rond comme cette boule ». Ce que je dis là est un enfantillage, si l'on veut ; mais néanmoins il est bon de frapper nos yeux d'un objet qui nous ramène au vrai, et dont l'aspect d'unité répercute en nous-mêmes l'idée simple que nos sens externes ont fait naître.

En musique, il n'est rien de plus simple, de plus beau, de plus noble, de plus parfait que le corps sonore ; son effet est immanquable lorsqu'il est bien employé. L'unité nous frappe toujours : *un* est senti par tout le monde, ignorant et savant * ; *deux* présente déjà l'alternative de l'un ou de l'autre ; *trois, quatre, cinq, six, sept* offrent des milliers de combinaisons qui sont l'ouvrage de l'art **. *Un* est

---

* J'ai remarqué constamment que ma pendule ne m'éveille la nuit que lorsqu'elle sonne un coup. J'entends souvent la demi-heure, et rarement plusieurs coups de suite, c'est-à-dire, que le premier coup m'éveille assez pour que je l'entende distinctement ; mais le second m'assoupit, et au troisième coup j'ai perdu la présence d'esprit. Les sens endormis n'ont pas la force d'ajouter un à un, un à deux, un à trois, &c.

** Un calculateur m'a assuré que les sept notes de la gamme donnent 5040 combinaisons : les douze sons de la gamme chromatique en donnent 479,001,600. L'homme de génie peut-il désirer une plus ample latitude, sans compter les rhythmes différens qui varient à l'infini toutes ces combinaisons !

donc la nature ; l'art commence quand on dit *deux*, à moins que *un* joint à *deux* ou davantage, ne se confondent dans une parfaite unité.

C H A P I T R E   X V I.

D E   L A   S E N S I B I L I T É.

LA sensibilité nous est donnée avec la vie. C'est la chaleur qui donne ou développe la sensibilité, de même que la froideur la diminue ou l'anéantit : l'excès de la chaleur ou de la froideur tue également l'individu. On prend pour synonymes chaleur et sensibilité, de même que froideur et insensibilité *.

Depuis l'homme le moins sensible jusqu'à celui qui l'est le plus, il y a une gradation progressive de sensibilité qui rend tous les hommes propres à différentes choses. En récapitulant, d'après leurs réputations reconnues,

---

* Entre tous les animaux, il semble que le poisson, étant le plus privé de chaleur, doit être le moins sensible.

toutes les productions humaines , et jugeant de leur bonté par le degré de sensibilité de leurs auteurs, on auroit à coup sûr le résultat du produit de la sensibilité humaine et de ses divers degrés ; mais , il faut en convenir , pour faire ce rapprochement immense, il faudroit la vie entière d'un grand homme. Disons donc seulement que les arts d'imagination sont ceux qui exigent de la part de l'artiste le plus grand foyer de sensibilité.

Tous les hommes sont sensibles à la symétrie et à l'harmonie qui se manifestent dans toute la nature ; la majeure partie sait exécuter avec patience, dans la pratique des arts libéraux ou mécaniques, du commerce ou de la navigation, &c., ce que peu d'hommes savent inventer ; mais arracher à la nature le germe qu'elle renferme, est le procédé du génie qui émane d'une vive sensibilité. La sensibilité puérile n'est que foiblesse ; et ne produit rien de bon ; celle qui provient de l'équilibre entre les forces de l'individu , est la sensibilité par excellence. La femme en général participe trop à la sensibilité puérile , pour faire de grandes

choses ; mais la femme forte et à grand caractère , qui gouverne ses nerfs et n'est pas
gouvernée par eux , est très-propre aux arts
d'imagination , et doit surpasser l'homme lui-
même dans les arts d'agrément. L'homme le
plus sauvage , le plus barbare a aussi sa part
de sensibilité ; si quelquefois ses passions indé-
pendantes le rendent féroce , il se rapelle son
semblable lorsqu'il est dans les souffrances :
qu'on nous montre un homme qui n'ait jamais
connu la douleur , celui-là seul peut être insensible. La plus grande insensibilité doit provenir
de notre plus grand éloignement de la nature.
Plus l'homme devient sensible aux plaisirs
factices , plus il s'éloigne de la vraie sensibilité.
Le puissant imbécille, auquel des flatteurs ont
persuadé qu'il est hors du cercle social, doit
être le plus insensible et le plus malheureux
des êtres : insensible , parce qu'il a la bonhomie de croire qu'il n'a point d'égal entre
les hommes ; malheureux, parce que la nature
dément en lui et à chaque instant ce que ses
flatteurs veulent lui persuader. Lorsqu'il est
atteint par la douleur, et qu'il leur dit : *Je*

souffre, ils voudroient lui persuader le contraire, et qu'un homme tel que lui doit être
au-dessus des misères humaines.

On pourroit dire que dans l'homme il y a
autant de sortes de sensibilités qu'il y a de
caractères émanés de plus ou moins de sensibilité; et l'on sait que le caractère change
plusieurs fois dans le cours de la vie. Avec
l'âge, il se forme selon nos goûts et nos passions; dans un âge plus avancé, d'autres
passions le modifient encore. Chez les uns,
il est la suite d'une maladie ; chez les autres,
d'un bon succès ou d'un revers. En vivant
continuellement avec les mêmes hommes, on
ne s'aperçoit guère de cette mutation progressive ; cependant il ne faut que rétrograder,
reporter sa mémoire à un lustre ou deux, pour
voir combien l'homme d'aujourd'hui est différent de ce qu'il étoit. C'est sur-tout lorsqu'on
retrouve ceux qu'on avoit perdus de vue depuis
long-temps, qu'on est étonné des changemens
qu'ils ont éprouvés. Un retour involontaire
sur soi-même est alors inévitable; notre phy-
sionomie devient parlante, et je crois que c'est

plus pour nous qu'elle s'explique, que pour
ceux dont l'aspect nous étonne. Si, après s'être
séparées dès l'enfance, deux personnes se retrouvent dans le bel âge, le sourire du bonheur
éclate sur leurs visages; combien nous sommes
embellies, semblent-elles se dire en s'embras-
sant! Mais si, après s'être séparées encore,
ces mêmes personnes se retrouvent trente ans
après, l'impression du désastre de l'une agit
également sur l'autre, en songeant que le
temps s'est écoulé de même pour toutes deux.
Dans l'église de Saint-Pierre à Rome, est un
tombeau que je considérois souvent lors de
mon séjour en cette ville. L'on voit la même
femme couchée à droite et à gauche de ce
tombeau; mais elle est représentée d'un côté
à l'âge de quinze ans, et de l'autre à quatre-
vingt-dix. En examinant simultanément les
yeux, les traits de ces deux figures, l'on voit
et l'on croit que les formes usées de la figure
surannée ont appartenu à la jeune beauté qui
lui est opposée. L'idée de l'artiste est belle,
simple et très-analogue à son objet; il dit tout
en deux mots : *La vie et la mort.*

APPLICATION.

ON peut regarder la musique comme un thermomètre qui fait apprécier le degré de sensibilité de chaque peuple, selon le climat qu'il habite. Le chant national de chaque peuple, et plus encore sa manière de chanter, de porter les sons, de les soutenir, de les heurter, de les détacher ; les inflexions quelconques plus ou moins douces, passionnées, voluptueuses, gaies, tristes, barbares ou sauvages, sont d'accord dans chaque pays avec sa température. La nature du gouvernement, les mœurs, doivent aussi influer sur l'accent de la langue et du chant qui en est l'imitation; mais ces causes secondes ne peuvent détruire l'influence du climat. Il y a d'ailleurs, et je le dirai plus loin, il y a deux sortes de chant dans chaque pays : celui des gens instruits, et celui du peuple qui conserve toujours le goût du terroir, malgré les altérations que ne cessent d'y apporter les gens du bel air. Les Français, par exemple, imitent, depuis vingt-cinq ans, dans leur chant, les accens de la musique

italienne ; mais le chant des Porcherons n'a
point changé. Allez aux guinguettes, écoutez
chanter *Malbrouck*, et vous en serez persuadé.
Pour prouver qu'il n'y a de naturel dans un
pays que les productions qui émanent du climat, je dirai que la société des riches, des gens
instruits, et sur-tout la belle jeunesse qui
innove sans cesse, saisissent très-aisément et
très-naturellement le chant national, et qu'ils
sont presque tous à côté du vrai lorsqu'ils
empruntent les chants des autres peuples.

Examinons combien de sortes de mélodies
on peut trouver en Europe, quelle est la nature
de ces mélodies, et quel est leur rapport avec
le climat qui les inspire. On peut distinguer
1.º la mélodie des Italiens et celle des peuples
plus méridionaux qu'eux, et exposés aux
ardeurs d'un soleil plus brûlant ; 2.º celle des
Français ; 3.º celle des Allemands et des autres
peuples plus enfoncés dans le nord. Remarquez
que, en ceci comme presqu'en toute chose, la
division est de trois : chaud, tempéré, froid.
Il y a ensuite les degrés intermédiaires qui
ne décident point la question. La mélodie, le
chant,

chant, et sur-tout la manière de chanter des
Italiens, est passionnée, voluptueuse; les sons
toujours portés, soutenus, diminués et enflés,
enflés et diminués; une espèce de gémissement,
un soupir commence et finit chaque phrase
musicale. Voilà quelles seront toujours les
inflexions des climats brûlans. Les Italiens ont
beau varier les paroles et la tournure de leur
chant, ils semblent toujours dire : *Oh dio, mi
moro ! morir mi sento ! ben mio, abbi pietà di me !*
Je ne veux pas dire, sans doute, que *Durante,
Leo*, le père *Martini* et d'autres, n'ayent pas
été des harmonistes savans; je sais qu'en Italie
même, on n'a qu'à mettre la science à la mode,
ne considérer, ne récompenser qu'elle, alors
l'Italie aura des savans ; mais ceci ne prouve
rien, sinon qu'on lui a fait prendre une direc-
tion forcée; laissez agir librement les musiciens
italiens, ils seront ce qu'ils sont, et ce qu'ils
doivent être, selon leur climat, c'est-à-dire,
chantans, passionnés et fort peu savans, ou
il s'en trouvera un sur mille, et ce sera le
contraire en Allemagne. Si l'on demande pourquoi les hommes habitant un climat plus chaud

que l'Italie, n'ont pas la même réputation en musique que les Italiens, nous dirons que nous soupçonnons deux causes qui peuvent occasionner cette différence : la première est que la chaleur trop excessive affoiblit l'individu , et lui ôte l'énergie qui rend les passions expansives. On soupire donc , on gémit doucement sur une guitare; on se renferme en soi-même parce qu'on ne peut et qu'on n'ose dire tout ce qu'on ressent. La seconde cause, qui paroît aussi probante, est que l'Italie a hérité de tous les arts après la splendeur des anciens Romains : de même que jadis on y étoit guerrier par amour de la patrie, aujourd'hui on y est poëte , musicien , architecte , peintre ou sculpteur par amour-propre et par hérédité. Avant de passer à la mélodie des peuples du nord respectivement à l'Italie , rappelons cependant ce que nous avons dit dans le premier volume : disons que l'Italie seule a donné le type de la mélodie à l'Europe entière; qu'elle a embrasé de ses accens voluptueux tous les peuples qui n'avoient pas encore trouvé le vrai langage des ames passionnées. Mais voyons , en même temps , les modifications que chaque peuple s'est vu forcé de faire à cette mélodie - mère , pour être d'accord avec les passions dépendant de son climat.

La France jouit d'un climat tempéré : aussi la mélodie des Français s'exhale en gaieté, en petits airs, et ils ne chantent jamais qu'ils n'ayent envie de danser. Les accens des départemens méridionaux ont bien quelque chose de plus passionné que ceux de Paris ; mais aux accens de leurs passions plus vives, ils joignent des flûtes aiguës et des tambourins, de peur de s'attrister. Soupirez un air italien avec un accompagnement de tambourin, vous sentirez si ce contraste est supportable. Nous avons des romances , direz-vous, avec lesquelles la petite flûte ni le tambourin n'ont rien à faire. Cela est vrai; mais vous en avez une sur mille airs gais , et les Italiens ont le contraire. Les barcarolles vénitiennes ont le mouvement de la gaieté ; mais si vous les entendez chanter par les hommes et sur-tout les femmes du pays, vous conviendrez que les inflexions avec lesquelles ils les chantent, les rendent ce qu'on appelle, en terme de musique, *amoroso* *.

Je ne veux pas dire que les Français n'ayent point de musique, et je suis fâché que *Rousseau* ait dit qu'ils n'en auront jamais. C'est, à mon avis, comme s'il avoit dit que les Français ne seront jamais ni gais ni tristes, ni chauds ni froids, ni sensibles ni insensibles, ce qui assurément est impossible; il faut absolument qu'ils soient l'un ou l'autre, ou au moins mixtes; et s'ils sont tels, leur musique mixte comme leurs passions, pourroit encore être très-bonne.

Les Français sont doués modérément de toutes les passions : ils ont, n'en déplaise au reste de l'Europe, le juste milieu qu'on recherche en toute chose pour approcher le plus près possible de la perfection. Qui dit un climat tempéré, dit participant du chaud et du froid. Le Français est gai, aimable, spirituel par nature, parce qu'il n'est absorbé par aucun excès de chaleur ni de froidure. Selon les

---

* Je vis un jour un air de société, un air français, composé par un amateur; et, pour bien désigner qu'il vouloit que son air fût chanté dans le goût italien, il avoit écrit en tête *malouroso,*

circonstances, il peut disposer de ses forces et de ses facultés mobiles, puisqu'elles sont modérées : se trouvant au centre d'une juste température, ayant, pour ainsi dire, la chaleur à sa droite, la froidure à sa gauche, il n'a qu'un pas à faire pour être ce qu'il veut et aller où il veut. Son climat doux lui laisse assez de force pour cultiver les sciences les plus abstraites, comme les plus aimables ; il aime la gloire et les belles avec transport, parce que, en portant toutes ses forces vers un seul objet, il est susceptible d'enthousiasme, de fureur, et devient plus fort que l'homme d'autres climats. Son théâtre tragique et comique, ses excellens comédiens, prouvent, depuis long-temps, que sa déclamation est parfaite dans tous les genres. Et vous voulez, *Jean-Jacques*, que le peuple qui déclame avec tant d'énergie, de charmes, de gaité et de noblesse, ne puisse avoir sa musique ; je dis plus, une bonne musique ? Seroit-il possible qu'un homme tel que vous, eût ignoré que par tout où l'on déclame juste, on peut noter et chanter cette même déclamation ? Dire que la langue française est insusceptible

I 3

d'accent, n'est-ce pas dire que les Français n'ont point de passions? Eh, qui mieux que vous, *Jean-Jacques*, a prouvé le contraire? car vous êtes Français; c'est en France, c'est à Paris que vous avez appris à penser, à écrire, à être éloquent. Vous avez été, comme nous tous, électrisé par ces têtes ardentes qui, toujours idolâtres des arts, des sciences et de la belle nature, ne respectoient aucun abus: un *Voltaire*, inondant la France de ses écrits, toujours amusans et instructifs, et quelquefois sublimes; un *Diderot*, un abbé *Arnaud*, qui lançoient la foudre au milieu des festins, et qui, par la force de leur éloquence, communiquoient à chacun la noble envie d'écrire, de peindre ou de composer de la musique; un *d'Alembert* qui, tour à tour ardent et modéré, apprenoit qu'il faut mettre des bornes à l'enthousiasme; un *la Harpe* qui, dans trois phrases, vous présentoit le résumé d'un volume; un *Marmontel*, qui (je ne parle point de sa profonde érudition) auroit répété en bons vers ce que l'on venoit de dire en prose; un *Sédaine*, qui voyoit dans le conte qu'on débitoit, une action théâtrale, en saisissoit tous les fils sans jamais s'écarter de la sublime unité. Non, il est impossible de résister à la flamme qui sortoit de la réunion de ces hommes tous célèbres, chacun dans son genre : et quand le vin de champagne arrosoit ce feu sacré des arts et du génie, l'homme fait pour être quelque chose anticipoit de plusieurs années les chef-d'œuvres qu'il devoit enfanter, et pour lesquels il étoit prédestiné.

Il nous reste à examiner la mélodie des Allemands : elle n'a rien de la gaieté, de l'amabilité de celle des Français, quoiqu'ils soient leurs voisins ; mais comme souvent au physique les extrêmes se touchent ou se rapprochent, elle semble plutôt avoir une partie des accens de la mélodie italienne. On oseroit presque dire, que les hommes des pays chauds soupirent leur mélodie, parce qu'ils sentent trop vivement, et que ceux du nord soupirent après les sensations voluptueuses qu'ils désirent.

Il y a deux mélodies très-distinctes dans chacun des climats dont nous venons de parler. Une appartient au peuple laborieux, l'autre est celle des hommes plus instruits et plus sensibles aux beautés des arts. A Rome, une espèce de psalmodie est la vraie musique du peuple ; elle est triste, lourde, et n'a rien d'efféminé, comme la mélodie italienne que nous connoissons. Un ami me disoit, en nous promenant la nuit dans les rues de Rome : Il ne faut qu'entendre chanter ces abbés, pour sentir combien ce peuple est efféminé. — Oui, lui dis-je ; mais que pensez-vous de cette psalmodie populaire qui se fait entendre de l'autre côté ? moi je tremble pour les abbés, lorsque j'entends les chansons *dei facchini* *; j'y trouve une âpreté, un accent d'ancienne Rome, qui me fait croire qu'elle pourroit bien un jour sortir de sa cendre.

Je l'ai dit ci-devant : on ne chante pas aux guinguettes de Paris, comme aux spectacles ni dans les sociétés. On dit que le peuple allemand avoit jadis un accent d'une dureté épouvantable ; mais dans beaucoup de villes d'Allemagne, on a établi des écoles publiques et

---

* A Rome, on appelle ainsi les porte-faix.

gratuites de musique, qui ont dû le tempérer.
Je ne serois point étonné que les hommes des
climats qui sont au nord de l'Allemagne, tels
que le Danemarck, la Suède, la Russie, eussent
un accent moins dur que celui des Allemands.
Par la même raison que, comme nous l'avons
dit, la chaleur plus forte que celle qu'on ressent
en Italie, atténue l'expression de la mélodie
avec les forces physiques des habitans ; l'excessive rigidité des climats plus froids que
celui des Allemands, doit aussi diminuer la
dureté de l'expression musicale, en émoussant
davantage la sensibilité individuelle. Concluons
donc, et disons que tous les peuples sont plus
ou moins préparés à la mélodie ou à l'harmonie,
par la chaleur, la température ou le froid de
leurs climats, et que c'est ce degré de chaleur
ou de froid qui donne le plus ou le moins de
sensibilité ; que la chaleur, telle qu'elle règne
en Italie, donne à ses habitans le degré
convenable de sensibilité propre à la plus belle.
mélodie, en leur refusant néanmoins la force
et le besoin nécessaires pour combiner fortement
l'harmonie ; que la mélodie dégénère ensuite,

si l'on perce dans les régions où la chaleur
devient excessive ; que la juste température
de leur climat rend les Français propres à la
mélodie autant qu'à l'harmonie, sans qu'ils
puissent atteindre, ni pour l'une ni pour l'autre,
le degré qui appartient aux Italiens et aux
Allemands ; que le climat froid des Allemands
les rend peu propres à la mélodie ou au chant,
mais très-disposés à la plus forte harmonie; que
si on avance davantage dans le nord de l'Allemagne, l'harmonie doit perdre de son énergie,
sans peut-être y gagner beaucoup du côté de
la mélodie. La mélodie est donc le partage de la
sensibilité produite par l'influence d'un soleil
ardent, et l'harmonie mâle et nerveuse, est
celui des hommes plus robustes, des hommes
du nord. En lisant ce chapitre, un homme de
beaucoup d'esprit a dit : « L'harmonie est le
» vêtement du chant; le chant italien est plein
» de chaleur, il va presque nu; celui des autres
» nations se charge d'habits à mesure qu'il est
» plus froid ». Au reste, si l'artiste des climats
chauds se relâche trop en harmonie, celui né
dans le nord lui montre le correctif; et si l'artiste

du nord s'abandonne à trop de dureté et d'énergie, celui de l'Italie l'invite sans cesse à la tendre
mélodie. Excités et retenus l'un par l'autre,
ils doivent sans débats considérer leur mérite
respectif., et profiter chacun de leurs divers
avantages ; toute contestation est inutile où il
n'y a point de rivalité.

CHAPITRE XVII.

DES CONTRASTES.

C'EST par les contrastes sur-tout que la
sensibilité est émue ; une même chose qui ne
nous a point affectés, si elle se représente avec
les contrastes qui la font valoir, produit sur
nous des effets multiples ; une idée ne se
présente pas fortement à notre imagination,
si son contraste ne l'accompagne : de même
l'ombre accompagne les corps éclairés. L'artiste
saisit mieux qu'un autre homme les contrastes
qui frappent les sens. On a souvent parlé
du tableau du *Poussin (La danse des bergers*

d'Arcadie), et du contraste sublime qu'il présente : un tombeau est à côté du lieu où l'on danse ; sur ce tombeau est écrit : *Et moi aussi je fus berger d'Arcadie.*

Pendant notre révolution, j'ai été frappé de plusieurs contrastes qui ne peuvent s'effacer de mon imagination, et qui sont, vu les circonstances des temps, plus frappans, mais plus horribles que le contraste du tableau du *Poussin.* Dans ce temps, dont l'horreur passera aux siècles à venir sous le nom de *temps de la terreur*, je revenois vers le soir d'un jardin situé dans les Champs-Élysées ; on m'y avoit invité pour jouir de l'aspect du plus bel arbre de lilas en fleurs qu'on pût voir. Vers le soir, dis-je, je revenois seul, et j'aurois joui du parfum de mille fleurs, d'un soleil couchant des plus majestueux, si les malheurs publics n'eussent affecté mon ame de la tristesse la plus sombre.

J'approchois de la place de la Révolution, ci-devant de Louis XV, lorsque mon oreille fut frappée par le son des instrumens ; j'avançai quelques pas : c'étoient des violons, une flûte, un tambourin, et je distinguai les cris

de joie des danseurs. Je réfléchissois sur les
contrastes des scènes de ce monde, lorsqu'un
homme qui passoit à côté de moi me fit remarquer la guillotine; je lève les yeux, et je
vois de loin son fatal couteau se baisser et se
relever douze ou quinze fois de suite. Des
danses champêtres d'un côté, des ruisseaux
de sang qui coulent de l'autre, le parfum
des fleurs, la douce influence du printemps,
les derniers rayons de ce soleil couchant qui
ne se relevera jamais pour ces malheureuses
victimes.... ces images laissent des traces
ineffaçables. Pour éviter de passer sur la place,
je précipitai mes pas par la rue des Champs-
Élysées, mais la fatale charrette, où les membres
de la beauté et de l'homme vertueux étoient
mêlés et palpitans, m'y atteignit; et là j'entendis cet horrible persiflage : « Paix, silence,
» citoyens, ils dorment », disoit en riant le con-
ducteur de cette voiture de carnage.

Rappelons un autre contraste, mais qui ne
peut être bien senti que par l'artiste musicien.
Un roi, nous le savons, est un homme comme
un autre; mais l'habitude de le voir environné

de la pompe et de la grandeur, en fait un être
qui nous impose, si la réflexion ne nous dé-
tournoit de nos préjugés.

Le cortége militaire qui conduisit *Louis XVI*
à l'échafaud , passa sous mes fenêtres , et la
marche en $\frac{6}{8}$, dont les tambours marquoient le
rhythme sautillant, en opposition au lugubre
de l'événement, m'affecta par son contraste et
me fit frémir.

Venons à une scène plus touchante. Nous
étions le matin réunis en famille pour prendre
le thé. Ma mère tenoit sur ses genoux une
de mes petites sœurs, encroûtée, autant que
possible , de petite vérole ; elle pressoit sa
mamelle pour en faire jaillir le lait sur les yeux
de son enfant, fermés depuis long-temps à la
lumière, quand tout-à-coup l'enfant part d'un
éclat de rire immodéré ; quelle en étoit la cause?
un de ses yeux s'étoit ouvert à moitié ; elle
revoyoit le jour et sa mère nourrice.

A P P L I C A T I O N.

La scène la plus frappante par ses contrastes
qu'on ait jamais imaginée au théâtre, est celle

qu'on peut lire dans la tragédie de *Shakespeare,* intitulée : *La vie et la mort de Richard VII:* scène VI, acte I.er, *Richard,* ce monstre que l'enfer a vomi, arrête dans une rue de Londres, le convoi funèbre qui transporte le corps de *Henri VI.* La fille de ce prince est à la tête du convoi ; c'est là que *Richard* lui déclare sou amour. Ladi *Anne* l'accable de mépris, elle lui crache à la figure. *Richard* persiste à l'assurer qu'il l'adore ; qu'elle est un ange descendu des cieux ; qu'il ne s'est fait le meurtrier de son père, de son mari, que pour parvenir au trône où il veut l'élever.... Le croira-t-on? elle quitte le convoi, donne assez de preuves d'assentiment pour faire entendre qu'elle est sensible à tant d'amour. Cette scène est un chef-d'œuvre d'horreur pour les contrastes; il faut la lire dans *Shakespeare.*

Tout ce qui se présente à l'artiste, accompagné de contrastes, ne s'efface plus de son imagination ; c'est par les chocs inopinés que son ame reçoit, qu'il se forme un magasin d'idées ; et s'il ne représente pas en entier les tableaux qui sont restés dans son esprit, il en représente des parties, et les reproduit toujours par analogie. N'en doutons pas, c'est alors que l'idéal de l'art se fait le mieux sentir.

Nous avons si souvent parlé dans cet ouvrage de la nécessité des contrastes, que nous regardons comme inutile de nous en occuper ici plus long-temps. En un mot, toujours du bruit cesse d'être du bruit ; cependant le fort est nécessaire pour faire apprécier les teintes plus douces. Il est deux manières d'employer les deux extrêmes des sons, le fort et le doux : la première est matérielle, c'est de passer inopinément de l'un à l'autre; mais si par mille légers contrastes, et avec des nuances imperceptibles, nous parcourons l'espace qui sépare ces deux extrêmes, cette seconde manière, quoique moins frappante, emploie les procédés de l'art, et satisfait davantage l'oreille de l'artiste.

Enfin, quoique *Voltaire* ait dit que dans les arts, il vaut mieux frapper fort que frapper juste, nous nous permettrons de dire que c'est au compositeur éclairé à sentir, selon le caractère du personnage qu'il fait parler, quel moyen il doit adopter pour être vrai.

CHAPITRE

CHAPITRE XVIII.

Douceur de caractère, candeur, pudeur.

LA douceur de caractère qui naît de la
simplicité, de l'insouciance, n'est point vertu;
c'est l'apanage des êtres nuls. Mais la bonté,
l'indulgence, l'affabilité, la pitié, &c. toutes
ces vertus se trouvent réunies dans la douceur
de l'homme instruit et modéré par principes.

Quel secours peut prêter à autrui l'être
impassible *, possédant une qualité morale
qui ne lui a coûté ni sacrifices, ni peines,
ni combats? C'est la tendre fleur, qui croît et
meurt après avoir donné indifféremment ses
parfums les plus doux, à l'homme, à l'insecte
ou au zéphir. Mais l'homme qui a remporté
une ample victoire sur ses penchans vicieux,

---

* Les préceptes de l'art dramatique excluent du théâtre
les personnages parfaits, parce qu'en effet on les suppose
impassibles, et l'on ne peut s'intéresser à des êtres qui
ne s'intéressent à rien.

K

connoît tous les chemins qui peuvent conduire
à cette douce modération qui fait le charme
de la vie ; qui rend l'homme moral l'ouvrage
de lui-même ; qui lui feroit pardonner son
orgueil naturel, si l'orgueil lui-même n'étoit
foiblesse ; si la raison enfin ne lui disoit que
la plus belle des vertus est d'être doux et
modéré dans ses triomphes. Voilà le guide qu'il
faut suivre, il ne nous égarera point ; ses
égaremens passés ont payé notre tribut à la
foiblesse humaine, et ses vertus, qui les rem-
placent, sont pour nous l'astre de lumière
qui conduit au bonheur.

La pudeur et l'innocence sont compagnes
inséparables ; la petite fille qui, pour recevoir
son déjeûné, les fruits que lui présente sa
bonne, trousse ingénument sa chemise, a bien
plus de pudeur que la fille de quinze ans qui
rougit, parce que sa jarretière s'est détachée.
Selon l'écriture, Adam, le premier homme,
ne s'aperçut qu'il étoit nu, qu'après avoir
péché. — Adam, où es-tu? — Je suis nu,
Seigneur. — Si tu n'avois pas péché, tu ne
saurois pas que tu es nu.

Plusieurs philosophes ont demandé pourquoi l'homme seul, entre les animaux, trouve de l'indécence à se montrer nu ; et pourquoi l'homme, et presque tous les animaux s'enveloppent du voile du mystère pour se livrer aux douceurs de l'amour ; enfin, pourquoi le plaisir régénérateur de l'espèce humaine, le but où tend tout ce qui respire, l'espoir secret de la jeunesse, le bonheur de l'adolescence, les regrets de la vieillesse, qui devroit être un acte aussi noble, aussi considéré, aussi religieux qu'il est indispensable ; pourquoi, dis-je, répugne-t-il à la pudeur, et pourquoi, jusqu'aux animaux les plus bruts, se cachent-ils pour accomplir le premier vœu de la nature ? Elle l'ordonne ainsi ; et son but n'est pas difficile à saisir. Elle sait que tout ce qui a vie répugne à accélérer sa fin ; et rien comme le plaisir de la reproduction ne nous mène au tombeau. A tout âge on sent qu'on donne son existence en la procurant à un nouvel être ; si on se livre d'abord sans réflexions, il est rare que l'abattement qui suit ne fasse réfléchir. La nature devoit donc attacher à cet acte le

K 2

bonheur presqu'unique de ses créatures. Et pourquoi se cacher pour obéir à cet ordre suprême ? Elle sait encore, et sur-tout chez l'espèce humaine, que les plaisirs les plus vifs deviennent des peines, si quelques entraves ne les raniment. La résistance des femmes, la pudeur naturelle qui crie *cache-toi*, sont des véhicules sans lesquels le singulier plaisir après lequel nous courons tous, seroit peut-être dégoûtant. Quant à la pudeur qui nous dit de nous couvrir le corps, elle est une suite de ce que nous venons de dire : l'homme, la femme, selon la température du climat et sans blesser la pudeur, peuvent se montrer presque nus, s'ils ont soin de vêtir les endroits que la décence naturelle veut que l'on cache afin qu'on les désire toujours.

APPLICATION.

La pure mélodie est le miroir de la douceur, de la pudeur par caractère. Une modulation, dans ce cas, est une faute. Qui dit *modulation*, dit *combinaison;* et jamais aucun des accens de la pudeur, de la candeur ne furent combinés.

C'est le pur instinct qui guide les sons de sa voix, et cet instinct est par tout inexpérimenté. C'est le cas des petits airs simples, purs et naïfs, qu'on a tant de peine à faire, parce qu'ils n'offrent et ne permettent aucun écart. S'écarter, revenir sur ses pas pour s'écarter encore, est le procédé familier aux hommes ; mais suivre une ligne droite, sans fadeur, sans monotonie, est le procédé des anges. La douceur de l'homme instruit, la douceur par principes et par vertu, ont des limites moins rapprochées. Des modulations douces sont permises dans ce cas, parce qu'elles indiquent le travail de l'esprit ; ici l'esprit et l'expérience ont conduit l'instinct vers la douceur ; c'est donc un instinct moral qui, bien qu'il soit pur, montre encore quelques traces des sacrifices qu'il a fallu faire pour l'acquérir.

CHAPITRE XIX.

DES FEMMES.

LES passions difficiles à contenir sont celles qui nécessitent les préceptes de morale les plus étendus.

Les deux grands ressorts de toute moralité, l'amour et l'amour-propre, ont produit des volumes de maximes, et la source est encore restée intarissable. Il n'est point de cœur amoureux qui ne pût en grossir le nombre, et saisir quelque nuance de sentiment échappée aux auteurs moraux ; il n'est point d'homme d'esprit qui ne pénètre dans quelque coin peu connu du labyrinthe de l'amour-propre.

Je hasarderai ici, sur le caractère de la femme, quelques maximes, dont le reste de ce chapitre sera le développement.

1.° Pour être aimable, une femme ne doit rien faire comme un homme.

2.° La douceur est l'apanage des femmes ;

elles ne peuvent en avòir trop , parce que l'homme n'en a point assez.

3.º Une femme hautaine trop prévenue de son savoir, est presque un homme, et pas assez femme : elle n'est rien de réel.

4.º Une société d'hommes est un assemblage monstrueux où l'on ne dispute que d'orgueil; qu'une femme jolie y paroisse, à l'instant toutes les passions des hommes changent et s'adoucissent. L'intérêt de l'homme avec les hommes est la domination; l'intérèt de l'homme avec la femme est de lui plaire.

5.º Les femmes sont si nécessaires dans la société des hommes , qu'ils ne peuvent, lorsqu'elles sont absentes , s'empêcher de parler d'elles ; ils en parlent davantage en leur absence qu'en leur présence.

6.º Les femmes réunies entre elles parlent plus souvent d'un homme que des hommes: l'homme aime le sexe , la femme n'aime qu'un homme.

7.º Il n'est qu'un homme qui puisse vivre sans aimer les femmes , c'est celui qui n'aime que Dieu ; la femme pieuse aime le Dieu qui s'est fait homme.

8.º La femme aimée est plus heureuse que l'homme aimé ; la femme domine, l'homme est dominé. En parlant de son amant, la femme ne dit jamais *mon maître*, l'homme dit *ma maîtresse.*

9.º Les hommes et les femmes aiment plus les petites filles que les petits garçons ; l'homme voit déjà sa maîtresse dans la petite fille ; la femme, dans le petit garçon, ne voit que l'amant d'une autre femme.

10.º L'inconstance en amour est plus naturelle à l'homme qu'à la femme ; toujours celui qui demande et obtient, oublie plutôt un bienfait que celui qui l'accorde : l'on s'attache à celui à qui l'on donne, et l'on craint la supériorité de celui qui a donné.

11.º Donner c'est faire un ingrat, à moins que celui qui donne ne persuade que donner c'est recevoir.

12.º Les femmes ne répondent à la haine des hommes que par la pitié ; mais elles haïssent les indifférens pour leur sexe. L'indifférent est pour elles un être immoral qui ne mérite pas la peine du combat ; l'homme qui les hait davantage, est celui qui a le plus de besoin d'un raccommodement.

Il suffit que l'on dise aux femmes, « Cet » homme vous hait », pour qu'elles s'appliquent toutes à l'envi à le rendre amoureux d'elles. On croit que c'est par amour-propre qu'elles agissent ainsi : non. L'amour - propre peut bien être un motif de plus pour les faire agir; mais c'est sur-tout leur instinct qui les détermine. « Cet homme, disent - elles, hait les » femmes, parce qu'il a été trompé par quel- » qu'une d'elles; mais il les aimoit, puisqu'il les » hait. Étouffons son ressentiment, et il est prêt » à nous adorer. S'il a été trompé, c'est qu'il en » valoit la peine; nous ne trompons pas un sot, » il est repoussé à l'instant même qu'il se dé- » clare, à moins qu'un intérêt, autre que » celui de l'amour, ne les fasse agir, et de ces » femmes-là nous n'en parlons pas. Cet homme » ne nous hait donc pas, il nous boude : ce n'est » qu'un raccommodement à faire, et rien de si » doux qu'un raccommodement ».

L'indifférence pour le sexe se montre par des penchans contraires à l'amour. L'avare, le joueur, le chasseur , ont le besoin, mais pas l'amour des femmes. Ce ne sont pas ces hommes que les femmes entreprennent de guérir, elles savent en général qu'elles échoueroient. L'indifférence pour leur sexe est regardée par elles comme un mal incurable; mais l'homme qui les hait, est, comme je l'ai dit, prêt à les aimer de nouveau : c'est comme un torrent retenu par une digue 'qui, à la moindre secousse, est elle-même entraînée. Rien ne défigure la beauté comme la dureté dans ses propos, dans ses manières, trop de prétention dans ce qu'elle dit, enfin, un caractère trop imposant et trop prononcé. La femme aimable doit avoir l'instinct de chaque chose, sans prétendre les connoître à fond; et, comme dit *Molière*,

Non, les femmes docteurs ne sont point de mon goût;
Je consens qu'une femme ait des clartés de tout ;
Mais je ne lui veux pas la passion choquante
De se rendre savante, afin d'être savante ;
Et j'aime que souvent aux questions qu'on fait,
Elle sache ignorer les choses qu'elle sait ;
De son étude enfin je veux qu'elle se cache,
Et qu'elle ait du savoir, sans vouloir qu'on le sache,
Sans citer les auteurs, sans dire de grands mots,
Et clouer de l'esprit à ses moindres propos.

Lorsque l'homme se perd dans ses or-gueilleux déraisonnemens, la femme, qui n'a pas quitté le but, peut d'un seul mot, dit sans prétention, lui ouvrir les yeux ; alors il sent son tort, et fléchit souvent sans en con-venir. Il ne dira pas, « Je ferai ce que vous » dites », mais il le fera sans le dire. La femme adroite se gardera bien ensuite de faire aper-cevoir que son avis a prévalu ; en gardant le silence, elle se prépare bien d'autres victoires.

J'ai dit qu'une femme hautaine et orgueilleuse de son savoir est presqu'un homme, et pas assez femme ; qu'elle n'est rien de réel : en effet, les femmes la fuient, parce qu'elle joue le rôle d'homme ; les hommes s'en éloignent, parce qu'elle ne se conduit pas en femme ; elle reste isolée au milieu de la société, et bien malheu-reuse ; lorsqu'elle-même a besoin de conseil et d'appui, elle ne sait à qui s'adresser. Son intérêt doit donc éloigner la femme de tout ce qui dépare son sexe ; c'est par l'amour seul et ses doux attributs qu'elle doit régner. Il n'est point de sacrifice que l'homme ne fasse à la beauté douce et vertueuse ; si elle l'exigeoit, en lui sacrifiant tout son être, il renonceroit aux faveurs intimes de l'amour : l'espoir de les obtenir un jour à force de constance, vaut pour lui la réalité. Pour elle alors il gravit les monts escarpés, franchit les torrens à la nage, il s'éloigne de tous les vices, court après toutes les qualités aimables ; c'est un délire. Oui ; quand l'amour est bien dirigé, c'est la fièvre de la vertu.

En effet, les amans passionnés sont dans un état qui diffère peu de celui de la fièvre. Si le moral, si l'amour-propre n'influoient pas autant sur les liaisons amoureuses ; si un ridicule, une bassesse, des marques de la petite vérole, une tache sur un œil ne détruisoient l'amour le plus effréné, on seroit tenté de croire que la chaîne qui lie les amans est un vrai rapport magnétique. Mais voulez-vous calmer la flamme des amans les plus passionnés ? enfermez-les ensemble : or, puisque l'intimité se détruit par une plus grande intimité, il ne paroît pas que le physique influe autant que le moral sur les fortes passions.

Deux amans qui vouloient être parfaitement

heureux, s'enfermèrent seuls, dit-on, dans une maison de campagne, et au bout de deux jours ils s'écrivoient, au lieu de se voir. On dit même que le troisième jour, étant dans leur boudoir, où tous les meubles étoient faits pour deux êtres qui n'ont qu'une ame et une volonté, ils trouvèrent prudent de mettre entre eux une séparation, et, assis de chaque côté, ils s'écrivoient les plus belles choses du monde, et se jetoient leurs billets doux par-dessus le paravent.

Mais l'amour, enfant de la nature, revêtu de mille illusions morales, n'en est pas moins le mobile du monde. L'amour est le contrepoids qui empêche l'homme de sortir tout-à-fait de son état naturel : sans l'amour, sans la société des femmes, tout seroit factice en lui; l'envie de dominer seroit son unique affaire, et le meurtre finiroit ses querelles. Pour dominer, l'homme, fort d'esprit ou de corps, seroit injuste et barbare, et tous les vices des ames viles, l'envie, l'avarice, le vol, l'assassinat clandestin, seroient le partage des ames foibles, après l'abandon de leur être à une soumission servile.

L'amour du sexe, le seul amour, fait fléchir l'homme superbe, et communique souvent au foible des élans héroïques. L'amour, la seule passion qui soit bien dans la nature, est le régulateur des mœurs ; s'il entraîne l'homme dans des désordres terribles, ils ne sont rien en comparaison du désordre général qui existeroit sans l'amour. C'est toujours dans la vigueur de l'âge que cette passion est véhémente, et c'est aussi dans la vigueur de l'âge que l'homme se livreroit à tous les excès dont l'amour l'éloigne. L'amour est le plus grand besoin de l'homme ; et la femme, cet être foible vers lequel il est obligé de descendre, l'éloigne, dès sa jeunesse, de tous les vices de l'orgueil. « Sois doux, sois » soumis, sacrifie-moi ta force, ta vigueur, lui » dit-elle, et je t'aimerai» ; et l'homme, cet être fier et superbe, y consent pour être aimé. Ce sacrifice de force et d'orgueil fait à la foiblesse et à la douceur, ce commerce réciproque, doit paroître admirable à tout homme qui réfléchit. Tout le charme de l'amour est cependant l'ou- vrage des femmes ; l'homme et sa brutalité l'auroient bientôt flétri, si elles ne veilloient sans cesse autour de ce feu sacré. C'est à elles, à elles seules que nous devons le moral merveilleux de l'amour ; c'est le domaine du sexe, c'est son unique bien ; lui seul a répandu sur l'amour la décence, la délicatesse qui lui étoient nécessaires ; il lui a établi un culte dont les femmes sont les prêtresses ; et tout le charme répandu sur l'amour s'évanouiroit, si le sacrificateur, si l'homme étoit lui-même ordonnateur de ce culte.

Lycurgue, dit-on, avoit établi à Lacédémone des jeux publics où les jeunes filles paroissoient nues : ce spectacle, dit-on, enivroit d'amour les jeunes guerriers qui voloient à la gloire pour en mériter le prix. Je croirois plutôt que ce législateur de la Grèce, craignant que la passion de l'amour ne l'emportât sur l'amour de la patrie, ôta le voile de l'amour pour lui ôter une partie de ses charmes. Supposons le même spectacle à Paris ; supposons un ballet d'opéra où les danseuses paroîtroient nues, nous verrions bientôt déserter tous leurs adorateurs ; mais elles sont plus savantes dans l'art de charmer ; leur art est bien plus sûr, en indiquant tout sous le voile du mystère.

Chaque couple amoureux croit avoir une existence particulière et un roman différent des autres; cependant, à quelques événemens près, c'est toujours la même marche, parce que tous courent au même but.

La jeunesse dans les deux sexes, fait de mutuels efforts pour paroître aimable, et le deviendroit par ces mêmes efforts, si l'amabilité n'étoit son partage. Un couple amoureux est-il d'intelligence? leurs yeux ont-ils avoué qu'ils s'aiment? la propreté, la décence, le respect, la douceur, une timidité touchante annoncent en eux la crainte de ne pas assez se plaire. Si la timidité, apanage des ames sensibles, empêche de se déclarer ouvertement à celle qu'on aime, son père, sa mère, ses frères, ses sœurs deviennent autant d'objets de réaction d'amour : on cherche à les mettre dans ses intérêts, pour s'assurer de celle qui leur appartient; on semble lui dire : « J'aime tout ce que tu aimes, comment » pourrions-nous ne pas nous convenir? » Ce seul préambule d'amour laisse en nous des racines indestructibles de soumission, de respect pour la vieillesse, qui forment la principale

base

base des mœurs. Il est enfin décidé que l'on s'aime; le cœur, les yeux, la bouche ont parlé, et les parens y donnent un mutuel consentement. Quel monde nouveau va s'ouvrir aux yeux de ces amans fortunés ! ils vont être unis pour jamais. Cependant des raisons de famille exigent que leur union soit différée : que d'égards, que de soins, que d'efforts ils vont faire pour que rien n'altère les bonnes dispositions de leurs parens ! La fille va devenir d'avance une excellente femme de ménage, pour prouver qu'elle est digne de l'être; le jeune homme fera, dans la carrière qui lui est destinée, des progrès rapides. Mais quoique plus soumis vis-à-vis la famille de celle qu'il aime et de la sienne propre, il n'est plus le même pour sa maîtresse. Jadis un coup d'œil le rendoit heureux; pour lui c'étoit une faveur inappréciable: aujourd'hui sa passion moins retenue par les certitudes qui l'environnent, exige chaque jour davantage : c'est donc à la femme à lui résister; oui, c'est à l'amante foible, mais vertueuse, à savoir souffrir en silence, en lui opposant une résistance égale aux efforts qu'il fait pour la séduire ; et je me trompe fort, ou de cette activité réprimée par la douceur, la patience et l'amour, naissent presque toutes les vertus dont les époux auront un si grand besoin dans le cours de leur vie. L'homme cependant, après avoir, pour ainsi dire, usé toute sa soumission, emploîra d'autres moyens ; le chagrin, la mélancolie assez véritable, mais beaucoup exagérée, semblent le consumer; il ne mange plus, sur-tout lorsqu'il est à table avec sa maîtresse; elle a beau lui offrir les mets les plus délicats, les prémices de tous les fruits : ce sont d'autres prémices qu'il veut; il refuse tout, tandis que sa faim voudroit tout dévorer. Le désespoir vient à propos, ou souvent inopinément, pour avoir l'air plus passionné : si, fort heureusement, il survient quelqu'incommodité, on ne manque pas d'en attribuer la cause aux rigueurs qu'on éprouve; mais tous ces demi-stratagèmes ne réussissent pas davantage. Il faut en venir aux reproches plus marqués, à l'affectation d'un sang-froid concentré, qui annonce qu'on a pris son parti : alors, et de toute nécessité, il faut bouder pour prouver

la véracité de tous les sentimens qu'on a mani-
festés. Après quelque explication vive, il
faut en venir aux grands mots : — Adieu
cruelle, adieu, je vous quitte pour jamais...! —
Homme vain et déraisonnable! que veux-tu ?
que demandes-tu ? assouvir ta brutalité pour
avoir le droit de mépriser celle dont la fidélité
va faire ton bonheur, et qui doit donner un
jour à tes enfans des exemples continuels de
vertu ? Commence, crois-moi, dès à présent
l'étude si nécessaire aux époux pour conserver
dans le sein même des plaisirs permis, une
modération qui en assure la durée. Sache que
rien n'est utile à l'homme qui ne forme que
des désirs fougueux que la raison condamne ;
sache et retiens cet apologue qu'en passant je
mets sous tes yeux :

« Une déesse, nommée la *Raison*, eut deux
» filles : l'aînée s'appeloit *Décence* ; et la cadette,
» qui étoit aveugle, s'appeloit *Jouissance*. Allez,
» mes enfans, leur dit la déesse, descendez sur
» la terre et faites le bonheur des mortels.
» Cependant, ma chère fille, dit-elle à l'aînée,
» sois la garde fidèle de ta sœur : elle voudra

L 2

» te fuir sans cesse ; et si tu ne résistes à sa
» fatale envie, le dieu qui l'a fait naître la fera
» bientôt mourir ».

Vivre séparé de ce qu'on aime, être obligé
de respecter davantage celle qu'on accuse de
rigueur, s'être soi-même exilé de sa présence,
c'est alors que les jours semblent des siècles.
L'homme, incapable d'aucune chose, éprouve
des tiraillemens en sens contraire qui sont
inexplicables. L'amour, de ses chaînes de fleurs,
l'attire aux pieds de l'objet aimé ; la furie de
l'amour-propre, avec une chaîne de fer, le
retient et l'empêche d'y courir. Chaque voiture qui s'arrête, chaque fois qu'on frappe à la
porte, c'est elle, ou quelque message de sa
part, qui vient faire finir un supplice qui renaît
l'instant d'après.—Tu voudrois, homme lâche
et fort d'orgueil, tu voudrois être à moitié
mort, pour que sa tendresse la fît voler la
première à ton aide ; tu voudrois peut-être que
sa propre santé altérée.... mais non, tu es
amant, quoique orgueilleux ; au reste attends
quelques jours encore et tes désirs seront satisfaits.—Enfin un bon père, qui à peine s'est

aperçu de cette terrible rupture, arrive et vient
y mettre fin. — On ne t'a pas vu ces jours-ci;
ma fille ne se porte pas bien; elle n'a pas voulu
sortir. — Ah ! mon père, courons . . . Mais le
père n'est pas si pressé ; il veut déjeûner ; il
veut parler à la mère du jeune homme qui,
dans son impatience, voudroit l'emporter sur
ses épaules. C'est à travers mille sensations
d'ivresse, mêlées à mille chagrins de toute
espèce, qu'on arrive enfin au terme tant désiré.

En étudiant bien les amans, il semble qu'ils
ne redoutent rien tant que la monotonie ; une
situation calme semble être pour eux une existence contre nature ; et elle le seroit en effet,
car le physique qui les commande, les force
à une agitation continuelle; l'amour régit toutes
leurs volontés ; un feu violent les dévore et
les force d'agir ; dès qu'ils voient qu'après
l'ivresse l'amour va languir un seul instant, un
doute offensant, une querelle viennent aussitôt
le ranimer, et c'est leur instinct qui les fait
agir ainsi : toujours si l'un est gai, l'autre sera
triste. Au milieu d'un cercle ou d'un bal,
veulent-ils se préparer un doux tête à tête ?

un accès de jalousie s'empare d'un des deux;
—Vous êtes une coquette.—Vous êtes un homme
déraisonnable... Ah, chers fripons! ne croyez
pas tromper ceux qui, comme vous, ont
passé par les filières de l'amour; ne croyez pas
qu'ils vous plaignent : ils savent que vos tour-
mens ne sont que les séparations nécessaires
pour aller d'un plaisir à un autre; ils savent
mieux que vous que vivre sans aimer ou sans
avoir aimé, n'est qu'un long *mourir*. Oui, c'est
l'amour qui vivifie tout. Eh! où seroit donc
le bonheur, s'il n'étoit dans le sexe enchanteur
qui nous ravit sans cesse? qui voudroit supporter le poids de la vie étant privé du bonheur
qu'il nous donne? O sexe adoré, moins encore
qu'il n'est adorable! vous seul rendez l'homme
sociable, doux, aimable et capable de vertus.
Pour vous seul il brave la mort et vole à la
victoire; pour vous il franchit les flots en
courroux; et lorsqu'après une longue course,
des oiseaux voltigeant autour du navire, lui
annoncent le terme du voyage, ces oiseaux
sont pour lui ceux de *Vénus;* c'est vous qu'il
appelle, en criant, *terre! terre!* dans un chœur

d'alégresse; c'est vous qu'il aperçoit dans cette ombre lointaine qui lui indique votre asyle ; c'est à vos pieds qu'il apporte la dépouille de ses ennemis vaincus, et toutes les productions du globe. L'artiste, dans son délire, ne court après les dons du génie, que pour vous en faire hommage; malheur à lui s'il se promet d'autres récompenses ; son œuvre de glace attestera sa nullité. L'homme, au comble de toutes félicités, et assis sur le trône du monde, ne voit que vous pour réaliser son bonheur; et le scélérat qui marche à l'échafaud, ne soupire que votre perte dans celle de sa vie. O sexe aimable, que ton instinct charmant porte de douceur et de consolation dans le cœur de l'homme ! Tu veux plaire, toujours plaire, c'est-là ton unique envie; tu en portes en toi-même la certitude, et tu sens que cet oracle est infaillible. Tu veux plaire à l'homme, lors même qu'il n'a qu'un instant pour jeter les yeux sur toi : en traversant ton hameau, bergère timide, tandis que des coursiers fougueux l'éloignent de toi, il n'a qu'un coup d'œil rapide à te donner ; cependant tu lui

souris encore, tu lui dis, par un coup de tête
gracieux, que tu sais qu'il t'a vue. Tu veux,
coquette enchanteresse, qu'une blessure l'attei-
gne, quelque légère qu'elle soit, et tu veux
que, sur l'aile des vents, un léger soupir te
soit envoyé pour adieu ; tu crois lui entendre
dire : « Adieu, toi dont je n'entendrai jamais
» la douce voix ; adieu, toi que je ne reverrai
» jamais ». Si, dans nos promenades, un homme
inconnu te fixe modestement ou avec étonnement, et que ce regard te plaise, avec quel
art tu sais lui ordonner de te voir à chaque
tour qu'il fera ! Je sais que tu fais peu d'attention à lui, tant qu'il est fidèle à tes ordres :
mais s'il se croit oublié, et qu'alors il t'oublie,
comme tu sais lui assigner un nouvel ordre
plus positif qu'il n'ose plus enfreindre ! Si,
marchant dans les rues, tu aperçois d'un œil
malin l'homme ralentir sa marche pour te
suivre et te considérer quelques instans de
plus, avec quel art tu profites du plus petit
obstacle qui se trouve dans ton chemin (ou
que tu vas chercher exprès), pour avoir occasion de soulever les plis mystérieux qui laissent

apercevoir alors le chemin du bonheur! Oui,
je le sens, je le jure, si l'homme en proie à
tous les chagrins de la vie, n'étoit consolé par
le charme continuel que le sexe répand sur
son existence, je défierois le plus raisonnable
d'en supporter le poids. Mais l'homme sensible
ne peut faire un pas sans désirer, sans espérer,
sans obtenir quelques faveurs de la part du
sexe qui le charme, et tout est faveur dans
tout ce qu'il fait pour nous plaire.

Que pouvons-nous dire de la beauté, qui ne
soit au-dessous des sentimens inexprimables
qu'elle inspire à l'homme? Tel que l'astre du
jour, soit qu'il s'approche ou s'éloigne de la
terre, varie à l'infini la couleur de ses rayons;
telle est la figure de la femme : belle dans son
entier, enchanteresse dans ses détails, chaque
attitude, chaque mouvement de son corps, ou
seulement d'un de ses membres, font naître dans
le cœur de l'homme mille sentimens de joie et
de volupté. Ne te plains donc plus, homme,
quelqu'infortuné que tu sois; car le sexe charmant ne te laisse jamais sans désirs et sans
espérance, et c'est la nature qui l'ordonne ainsi.

O source de tous les biens, que ton charme
est puissant ! charme indéfinissable et indes-
tructible, que l'imagination augmente en raison
de la perte des beaux ans ! oui, tu es le dieu
visible de l'homme sur la terre, comme l'être
suprême et créateur est son dieu dans l'univers; miracle continuel qui atteste sa puissance !
source de vie et de bonheur, sois ce que tu
es, pour être ce qu'il y a de mieux au monde !
dédaigne tout autre empire que celui de la douceur de tes charmes; tu serois trop redoutable,
si tu voulois régner par ta force indomptable !
un horrible incendie dévasteroit le monde; la
mer, d'un pôle à l'autre, rouleroit des flots
de sang, si ton sexe l'avoit résolu. O doux
repos de la vie, soutien de nos peines et de
nos travaux, être enchanteur, sois le nectar
de l'homme altéré de sa passion pour toi; con-
duis-le au bonheur par mille sentiers de fleurs
que t'a si bien indiqués la nature ; sois notre
refuge, notre vie, et cessons d'exister, si nous
cessons de mériter tes faveurs.

APPLICATION.

LE premier cours d'amour que l'homme fait dans sa jeunesse ou son adolescence m'a toujours paru la leçon de toute sa vie, soit qu'il le conduise au bien ou au repentir. L'homme qui n'a pas préparé toutes ses facultés avec ses premières amours, ne peut plus rien apprendre; c'est dans le foyer de ce premier élan de l'ame, que naissent les germes qui se développent par la suite; c'est dans ce temps que l'homme sent en lui-même tout ce qu'il peut être un jour. Retenu souvent par des chaînes de fleurs, il gémit de ne pouvoir prendre son essor vers les sciences et les arts; mais le feu se concentre pour éclater quelque jour avec plus de force. Ne croyons pas que pendant le temps même de la fièvre d'amour, il soit absorbé et nul dans son délire. Tel qu'un corps dans son mouvement rapide de rotation, semble immobile et écrase tout ce qui l'approche, la première flamme de l'amour ne connoît point d'obstacles. L'amant craint-il un rival dangereux? il devient brave,

actif, industrieux ; aperçoit-il sa maîtresse
applaudir aux productions du génie? il devient
poëte, sculpteur, peintre, musicien, rien ne
résiste à son être transporté de force et d'amour.
Pendant le reste de sa vie, lorsqu'il est sorti de
ce délire impétueux, il se rappelle, avec délices,
tous ses transports, et alors, avec méthode,
il développe, perfectionne des talens qu'il n'eût
jamais eus, si le premier germe ne fût éclos
dans le temps de ses amours ; c'est-à-dire dans
le temps où son cœur étoit un brâsier ardent.
Sans cesse nous entendons dire : « Je n'excel-
» lerai jamais dans cette science, je m'en suis
» occupé trop tard ; » cela veut dire après
l'âge des passions amoureuses. Convenons
cependant que les sciences de calcul, ou qui
ne sont que le fruit de l'expérience, peuvent
encore s'acquérir dans l'âge mûr ; mais les
ouvrages d'imagination ont été presque tous
projetés et médités dans l'âge des amours.
Greuze, encore enfant et élève de *Grandon*, père
de ma femme, disoit souvent : « Il faut que je
» fasse un *Père de famille* », et il l'a fait. Il mé-
ditoit son sujet dès-lors, et son cœur brûloit

en secret et respectueusement pour la femme
de son maître, qui étoit belle. Ma femme, très-
jeunè alors, le trouvant un jour couché par
terre dans l'atelier, lui demanda ce qu'il faisoit :
« Je cherche quelque chose », dit-il; mais elle
avoit déja vu un soulier de sa mère qu'il dévo-
roit de baisers. Cependànt *Greuze* avoit raison,
il cherchoit quelque chose, c'étoit le génie de
son art, qu'il a trouvé. *Voltaire* n'eût pas fait la
Pucelle ni *Zaïre* dans sa vieillesse ; *La Harpe*
n'auroit pas une diction aussi positive, une
logique aussi persuasive ; les vérités qu'il dit ne
nous frapperoient pas de conviction, s'il ne les
avoit méditées toute sa vie. Enfin, demandez à
tous les auteurs qui ont fait des ouvrages de
marque dans leur âge mûr, ils vous diront que
dès leur jeunesse ils en étoient occupés. La première passion de l'homme est donc son premier
maître : elle a l'initiative pour toutes ses productions futures ; tous les sentimens vifs dont
l'homme s'est pénétré dans ces heureux mo-
mens qui passent comme l'éclair, sont un miroir
dont il ne détache plus les yeux. Du souvenir
des plaisirs et des peines de la jeunesse, naissent

les seuls plaisirs de la vieillesse. « C'étoit le bon
» temps, j'étois bien malheureuse » ! disoit une
femme à qui l'on rappeloit les chagrins que
lui avoit causés son amant.

Le besoin , un sentiment vague , forcent
d'abord les sexes à se rechercher mutuellement ; l'un veut dans sa maîtresse , l'autre
dans son amant, des perfections surnaturelles et
romanesques. De-là naissent et se développent
l'imagination , le sentiment du beau idéal , si
nécessaire dans les beaux arts, et qui, semblable
à la pierre philosophale , qu'on ne trouve pas,
nous donne, chemin faisant, des résultats précieux. C'est après avoir aimé que l'artiste donne
à ses productions le vernis du beau idéal qui
n'exclut pas la vérité , mais qui l'embellit..

Il me semble inutile d'étendre davantage
l'application de ce chapitre. Artiste ! je te l'ai
dit : pour être aimable, pour être naturelle, la
femme ne peut et ne doit rien faire comme
l'homme. Si tu es pénétré des charmes de sa
beauté, de sa douce et terrible éloquence, que
te dirai-je? Si tu n'es qu'un marbre glacé ,
qu'ai-je à te dire ?

CHAPITRE XX.

DE LA COQUETTERIE SANS AMOUR.

La coquetterie, sans amour, est la maladie des femmes d'esprit, qui ont un amour-propre excessif avec peu de sensibilité *. A quoi reconnoître le manège dont usent les femmes de ce caractère? C'est un labyrinthe où la philosophie même va se perdre souvent; c'est un commerce dans lequel on ne paye les échanges qu'avec des banqueroutes ; c'est un magasin du. plus grand étalage, où tout est offert de bonne grâce, quoiqu'il n'y ait rien à vendre ni à acheter; c'est, pour l'homme sensible, le supplice d'un autre *Tantale ;* on le brûle, on le dessèche, en lui offrant une coupe rafraîchissante qui disparoît sitôt que sa bouche en approche. En montrant l'amour, *Voltaire* a dit :

Qui que tu sois, voici ton maître,
Il l'est, le fut, ou le doit être.

* Je ne parle point de la coquette sans amour, comme sans esprit : elle n'est point dangereuse; elle déshonore son sexe, lorsqu'on expose ses ridicules au théâtre.

Qui que tu sois, excepté la femme qui se reconnoîtra dans l'ébauche que nous allons esquisser. Je préviens cependant qu'il reste encore au moraliste autant de recherches à faire sur ce caractère, que de combinaisons au calculateur, avec les nombres connus.

A P P L I C A T I O N.

INSTRUISONS le jeune artiste, en le préservant, s'il est possible, des embûches de la coquette sans amour, et des maux que peut lui causer sa coquetterie. Il doit, sans doute, en connoître les causes et les effets pour être peintre des mœurs; mais qu'il se contente de la théorie des effets, qu'il ne les éprouve jamais; que son ame n'en soit jamais froissée; car une fois meurtrie d'une passion funeste, il peut s'en ressentir tout le temps de sa vie, et n'être plus propre qu'à peindre les malheurs de l'humanité avec des couleurs trop noires: c'est au contraire la consolation, le bonheur qu'il doit communiquer aux hommes, même dans ses tableaux les plus pathétiques. Cependant ne lui laissons pas ignorer que cette

femme,

femme, d'un grand caractère, a, dans sa
manière d'être, et de s'exprimer, toutes les
nuances, les intonations qui n'appartiennent
qu'à la femme qui a beaucoup d'esprit; un
amour-propre excessif, quoique dissimulé sous
le charme des grâces; et que l'on reconnoît
dans ses tons la sécheresse que donne immanquablement l'insensibilité pour les plaisirs de
l'amour. Autant que l'homme le plus doué de
philosophie, elle sait, mais pour un tout autre
effet, dompter ses passions, qui l'empêche-
roient de juger des coups qu'elle médite, et
qu'elle porte à ses victimes. Cette femme ne
rougit pas de ses difformités physiques, si
elle en a; elle en parle sans affectation, avec
décence, et parvient à les faire aimer de ses
amans : elle ne parle pas de même de ses ridicules, quoiqu'elle ait trop d'esprit pour n'en
pas connoître une partie *. Elle ne recherche

---

* Par exemple, dans ce temps des perruques de toutes
les couleurs, elle sait qu'elle doit prendre, tour à tour,
un air tendre ou vif, selon qu'elle porte une perruque
blonde ou noire. Soit dit en passant, je connois une
femme qui a, au moins, huit perruques de toutes les

rien avec empressement; il faut la bien connoître pour démêler ses véritables désirs;
maintenir ses amans dans l'inquiétude est sa
grande occupation et son plus grand savoir.
Ce qui prouve le mieux qu'elle n'est pas née
avec une vraie sensibilité, ou qu'elle en a tari
la source dans son printemps, c'est que, constamment, elle s'amuse de tout, n'admire et ne
blâme rien avec chaleur; qu'elle sait n'être
jamais pressée, ni faire essuyer des retards
fatigans. Insatiable d'adulation comme d'adu-
lateurs, elle traite à-peu-près de même tous
les hommes qui veulent lui plaire : flattée d'être
distinguée par l'homme à la mode, elle sait
faire des sacrifices pour le retenir; lui seul,
flattant son amour-propre, en obtient les
faveurs intimes, que la femme sensible n'accorde qu'au sentiment du plus pur amour.
Mais si ce même homme à la mode devient

nuances, rangées dans son antichambre; cela est à peine
croyable dans un temps de révolution. Dernièrement,
en regardant cette collection, je m'amusois à chanter la
gamme, en comptant toutes ces perruques; ce qui fit
beaucoup rire la citoyenne.

l'objet des plaisanteries de sa société, si on le charge de ridicules et de mépris, sans regrets, elle saura l'éloigner pour se conserver un nombreux cortége d'adorateurs; il ne lui sert plus alors que comme un épouvantail, qu'elle représente de temps en temps à ceux de ses *Philintes* qu'elle veut retenir sous sa chaîne, et qui, souvent rebutés par ses refus, cherchent à s'éloigner d'elle. Pour mieux déchirer l'ame de ses amans les plus passionnés, feignant d'ignorer à quel point elle est aimée, c'est dans leur sein qu'elle dépose ses confidences les plus perfides.

Quant à ses mœurs, elles sont pures sans être sévères ; elle sait que sans mœurs aucun charme durable ne peut subsister dans le commerce d'amour; aussi, plus elle emploie de manége, plus elle redouble de décence. Elle suit toutes les modes élégantes, qu'elle n'a point l'air de suivre, mais, au contraire, de les avoir inventées. Ne soyez point la dupe du ton respectueux qu'elle prend avec les femmes plus âgées qu'elle, seulement de quelques années, c'est une manière fine de leur dire :

« Vous êtes déjà d'un âge respectable ». Elle dit aimer les femmes de son âge, et elle les écrase toutes; elle dit n'aimer point les hommes, et elle les captive tous : très-habile dans l'art des contrastes, elle prend un air modeste, si sa parure ne l'est point; elle prend le ton coquet avec l'habit d'une *Agnès;* d'autres fois, aussi changeante que le caméléon, elle sait prendre, au juste, le ton de ses habits. Artiste, n'oubliez pas que toujours, pour réussir à plaire, elle montre d'avance la certitude du succès.

Quels sont ses manéges dans les sociétés ? Uniquement occupée de sa chère personne, elle veut captiver sans cesse l'attention de tous. Dès qu'elle a parcouru la carrière de l'esprit, des talens ; dès qu'elle a épuisé les ressources de son amabilité, elle parle de ses légers défauts, de ses légers travers, de ses étourderies; alors, et c'est ce qu'elle veut, les femmes âgées lui adressent une longue mercuriale, pendant laquelle elle prend un air de petite fille soumise; et si elle dit quelques mots pour sa défense, ce n'est que pour renouer et prolonger l'entretien. Si l'on censure une autre jolie femme, elle nie les défauts qu'on lui donne, afin qu'on appuie sur les preuves; si l'on attribue trop de qualités à une autre, elle n'y oppose qu'un défaut qui les détruit toutes; si l'éloge d'une femme, présente à la société, se prolonge trop long-temps pour elle, elle propose de faire de la musique, de danser; elle a un événement tout prêt dont elle fait le récit; elle mettra même le feu à sa robe pour détourner la conversation trop favorable à sa rivale.

Avec quelles couleurs l'artiste doit-il la peindre, si, par calcul, elle change d'état et forme les nœuds de l'hymenée? Ni les charmes de l'épouse tendre et vertueuse, ni la sainteté de l'amour maternel ne peuvent embellir ses accens; car le plus souvent, par ses froideurs, elle rebute l'époux qui l'adore : les fruits, les jouissances de l'hymen ne lui sont point agréables : au contraire, elle en conçoit une secrète horreur, parce qu'ils détruisent dix ans plutôt les charmes visibles et secrets de toute sa personne. Quelle est donc la fin malheureuse de

M 3

ces sortes de femmes? abandonnées aussitôt que connues par l'homme d'un caractère solide, elles sont recherchées à l'envi par mille dupes qui les encensent et les adorent. Quelques fats les courtisent à leur mode, c'est-à-dire en faisant avec elles assaut de prétention pour toutes les choses factices ; dans leurs conciliabules, ils croient régir le monde, tandis que leur non-existence est à peine aperçue par l'homme utile.

Cette manière de vivre est pour la femme de ce caractère comme un long délire, qui se prolonge jusqu'à l'âge de trente ou quarante ans; après quoi, n'ayant plus de ressources pour plaire, ayant négligé tous les talens réels qu'elle eût pu perfectionner, ayant, pour ainsi dire, desséché son ame par la feinte continuelle de tous les sentimens, elle ne peut plus prendre de goût à rien. Au milieu des plaisirs purs qu'elle voit goûter aux autres, c'est-elle qui demande souvent : *quelle heure est-il!* Le temps l'accable, l'ennui la tue ; errante de porte en porte, elle court vainement après les plaisirs qui l'ont fuie; ennuyée autant qu'ennuyeuse, et, pour se donner encore une passion active, elle est trop heureuse si elle peut se jeter dans un bigotisme puéril ; elle est trop heureuse de baiser les pieds d'un Christ, lorsqu'elle voit que les hommes cessent pour toujours de lui baiser les mains.

Qui mieux qu'une femme artiste pourroit peindre et rendre toutes les nuances dont ce caractère est susceptible ? Mille traits m'ont échappé, qu'elle eût pu décrire et exprimer en déclamation ou en chant. Pourquoi nulle femme encore ne s'est-elle montrée capable de bien peindre en musique, tandis que, le pinceau à la main, plusieurs se sont déjà distinguées ? quelle est donc la cause qui les empêche d'être vraiment musiciennes ? Je l'ignore encore ; mais j'ose promettre à celle qui parviendra au rang de compositeur original, plus de gloire et de célébrité que les autres femmes n'en acquerront, à la suite des temps, dans la même science. Elle sera la première qui aura franchi la barrière qui semble insurmontable ; et toutes les femmes qui viendront après elle ne seront que ses émules, eussent-elles plus de droits à l'immortalité.

M 4

CHAPITRE XXI.

DE L'AMOUR MATERNEL.

C'EST, a-t-on dit, le chef-d'œuvre de la nature que le cœur d'une mère : on ne fait pas son éloge en l'appelant *bonne* ; qui dit *mère*, dit *bonne mère* ; elle ne peut être autre ; son instinct la presse d'être telle, et il ne lui faut pas moins que plusieurs vices réunis pour la dénaturer. Son existence est dans ses enfans, et ne peut être ailleurs sans qu'elle viole la nature. L'on explique assez mal son amour, lorsque l'on croit qu'elle met entre eux des préférences ; si elle en met, c'est avec autant de réserve que de justice. D'ailleurs, chacun de ses enfans a pour elle, et pour elle seule, des qualités qu'un autre n'a pas. Elle sait les apprécier, et l'enfant le moins aimable à nos yeux, l'est encore assez pour être aimé de sa mère, qui l'aimeroit sans cela.

Mais elle use d'une adresse, d'une économie

vraiment maternelles pour les aimer tous. Par
exemple, celui-ci est beau comme un ange,
il a tous les traits de sa mère : faire trop son
éloge, seroit se flatter elle-même ; alors elle
tempère sa tendresse par la crainte de l'aimer
uniquement, et de lui donner la part des
autres. Celui-là lui offre les traits de son père,
il en a même quelques défauts qu'elle voudroit
corriger à leur source : avec quels ménage-
mens ne s'y prendra-t-elle pas, dans la crainte
que son époux n'imagine qu'elle veut à-la-fois
faire la leçon à tous deux ? Dans le premier cas,
sa tendresse étoit modérée par sa modestie ;
dans celui-ci, la sévérité est retenue par l'amour
conjugal. S'agit-il des facultés intellectuelles
de ses enfans ? ses soins se dirigent toujours
vers celui qui en est le moins doué ; de même
que la plus forte partie de sa tendresse appartient, par droit de nature, au plus jeune qui
en a plus de besoin, et sur-tout à celui qui a
quelque incommodité ou quelque difformité.

Si vous vous trouvez au milieu d'une famille
nombreuse, le matin sur - tout, c'est alors
qu'une mère est tout-à-fait mère ; vous vous

affectionnerez de préférence pour celui, entre
les enfans, qui vous paroîtra le plus aimable:
questionnez ensuite la mère sur le choix qu'elle
a dû faire avant vous, vous la verrez hésiter;
puis prenant par la main quelque petite figure
maussade. . . . « Le voilà, dit-elle ; il n'a pas
» l'agrément ni l'esprit des autres, mais il est....
» mais il est. . . . . » les éloges ne finiront plus.
Si vous la pressez de vous donner son avis
sur chacun en particulier, c'est alors qu'elle
est embarrassée. . . « Celui-ci est rempli d'esprit;
» cet autre, vous le voyez (vous dit-elle à
» l'oreille), est beau comme un ange, et il a
» plus d'esprit que son frère. Quant à ce troi-
» sième, oh ! il les surpasse tous : je suis fâchée
» que vous ne l'ayez pas d'abord remarqué ».

Oui, cœur maternel, oui, vous avez raison,
c'est ainsi qu'il faut juger. N'écoutez pas un
préjugé vulgaire qui voudroit vous faire croire
que vous gâtez vos enfans ; c'est vous au
contraire, et vous y êtes forcée par la nature,
qui est toujours juste ; c'est vous qui déve-
loppez en eux toutes les vertus sociales dont
un jour ils auront besoin. Vous leur donnez

tour-à-tour l'exemple d'une patience à toute épreuve, d'un amour extrême, d'une douce sensibilité qui pardonne à chaque instant des fautes qui renaissent sans cesse ; vos injustices mêmes (si l'amour maternel peut être injuste) les forment à la patience de supporter l'injustice, vertu si nécessaire ! vous leur faites sentir qu'il est doux de pardonner à ceux qui nous aiment, et combien il est aisé de les désarmer. Suivez, suivez la nature ; c'est en étudiant ce que vous pratiquez si bien, c'est en suivant vos traces, qu'on a composé des milliers de volumes de morale.

L'homme le plus patient ne pourroit remplacer la femme auprès de ses enfans ; sa justice est trop prompte et trop sévère ; sa finesse n'est pas assez exercée, il n'en a pas même assez pour démêler leurs petites ruses.

Qu'un père suive la scène que je vais raconter, et qu'il dise s'il auroit pu être juge assez compétent :

L'on place deux enfans à une petite table pour y manger la soupe ; tous deux ont une grande faim ; cependant un seul mange, tandis que l'autre le regarde tristement. — Mangez donc, mon fils, dit la mère; il porte sa cuiller au vase, la retire aussitôt, en criant ou plutôt en chantant

Allegretto.

J'ne veux pas man - - - ger.

plusieurs fois la même chose est répétée, tandis que le seul petit glouton va toujours son train. Enfin, la mère approche et demande à l'enfant qui ne mange pas, s'il est malade; — Non. — La soupe n'est-elle pas bonne? — Oui. — Mangez donc. Enhardi par la présence de sa mère, il prend une cuillerée de soupe, il en remplit sa bouche, et tandis qu'elle est pleine, il s'écrie de nouveau

J'ne veux pas man - - - ger.

Qu'aperçoit la mère enfin? l'aîné marche sur le pied de son petit frère, chaque fois qu'il veut se servir de sa cuiller. Falloit-il moins que la patience, que l'œil pénétrant d'une mère, pour apercevoir ce manége, et ne pas laisser un enfant souffrir de besoin en le croyant incommodé ?

Voulez-vous voir un des tableaux les plus pathétiques que puisse offrir l'amour maternel ? La scène s'est passée sous mes yeux, et elle est restée dans mon cœur. Dans un village de la basse Normandie, à Montmartin, j'étois chez le curé du lieu, l'abbé *Lemonier*. Pour suivre l'exemple de cet homme, aussi connu par sa bienfaisance que par ses œuvres de littérature, je m'étois en quelque sorte associé à lui, lorsqu'il visitoit les cabanes du pauvre, ce qu'il faisoit assez régulièrement deux fois par semaine. Attiré par les cris d'un enfant, et les soupirs étouffés d'une femme que je crus aisément être la mère, j'entre dans une chaumière : c'étoit un enfant joufflu, bien portant, qui s'étoit blessé légérement au front, mais l'écorchure saignoit. La mère me frappa bien plus que l'enfant. Qu'on se figure une jeune femme ou plutôt un squelette d'environ vingt-deux ans, pâle et livide comme la mort qui l'attendoit ; la malheureuse vouloit pleurer,

ses traits se décomposoient ; mais ses yeux
n'avoient plus de larmes à répandre , elles
étoient taries avec toutes les substances de son
corps. — Ah ! monsieur, me dit-elle, d'une
voix enrouée, c'est ma fille, elle s'est blessée,
voyez son sang ! — C'est peu de chose, lui
dis-je ; songez plutôt à vous, et ne vous effrayez
pas. Voici sa réponse : « Moi, je suis résignée,
» je vais rejoindre mes sœurs qui sont mortes
» de la poitrine ». O amour d'une mère !
ô femme admirable ! tu dédaignes de songer
à ton existence, et tu sais que la mort va te
frapper ! La tombe qui t'attend ne refroidit
pas ton amour ; et tes derniers instans, ta tendre
sollicitude, sont pour un enfant plein de vie,
qui n'a pas même assez de raison pour te
regretter ! O amour vraiment maternel, amour
sublime et désintéressé ! qui trouveroit des
expressions pour te rendre , ou des couleurs
pour te peindre ?

APPLICATION.

L'ARTISTE instruit qui connoît bien les
convenances, doit sentir combien les tendres

sollicitudes de l'amour maternel ressemblent peu au délire de l'amour profane ; les chants de romance le dégraderoient, un chant vague ne l'exprimeroit pas assez , puisque le cœur d'une mère est le sanctuaire de la nature ; les chants pieux outre-passeroient la mesure convenable. C'est , je crois , par un heureux mélange de ces trois genres qu'on atteint à la couleur qui est propre à l'amour d'une mère. La nuance du chant de romance indique que la femme fut amante pour être mère; la nuance du chant vague indique l'impossibilité d'exprimer tous les sentimens qui se réunissent dans l'amour maternel; et la nuance des chants pieux ou mystiques, annonce la sainteté de cette passion. Je crois pouvoir citer comme exemple l'air d'*Hélène,* dans *Sylvain :*

Ne crois pas qu'un bon ménage. . . .

Ne crois   pas qu'un

Dès la seconde note de la basse, le chant est

déjà pieux. Cette note relative du ton a toujours été employée dans les prières, par tous
les auteurs qui ont eu le sentiment de la chose
qu'ils peignent.

Cette basse est encore pieuse.et douce : les
sixtes ont ce caractère; la syncope y est même
sous - entendue, pour peu que la chanteuse
prolonge les syllabes *un jour sans ;* alors le
chant devient contrepoint d'église. Pourquoi
n'ai-je pas employé la syncope? parce que je
voulois seulement l'indiquer, en la laissant
faire à l'imagination des auditeurs.

> Le meilleur, même au village,
> A ses peines, ses soucis.

Pourquoi ai - je caressé les deux premières
syllabes? parce que *Hélène* veut adoucir le mot
peines,

peines, même avant le correctif qui va suivre, pour ne pas effrayer sa fille :

> Mais les grâces de ton âge
> Les ont bientôt éclaircis.

Le premier vers est rendu par un trait de mélodie caressante ; le second vers reprend le même trait qui avoit été employé pour exprimer *a ses peines ;* ce qui dit juste : « Les grâces du bel » âge ont bientôt éclairci les peines et les soucis » du ménage ». La crainte de rendre la morale languissante, ce qui est très-aisé, m'a fait ensuite changer le mouvement; mais la fierté de l'homme est rendue, dans la seconde strophe, avec des couleurs douces. Remarquez le trait :

> Mais dans   un doux es - cla - va - ge.

La ligne circulaire que forment les notes, ne présente-t-elle pas physiquement aux yeux la chaîne qui enveloppe l'époux? Je reprends :

> L'homme est fier, il est sauvage ;
> Mais dans un doux esclavage,
> Quand c'est l'amour qui l'engage,

Il perd toute sa fierté.

Il renonce à son empire ;

C'est en vain qu'il en soupire :

Un regard sait le séduire ;

Il ne faut pour le réduire

Qu'un souris de la beauté.

Il renonce à son empire porte le même trait de chant que le vers précédent, *L'homme est fier, il est sauvage.* J'ai craint, je l'avoue, que ce ne fût un contre-sens ; mais n'ayant déclamé ni l'un ni l'autre de ces vers, le second rappelle le premier ; et *Il renonce à son empire* veut dire: « Il cesse d'être fier et sauvage ». Le vers suivant est heureusement rendu :

C'est en   vain qu'il en sou - pi - re.

Cette basse chromatique exprime les vains regrets de l'homme subjugué : ses intonations s'inclinent ; celles de la femme s'élèvent. *Il ne faut pour le réduire ,* est un trait simple et champêtre. Plus de prétention auroit marqué plus d'efforts, et il ne faut qu'un sourire.

CHAPITRE XXII.

DE L'AMOUR-PROPRE.

L'AMOUR-PROPRE est dans la nature humaine le principal germe de toutes les passions bonnes et mauvaises : ce germe est inné dans l'homme ; et, selon le caractère physique ou moral de l'individu, l'amour-propre éclate, se change en passions terribles, ou il se retire au fond du cœur, pour y faire germer toutes les passions dissimulées. « Quelques découvertes que l'on » ait faites dans le pays de l'amour-propre, il » y reste encore bien des terres inconnues : » l'amour-propre est plus habile que le plus » habile homme du monde * ».

En général, si l'on retourne à la source physique qui produit en nous le caractère, on sera forcé de convenir que nos inclinations sont le résultat de notre organisation et des alimens

---

* Maximes de la *Rochefoucauld.*

N 2

nutritifs qui l'entretiennent. Dans l'homme à la fleur de l'âge, plein de force et d'une santé robuste, l'amour-propre devient fureur, parce que l'homme dont nous parlons est tourmenté par l'abondance, par la trop grande force de son sang; il lui est donc naturel de chercher à répandre au dehors ce qu'il a de trop, pour trouver l'équilibre qui le rendroit plus calme et plus heureux. Aussi la moindre contrariété est, pour ces sortes d'individus, un motif inopiné de combat sanglant. Au Renélach de Spa, je fus abordé par un Français, ensuite par un Liégeois, tous deux de ma connoissance, tous deux jeunes, forts et pleins de vie; l'un me dit: — Vous avez un fort beau diamant à votre cou; il vaut cinquante louis. — Non, dit l'autre, il n'en vaut que vingt-cinq. — J'ai l'honneur de vous dire *

---

* Remarquons qu'entre ces messieurs, dès que l'honneur s'en mêle, c'est qu'il n'y en a plus du tout. On est tenté de croire un mirliflore lorsque simplement il vous assure que telle chose est; s'il dit *ma parole d'honneur*, on commence à douter; s'il ajoute *la plus sacrée*, on ne le croit plus du tout.

qu'il en vaut cinquante. — Non, parbleu! il n'en vaut que vingt-cinq. La fureur les emportoit déjà si loin, que leurs visages en étoient méconnoissables, et leur sang alloit couler, parce que chacun de ces messieurs avoit besoin d'une saignée. Je pris tout-à-coup le ton et l'assurance que donne la foiblesse. « Voulez-vous, leur dis-je, vous égorger; » me priver de deux amis, pour une bêtise » pareille »? Puis, en riant : « Je vous assom- » merois tous deux, si j'en avois la force ; » embrassons-nous, je vous prie, et parlons » d'autre chose ». Pour me complaire, ils s'embrassèrent, et leurs sourires hideux res- sembloient bien plus à la grimace du lion qui sollicite les tendres faveurs de sa compagne, qu'aux épanchemens de l'amitié. ·

Le seul moyen d'éteindre en apparence l'amour-propre dans le cœur de l'homme, est de le rendre maître absolu. L'injure que nous fait un homme notre égal, excite notre colère : si nous lui étions supérieur, nous la dédaignerions peut-être. Un despote sourit assez souvent à l'injure qu'on lui adresse,

N 3

parce qu'il n'a qu'un mot à diré pour être vengé. Est-ce vertu, est-ce clémence? non : il met plus d'amour-propre à dédaigner une injure qui prouve à ses yeux qu'il n'y a rien de commun entre lui et ceux qu'il s'est assujettis. Ce ne seroit pas assez d'égorger cent mille hommes pour venger une pareille injure de souverain à souverain, tandis que le mépris, qu'on nomme *clémence*, suffit pour repousser l'injure de l'homme qu'on regarde comme inférieur. Cette distance morale est effrayante pour la philosophie qui voit les hommes égaux.

Que d'intermédiaires entre un despote et son dernier vassal ! Mais cette dépendance mutuelle, cette chaîne morale, n'est vraiment admirable que quand la loi forme l'anneau supérieur, et quand l'homme n'est jamais à la place de la loi *.

---

* J'ai souvent pensé que le fond d'une comédie qui auroit pour but de montrer différens personnages, tantôt orgueilleux, tantôt soumis, selon les personnes avec lesquelles ils parlent et agissent, seroit une pièce d'une bonne moralité. Par exemple, un frotteur d'appartement gronde sa fille, il est à son tour grondé par un premier laquais ; celui-ci est maltraité par son maître financier ; le financier

Juger les hommes par leur amour-propre,
est le plus sûr moyen de les bien connoître.
L'on a presque toujours généralisé l'amour-
propre, comme s'il étoit le même dans tous les
hommes ; cependant il diffère selon le caractère
des individus : c'est par son genre d'amour-
propre qu'il faut juger l'homme, bien plus que
par tout le reste de son caractère. Notre caractère nous est donné par la nature de notre être;
l'amour-propre est le résultat d'une combinaison morale, vraie ou fausse. En rejetant le
tout sur sa nature, l'homme dit franchement :
« Je suis né actif ou paresseux » ; il peut aussi
convenir de ses défauts de caractère selon les
circonstances ; mais il sait que son amour-
propre est sa partie honteuse, c'est elle qu'il veut
cacher, et c'est toujours elle qui le découvre.
Je dis donc encore que, si c'est par son
penchant le plus invincible qu'il faut juger

---

va chez le ministre des finances, qui l'accable de reproches et de hauteur ; le ministre est très-mal reçu du
prince, souffrant les accès d'une colique, qui le rend à
son tour le plus pusillanime des hommes.

N 4

l'homme, c'est, incontestablement, par son amour-propre : c'est sa propriété morale, son bien, son ouvrage; il lui est plus précieux que la vie. Verrions-nous tant d'hommes la risquer cette vie, verrions-nous tant de guerriers se vouer à une mort inévitable; verrions-nous les savans, se condamnant au silence du cabinet, mépriser le dépérissement de leur santé pour se livrer à des études continuelles, si ce que je dis n'étoit pas vrai? Puisque la vanité, l'amour-propre inné dans l'homme, est sa folie, c'est à cette idole qu'il faut sacrifier pour obtenir de lui ce que l'on désire. Aussi, la voie de paix, le garant le plus sûr d'une concorde générale; je dirai plus, la loi la plus juste est de rendre les hommes égaux en droits sociaux; alors chaque homme peut dire à un autre : « Il est vrai que tu » es plus fort, que tu as plus d'esprit que moi; » mais je te pardonne, puisque nous sommes » égaux devant la même loi ».

Vous reconnoîtrez l'homme fort de ses principes, l'homme d'accord avec lui-même, s'il ne se laisse point emporter aux mouvemens, toujours puérils, de l'amour-propre. En le flattant vous ne le subjuguerez pas un seul instant. Ne le croyez pas insensible à l'opinion des hommes, ni d'un seul homme s'il est digne de lui : il ne dédaigne que la flagornerie des sots. Quoi, direz-vous, cet homme n'a point de foible par lequel on puisse le surprendre? n'en doutez point; plus il a rassemblé de forces d'un côté, plus il en est dépourvu d'un autre. Il ne peut garantir tout son être : semblable à la pudeur surprise à son réveil, il a beau s'envelopper; il se découvre en voulant se couvrir. C'est, d'ailleurs, un trop pénible effort pour lui de lutter sans cesse contre les attaques multipliées des hommes qui l'entourent. S'il résiste à la force, à l'adresse, il est sans défense pour sa jeune femme. N'allez pas droit à lui si vous voulez captiver son attention; adressez-vous à son maître, caressez son enfant, vous réussirez mieux ; vous vous trouverez, pour ainsi dire, de sa famille sans qu'il puisse s'y refuser.

Non, ce n'est point dans la société que vous démêlerez le foible de l'homme à grand caractère ; il sait se taire, ne parler qu'à propos,

et toujours pour son avantage. Mais combien
son état moral change et dépérit, si vous le
voyez dans son ménage ou avec sa maîtresse !
Célibataire, il sembloit plus qu'un homme ;
marié, ce n'est plus qu'un enfant. C'est donc
par vanité, par adresse, dira-t-on, que l'homme
le plus méritant surprend notre admiration ?
il y a donc du charlatanisme au sein même de
la vertu et des talens sublimes ? Je n'ose dire
non ; mais éviter de montrer ses défauts, ses
foiblesses, est toujours un bien pour les mœurs ;
c'est donner des leçons de sagesse à ceux qui
nous voient. Eh ! quand même il vous feroit
aimer quelques vertus qu'il n'a point, n'auroit-
il pas encore fait beaucoup pour la société ?

La plus difficile, la dernière chose que
l'homme apprenne, c'est à retenir, à se rendre
maître de son amour-propre; mais cette science
n'est jamais l'apanage des sots. L'homme d'esprit, l'homme à talent, sait agir et se taire ;
l'ignorant dit sans cesse : *J'ai fait, je ferois,
nous ferons ;* et malgré cette éternelle con-
jugaison, personne ne croit à ses jactances
ridicules.

Il est des caractères qui naissent directement de l'amour-propre ; tel est le hardi poltron : je veux dire, poltron en effet, et hardi en apparence. On voit de même l'impudence sans aucune instruction ; l'on rencontre aussi des hypocrites orgueilleux, qui disent souvent : *Moi, j'ai peu de talens, j'ai peu d'esprit,* et qui deviendroient fort sots si on leur disoit : *Cela est vrai.* Ces caractères, enfans d'un amour-propre effréné, sont fort communs; et s'ils ne voient pas leurs ridicules, s'ils ne peuvent se corriger, c'est parce que, chez eux, la raison est dominée par la vanité, et que, dans ce monde,

Un sot trouve toujours un plus sot qui l'admire.

On remarque aussi avec peine l'extrême timidité dans l'homme bien instruit : mais ce caractère aimable seroit moins commun si, comme je viens de le dire, on ne voyoit trop souvent l'impudence sans instruction et sans aucuns principes.

L'amour - propre, ce terrible mobile des mœurs, est cependant l'ouvrage de l'homme réuni en société; et, dans cette société même, tel estime une chose, et en fait un objet d'amour-propre, lorsqu'elle est dédaignée par un autre. Qu'est-ce qu'un savant dans le pays de l'ignorance? je dirai plus, qu'est-il pour certaines classes, même au sein des grandes villes? Jadis je regardai comme inutile d'apprendre à une jeune fille que son voisin, qui la visitoit chaque jour, étoit *Jean-Jacques*. De quoi lui eût servi d'en être instruite? elle ne savoit pas ce que c'est qu'un sage. Depuis sa mort, cent femmes m'ont dit : — J'aurois aimé ce *Jean-Jacques*, tel vieux qu'il fût; mais quelle étoit sa figure, sa tournure ? — Celle d'un paysan vêtu proprement : dans le temps que je l'ai vu, il avoit les yeux vifs, un peu enfoncés; il marchoit avec une grosse canne longue, la tête baissée ; il n'étoit ni grand ni petit; il parloit peu, mais toujours bien, et avec une vivacité concentrée. Voilà ce que j'ai vu par moi-même, et ce que j'ai recueilli de ceux qui l'ont vu souvent. — Je l'aurois aimé, vous dis-je, et à la folie. — Il cherchoit aussi un cœur qui voulût partager ses tendres sentimens, et il est mort, je crois, sans l'avoir trouvé. Mais prenez-y garde, il vouloit être aimé plus qu'admiré, sur-tout des femmes; et vous avez pour lui moins d'amour véritable que d'admiration. J'ai connu, leur disois-je, une fille, très-ordinaire, que *Jean - Jacques* alloit voir souvent; elle demeuroit dans la même maison que lui, rue Plâtrière *. — Il y a, me dit un jour cette fille, un bon homme logé tout là-haut, qui entre souvent chez moi, lorsqu'en descendant il m'entend chanter (Elle se destinoit au Théâtre italien). Quel est cet homme, lui dis-je? quel est son nom? — Je n'en sais rien; il m'a dit qu'il me donneroit des avis sur mon talent; je l'ai regardé en riant: est-ce que vous chantez, vous, lui ai-je dit? Oui, m'a-t-il répondu; je compose même quelquefois de la musique. — Quelles sont vos conversations? — Il me regarde beaucoup et ne dit presque rien. — Et vous? — Ma foi, je fais mes affaires du ménage; je chante, et le laisse dans son coin. L'autre jour, comme je chantois, il me dit que je ne disois pas bien

---

* Aujourd'hui, rue *Jean-Jacques Rousseau.*

certaines paroles; je le demanderai à mon
maître, lui répondis-je, et je ne voulus pas
dire autrement. — Eh bien? — Il rioit comme
un fou chaque fois que je répétois ce passage-là.
Dernièrement j'eus une bonne scène avec lui.—
Ah, dites, je vous en prie, et n'oubliez rien.—
Est-ce que vous le connoissez cet homme?—
Je crois qu'oui; venons donc à la scène. . . .
—Il étoit-là sur cette chaise; et, comme j'allois
sortir, je m'habillai, et je mis mon rouge. —
Vous êtes bien plus jolie, me dit-il, sans cette
enluminure. — Oh, pour ça non, lui dis-je;
on a l'air d'une morte. — A votre âge, on n'a
pas besoin d'art; j'ai peine à vous reconnoître.—
Bon, bon, à tout âge, quand on est pâle, il
faut mettre du rouge. Vous devriez en mettre,
vous. — Moi? — Oui. Je saute à l'instant sur
ses genoux, et je lui mets du rouge, malgré lui.
Il s'est sauvé, en s'essuyant; et j'ai cru qu'il
étoufferoit dans l'escalier à force de rire.

Voilà comme il aimoit à être traité. Il avoit
de l'amour-propre, même beaucoup; mais
fatigué d'éloges, souvent dégoûtans, il étoit
heureux, il rioit de bon cœur, quand on le

forçoit à sortir de lui-même et de ses réflexions sérieuses. La petite folle, dont je viens de parler, ne sut pas de moi le trésor qu'elle possédoit chaque jour, et que nos belles dames lui eussent envié ; elle changea de logement, sans faire ses adieux à son voisin.

L'amour-propre, qui rend en général l'homme orgueilleux, rend la femme coquette. Il est aisé de voir par le rapprochement de ces deux passions provenant de l'amour-propre, combien la femme est en tout plus aimable que l'homme. L'orgueil est presque toujours dégoûtant; si dans mille occasions il paroît une fois supportable, c'est qu'alors ce n'est pas orgueil, c'est fierté. La coquetterie n'est qu'une douce amorce où tous les hommes se laissent prendre avec plaisir, et toujours par amour-propre. L'homme ne peut dissimuler la satisfaction qu'il éprouve, en voyant une jolie femme occupée sans cesse du grand art de plaire : il lui sait gré de tout ce qu'elle dit, de tout ce qu'elle fait ; le moindre chiffon dont elle se pare, attire sa reconnoissance secrète. Dans sa bonhomie orgueilleuse, il se dit : « Si elle n'a pas fait ces

» apprêts pour moi, elle les a faits pour nous;
» peut-être aurai-je mon tour ». La femme
jolie est si sûre de séduire, quand elle veut s'en
donner la peine, et quand son amour-propre
la commande, qu'en prévenant un homme
qu'elle ne peut l'aimer, elle ose encore parier
de le rendre amoureux d'elle, et le plus souvent elle y réussit.

A P P L I C A T I O N.

QUEL empire que celui de la beauté, s'il
étoit bien dirigé, s'il avoit pour base le désir
de conduire l'homme aux vertus ! Pourquoi
l'institution publique qu'on nous prépare,
pourquoi nos lois nouvelles n'accorderoient-
elles pas, à cinquante ans seulement, une
couronne civique à la femme qui auroit su
inspirer l'héroïsme des vertus à son amant ou
à son mari? La femme à cinquante ou soixante
ans a peu de choses à faire pour son bonheur,
c'est-à-dire, pour son amour-propre; la religion
étoit son refuge ordinaire, mais ses ministres
ont discrédité son temple; le temple de la
divinité est donc le monde entier, et le culte

le

le plus saint est celui qui donne à, l'ordre
social le degré de perfection que Dieu lui-
même nous montre dans ses œuvres. Hélas !
le temps de la beauté s'écoule si rapidement !
et toute femme voit une mort morale dans la
destruction de ses charmes. Offrons-lui donc
une jouissance qui soit à l'abri de la faulx du
temps ; rappelons-lui qu'elle peut se préparer
des triomphes aussi beaux que ceux de son
printemps, en montrant aux nations le grand
homme, l'homme vertueux qui a tout fait
pour lui plaire. Quel bonheur intarissable pour
la femme qui pourra dire à chaque instant de
son âge avancé : « Jugez quelle fut ma beauté,
» quel fut le pouvoir de mes charmes, puis-
» qu'ils ont fait un tel homme ! » L'amour est la
plus terrible des passions, n'en doutons point ;
c'est à lui de faire les plus grandes choses.

L'homme né avec de puissantes facultés de
cœur et d'esprit, mais qui est jeté dans une
classe ignorante et étrangère à ses moyens, ne
pouvant rencontrer ce qui conviendroit à ses
vertus occultes, saisira avec avidité la première
occasion, bonne ou mauvaise, d'exercer ses

forces ; il pouvoit être un grand homme , il devient un grand scélérat. A la tête d'une armée , il eût sauvé sa patrie ; chef de brigands, c'est un *Mandrin*, pillant ou rançonnant des bourgs et des villages. On envoie des savans dans les deux mondes et vers les deux pôles, pour mesurer la terre, ou pour nous rapporter des plantes et des cailloux ; envoyons donc aussi à la découverte de jeunes hommes rares ; il y en a dans nos départemens : qu'ils soient placés dans des écoles ; qu'ils y dévorent, au gré de leur soif brûlante, toutes les connoissances humaines , jusqu'à ce qu'ils ayent rencontré la science qu'ils préfèrent, et qu'ils doivent perfectionner encore *.

L'on peut dire avec raison que l'amour-propre a donné naissance à tous les systèmes de morale. C'est lui qui inventa les tiares et les couronnes ; c'est lui qui fit les esclaves et les nobles ; c'est lui qui détruisit tout ce qu'il avoit fait. Vouloir réprimer l'amour - propre

---

* *Voyez* la note sur le pays de Liége , et les facultés des Liégeois, *1.*ᵉʳ *volume , page 433.*

dans l'homme, est folie : on ne peut que le modifier. Deux hommes ou deux peuples peuvent se dire : « Convenez que je suis grand » dans telle partie, je conviendrai que vous » êtes supérieur dans telle autre »; c'est un marché auquel ils gagnent tous deux, voilà pourquoi ils le font.

L'homme humilié, subjugué dans sa jeunesse, contracte, à la vérité avec beaucoup de peine, mais il contracte enfin l'habitude de renoncer à sa volonté pour se soumettre à celle de ses maîtres ; mais dès-lors il n'est plus propre ni aux vertus, ni aux talens. C'est par amour - propre qu'on les acquiert, et à leur tour les vertus, et sur - tout les talens, augmentent singulièrement l'amour - propre. Si l'homme réfléchissoit sagement, s'il n'avoit en vue que son propre bonheur, il ne désireroit pas d'être doué de talens éminens, qui font presque toujours son malheur. *Racine* disoit qu'en lisant la critique de ses ouvrages dans les journaux, cette lecture lui causoit plus de peine que le succès de ces mêmes ouvrages ne lui avoit fait de plaisir. N'en

O 2

doutons point, l'homme qui aime à admirer les productions des autres, qui, sans chercher le côté foible d'un ouvrage, trouve toujours assez de quoi se contenter ; l'homme pacifique et qui a peu d'amour-propre, est mille fois plus heureux que celui qui produit des chef-d'œuvres. Tout sentiment qui nous met au-dessus des autres, dérange l'équilibre de la nature, nous fait prendre en pitié nos semblables ; et sans songer que c'est en effet l'ignorance des uns qui fait le mérite des autres, nous nous accoutumons tellement à nous croire privilégiés, que le talent qui devoit faire notre bonheur en devient le destructeur. L'on peut dire hardiment, et ceci est un vers qui m'échappe :

Le talent ne vaut pas l'orgueil qu'il nous inspire.

Dans mille hommes à grands talens, il n'y en a peut-être pas deux qui ayent assez de force d'ame, assez de philosophie, pour se consoler de l'ineptie ou des talens éminens des autres hommes.

L'amour-propre se mêle à toutes les passions,

il en dirige secrètement les ressorts. Aussi l'artiste peut le faire pressentir dans le jeu, dans le langage des passions humaines. La candeur et l'innocence sont les seuls caractères où il semble étranger ; mais la vérité morale, ni même la religion, n'en sont pas exemptes. Quel est, en effet, l'amateur de la vérité qui n'a point senti l'aiguillon de l'amour-propre, en pratiquant les plus austères vertus ? Qu'on nous montre, s'il est possible, la piété assez pure pour n'être pas vaine dans son humilité. On dit qu'il n'est point de héros pour son valet-de-chambre ; renchérissez sur cette idée : soyez à vous-même le valet-de-chambre de votre conscience, et condamnez-nous si vous l'osez.

L'amour-propre est aux arts ce qu'il est à la nature des passions ; il est le véhicule secret qui donne le mouvement à la moralité générale de l'homme. L'amour-propre est le pivot sur lequel tournent et agissent toutes les actions humaines. A quelque état que l'homme se voue, il en porte des marques distinctives. Les talens de l'esprit donnent à ceux qui les possèdent un certain embonpoint d'amour-propre : l'ouvrier

conserve quelque allure ou les stigmates de
ses travaux ; le marchand, quelque penchant
usuraire ; le guerrier, le marin, sont durs ;
l'artiste est observateur ; « Que cela est beau » !
s'écrioit *Vernet,* lorsque le vaisseau sur lequel
il naviguoit étoit prêt à périr; le magistrat vous
regarde du coin de l'œil. . . . Faut-il pour cela
que la société renonce au perfectionnement de
toutes choses? non ; d'ailleurs elle le voudroit
en vain ; elle doit au contraire tout encourager ; mais c'est aux lois à réprimer les crimes;
c'est par l'arme du ridicule, c'est sur la scène
comique qu'il faut corriger les abus *. C'est
le talent lui-même qui donne le talent de se
corriger ; c'est par lui que l'homme mérite
d'être nommé législateur de son pays. Quoique
l'amour-propre soit le partage des gens d'esprit,
plus que celui des hommes en général, nous
avons examiné, dans un chapitre précédent, si
les grands talens sont dangereux à la société,
et nous espérons avoir prouvé le contraire.

---

* *Voyez* le chapitre intitulé : *De la nécessité de la
scène comique.*

CHAPITRE XXIII.

Des différens caractères de l'amour chez les femmes.

QUOIQUE nous ayons parlé de l'amour en général, de la coquetterie sans amour, il paroît encore nécessaire de fixer les regards de l'artiste sur les détails infinis que présente cette passion, sur-tout chez les femmes. L'amour est le premier mobile de la scène dramatique, comme il est celui de la scène du monde; c'est lui qui alimente les théâtres de toutes les nations. Il est aussi rare de ne point voir l'amour entrer pour quelque chose dans quelque drame que ce soit, que de voir une fête sans musique : et sans doute chaque personnage donne à ses amours un caractère, des nuances assez différentes, pour que l'artiste doive être astreint à les respecter.

Excepté dans sa première jeunesse, l'amour n'est pas pour l'homme une occupation unique. S'il aime, s'il est aimé, il est heureux et

O 4

tranquille , et son amour lui permet encore de
s'occuper d'autres objets. Voilà, en deux mots,
pourquoi les femmes sont coquettes ; l'homme
sûr d'être aimé n'est donc pas assez occupé
du soin de conserver son bonheur. S'il savoit
de combien de déchiremens il est menacé en
agissant ainsi, il feroit plus de frais pour conserver sa conquête. Voici à-peu-près la marche
la plus constante entre la femme et lui : Tous
deux se font de mutuelles avances ; celles de
l'homme se montrent à découvert ; l'éducation,
la décence rendent celles de la femme plus
dissimulées. On se lie : alors les soins em-
pressés diminuent dans l'homme autant qu'ils
augmentent chez la femme ; elle ne dissimule
pas ses craintes d'être moins aimée , mais
l'homme ne la rassure que froidement ; à
chaque mot il semble dire : « J'ai joui ». Dans
cet état, la femme sait souffrir long-temps,
et pendant cet intervalle, son amour diminue
graduellement sans que l'homme s'en aper-
çoive : il croit que la femme feint d'aimer
moins, pour qu'il l'aime davantage. Enfin, la
femme cesse d'aimer , et souvent contracte de

nouveaux nœuds. Alors l'homme, épouvanté,
revient sur lui-même, mais il n'est plus temps.
Il met en usage tous les soins qu'il a négligés;
il emploie la soumission, les larmes, le désespoir; mais, je l'ai dit, il n'est plus temps,
et jamais la femme humiliée dans son amour,
dans ce qu'elle a de plus précieux au monde,
ne revient au premier charme qui l'attachoit
à l'amant qu'elle a quitté.

La femme, au contraire, fait de son amour
l'occupation majeure de sa vie; elle en est
constamment occupée; c'est pourquoi, chez
elle, l'amour a différens caractères, dont je
vais essayer de tracer quelques aperçus. C'est
aux artistes que je vais parler; ils doivent être
instruits des nuances infinies qu'on trouve
dans ce labyrinthe moral, le plus compliqué
de tous.

APPLICATION.

L'ÉDUCATION fait presque à elle seule le
caractère des femmes du beau monde; ce
n'est qu'à travers un nuage qu'on aperçoit
encore quelques traces de leur caractère naturel.

La guerre que l'homme fait à la femme
pour la rendre docile à ses désirs, la force à
une retraite continuelle ; retraite bien entendue et inspirée par son instinct, pour rendre
l'homme vif et entreprenant. Peut-être que
cette résistance des femmes rend quelques
hommes craintifs, et les force eux-mêmes à
la retraite : oui ; mais le plus souvent cette
espèce d'hommes fait bien de reculer, ce n'est
pas elle que la nature appelle au grand œuvre.
Que seroit pour l'homme le plaisir de l'amour,
s'il ne trouvoit cette résistance ? *Lycurgue*
n'avoit fait autre chose que donner une continuité à cette grande loi de nature ; en séparant les
jeunes époux, il forçoit l'homme à braver tous
les dangers pour se rapprocher de sa moitié.
C'est-là le nerf de l'amour ; dès qu'il n'y a plus
d'obstacles, dès que tout est consenti, tout
a bientôt fini. Voyons donc quelles sont les
entraves que la femme oppose à l'homme
ardent, c'est ce qui doit nous faire connoître les
différens caractères de l'amour chez les femmes.

Dans l'âge de l'innocence, la jeune villageoise, la jeune fille bien élevée n'ont besoin

d'autres armes pour se défendre, que de celles de l'innocence même : elles sont les plus fortes de toutes, il n'y a que le scélérat qui ose les braver *. La jeune fille élevée dans le grand monde, c'est-à-dire, presque toujours mal élevée, repousse prudemment l'attaque, et rappelle son homme chaque fois, dans la crainte de trop l'éloigner. La négative est dans sa bouche ; mais ses yeux, ses manières, sa coquetterie, l'élégance de ses vêtemens, disent le contraire. *Voilà ce que m'ont dit ses yeux :* ce mot de *d'Hell*, dans un air des *Événemens imprévus*, est un mot de connoisseur **. La coquette sans amour, sans désirs véritables, cherche sans cesse à les faire naître ***. La femme tendre autant qu'honnête, résiste et semble supplier son vainqueur d'épargner sa pudeur chancelante. Ses combats annoncent sa foiblesse, sa foiblesse annonce sa défaite ;

---

* *Voyez* le chapitre *Douceur de caractère, candeur, pudeur.*

** *Voyez* le chapitre *DE L'AMOUR.*

*** Nous avons dit précédemment quels sont ses accens, *page 176 et suiv.*

elle semble ne demander grâce que pour un jour *. La femme sanguine et d'une forte complexion, aime les hommes plus foibles qu'elle; la nature veut ce rapprochement pour créer l'homme par excellence, l'homme d'une moyenne force **. Pour plaire à la femme dont nous parlons, l'homme est à peine doué d'assez de qualités douces et gracieuses : il lui faudroit un *Adonis* femelle ; elle aime mieux demander qu'accorder des faveurs. Confuse d'un état passif, la force, l'activité de son caractère lui font désirer d'être homme ; elle rougit d'appartenir à son sexe. De son côté, l'homme foible recherche la femme forte, il a besoin de son appui ; son amour-propre est extrêmement flatté, s'il se soumet un objet qui lui impose malgré lui le respect que toujours la force commande à la foiblesse.

Une énergie mâle, mêlée à quelques écarts irréguliers dans les sentimens qu'elle exprime,

---

* *Voyez* encore le chapitre *DE L'AMOUR.*

** *Voyez* le chapitre *De l'influence du physique sur le moral par rapport à l'homme.*

doit guider les accens de cette femme. Pourquoi donner à ses expressions cette marche
irrégulière ? parce qu'elle n'agit point selon
l'instinct de son sexe ; elle devroit être soumise
à tel homme qui la surpassât en énergie, et il
semble que c'est par corruption de mœurs,
par orgueil qu'elle aime mieux dominer.

La femme de cour, faite pour s'occuper de
grands projets, ne se permet d'être femme
tendre que par délassement. Politique pendant
le jour, nouvelle *Diane* pendant la nuit, elle
cache ses amours sous le voile du mystère ;
mais si l'ambition dicte son choix, elle ne
rougit plus d'une foiblesse qui la flatte : elle
dédaignoit le courtisan vulgaire, mais elle se
donne publiquement à l'homme en place, à
celui qui occupe grandement l'opinion. Elle
veut enfin, car les grands caractères aiment
les extrêmes, elle veut être ou honorée, ou
protéger l'homme fort éloigné de sa condition ;
si elle ne s'élève à la couche de *Jupiter*, elle
descend en silence sous le chaume du berger.
Le favori des muses est aussi son refuge ; elle
croit pourtant se mésallier, en formant union

avec l'homme trop rapproché d'elle par l'esprit
et les mœurs : combien elle se trompe ! car ce
qui l'a fait rougir pendant sa vie , devient le
seul titre de gloire qui transmet son nom à
la postérité. *Ovide* seroit ce qu'il est sans avoir
aimé *Julie; Julie* ne nous est connue que par
son amour pour *Ovide.* Enfin le ton qui règne
à la cour la décide encore, et si le prince est
sans pudeur, elle en aura encore moins que
lui.

Les accens de la femme dont nous venons
de parler , doivent souvent être noblement
gigantesques. La femme de cour, aussi tendre
que la fille d'*Auguste ,* méritoit de naître au
sein des arts et de la nature.

La belle et robuste paysanne, la femme du
peuple laborieux, aiment véritablement. Si
l'amour n'étoit enfant du caprice, si les grâces,
le rang de l'objet aimé ne nous fixoient plus
souvent que les sentimens du véritable amour,
si enfin l'amour ne naissoit et ne se nourris-
soit de préjugés, c'est chez ces femmes qu'on
trouveroit l'amour pur , l'amour sans vanité ,
sans trop de coquetterie et de caprices ; c'est

chez elles enfin qu'on trouveroit amour pour amour.

Nous répétons ici que le véritable amour élève l'ame de ceux qui en sont pénétrés ; et, selon leur situation théâtrale, les accens les plus doux, les plus énergiques, les plus nobles, les plus vrais, leur appartiennent.

CHAPITRE XXIV.

DE L'AMITIÉ.

PRÉSENT des dieux, doux charme des humains,
O divine amitié ! viens pénétrer nos ames :
    Les cœurs éclairés de tes flammes,
Avec des plaisirs purs, n'ont que des jours sereins.
C'est dans tes nœuds charmans que tout est jouissance ;
Le temps ajoute encore un lustre à ta beauté :
    L'amour te laisse la constance ;
    Et tu serois la volupté,
    Si l'homme avoit son innocence.

BERNARD.

TEL que l'or le plus pur, l'amitié, pour être parfaite, doit exister sans aucun mélange d'intérêt. Cependant l'intérêt personnel paroît inévitable, disent quelques auteurs, puisque nul ne peut se refuser au plaisir qu'on éprouve dans le commerce de l'amitié. C'est donc pour soi-même, disent-ils, qu'on aime son ami, comme c'est pour lui-même qu'il nous paye de retour. Rejetons loin de nous ces subtilités; sans doute entre deux hommes il n'est point d'amitié sans des rapports intimes qui les lient, de même qu'il n'est point d'effet sans cause.

A P P L I C A T I O N.

LE langage de l'amitié est pur comme le sentiment qui l'inspire ; rien de factice ne l'accompagne. Si avec véhémence l'ami défend son ami, ce n'est pas le langage ordinaire des passions profanes qui se fait entendre ; l'amitié est une passion, mais si noble, si respectable, qu'elle dédaigne les formes oratoires du discours, les accens d'une éloquence exaspérée, pour ne montrer que ceux de la vérité dans toute sa pureté. Si, dans une plus douce éloquence, l'amitié retrace les vertus de l'amitié,

la

la mélodie la plus suave, l'harmonie la plus pieuse peuvent être employées avec succès : oui, dans ce cas les chants de l'hymne le plus saint ne sont point étrangers à l'amitié ; car aucun sentiment ne lui est supérieur en pureté, pas même celui de l'amour maternel. Dans la véritable amitié, la seule digne de ce nom, on ne doit trouver aucun indice d'intérêt qui en ternisse l'éclat, excepté celui du plaisir, du bonheur d'aimer son ami.

Les hommes en général décorent leurs liaisons intéressées du titre d'*amitié*; mais bientôt l'accent des passions profanes paroît sous leur langage emprunté, et l'hypocrisie perce à travers l'éloquence factice dont ils veulent revêtir leurs vertus mensongères. En un mot, le ton de l'amitié a sa source dans le faux ou le vrai, dans la pureté ou l'immoralité des personnages différens. Entre gens immoraux, l'union est une conjuration contre les bonnes mœurs; leur candeur est fausseté, leur énergie est effrayante. Entre gens à préjugés du beau monde, les accens de l'amitié sont nobles, aimables, mais factices. Entre gens qui parcourent la carrière

amoureuse, l'amitié est un échange de services pour parvenir l'un et l'autre au succès où
tend leur passion. Entre gens d'esprit, gens à
talens, l'amitié est conventionelle : « Si tu aimes
» mes productions, je vanterai les tiennes; à ce
» prix nous nous aimerons ». Enfin, entre gens
purs et vertueux, sans passions mondaines, sans
passions véhémentes, c'est, comme je l'ai dit,
une harmonie, une mélodie célestes qui peuvent
seules en reproduire les accens.

CHAPITRE XXV.

DE LA FUREUR *.

La fureur est une convulsion : toute convulsion doit être courte, ou si elle se prolonge

---

* Ce chapitre, et plusieurs autres qui le suivent, sont
traités sans trop de développement, parce que les caractères dont il y est question le sont plus au long dans
différens chapitres qui leur sont analogues. Mais il étoit
nécessaire, dans une courte analyse, de les mettre
séparément sous les yeux du jeune artiste; j'en ai dit les
raisons.

trop long-temps, l'évanouissement ou la mort
de l'individu doit la terminer.

A P P L I C A T I O N.

LE musicien qui, dans les situations ordinaires, auroit l'habitude d'être sobre en modulations, produiroit un grand effet en modulant
beaucoup dans un moment de fureur ; mais
celui qui module souvent n'en produit point,
ou c'est le pis de tous les effets, celui de la
satiété. Il faut éminemment connoître le cœur
humain, respecter les gradations, avoir beaucoup de force sur soi-même, et sur-tout un grand
amour de la vérité, pour résister à l'attrait de
ses idées. Il faut néanmoins avoir le courage de
les rejeter, si, pour l'instant, elles sont trop
brillantes, et si elles peuvent nuire à ce qui
va suivre. Le régime dont je parle est sur-tout
essentiel au commencement d'un ouvrage; c'est
dans son début que l'artiste est le plus brillant
d'idées et de force, et c'est alors qu'il doit se
condamner à la modération; car que fera-t-il
dans tout le cours de son œuvre, si, dès le commencement, il prodigue ce qu'il a de meilleur?

P 2

C H A P I T R E X X V I.

DE L'AVARICE.

Oui, c'est toi, monstre détestable,
Fatal ennemi des humains,
Qui seul du bonheur véritable
A l'homme as fermé les chemins.
Pour appaiser sa soif ardente,
La terre, en trésors abondante,
Feroit germer l'or sous ses pas !
Il brûle d'un feu sans remède,
Moins riche de ce qu'il possède,
Que pauvre de ce qu'il n'a pas.

J. B. ROUSSEAU.

APPLICATION.

C'est avec raison que nous détestons
l'homme avare, l'homme qui garde tout pour
lui. Que seroit en effet le commerce de la
société, si l'avarice étoit générale? Si l'homme
avare pouvoit être doué de quelques bonnes
qualités, elles seroient détruites par l'avarice.
On ne le croit pas même lorsqu'il dit : « C'est
» pour mes enfans que j'épargne ». L'homme se

fait pardonner presque tous ses défauts s'il est généreux et libéral : il est clair que nous aimons le libéral, parce que nous aimons à recevoir ; et même en n'aimant point à recevoir, nous aimons encore l'homme libéral.

Le soupçon, la tristesse accompagnent les inflexions de l'avare. *Voyez* le duo des deux Avares : *Prendre ainsi cet or, ces bijoux !* * Ils s'interrogent tour à tour; preuve de soupçon. Ils ne se réunissent que pour dire : *Prenons, prenons !* Ce duo est en *mi bémol ;* preuve de tristesse. Ayant besoin d'aide, un seul ne pouvant faire la capture dont il s'agit, ils consentent au partage. *N'est-ce pas pécher, croyez-vous !* L'autre répond : *De moitié nous serons ensemble.* Ils se partagent jusqu'au péché, pour s'encourager à voler un tombeau.

Tout ce qu'il y a de plus vil, de plus dégoûtant, est du ressort de l'avarice. On n'est point étonné de voir l'avare qui visite son confrère malade, lui enlever, dans une seringue qu'il apporte exprès, le bouillon qui est dans le pot

---

* Dans la partition gravée.

au feu : c'est un trait de génie pour l'avarice.

J'ai demandé dans le premier volume , *page 2 1 4 ,* pourquoi l'homme âgé devient éco- nome et avare lorsqu'il va quitter le monde ; croit - il , ai - je ajouté , que la nature va faire un miracle en sa faveur ? Une pierre peut-elle s'arrêter dans les derniers instans de sa chute ? Souvent ces questions que je m'étois faites sans y répondre , m'ont occupé depuis ; et c'est après un intervalle de six ou huit années , que je puis peut - être approcher de plus près de la solution d'un problème qui n'a pas encore été expliqué , même par des vieillards avares , qui devroient être dans le secret.

Dans ce cas , c'est , je pense , le physique qui induit le moral en erreur.

Au physique , la vieillesse est , sans contre- dit , le temps des épargnes. Trop boire, trop manger , trop dormir, trop veiller, trop mar- cher, être trop sédentaire . . . tout devient excès, s'il n'est proportionné au peu de forces de l'in- dividu. Le vieillard qui a encore quinze bonnes années à vivre , les useroit en quinze jours, s'il vouloit vivre comme un jeune homme. Il le sait, il le sent, et l'économie de ses forces devient sa passion, l'objet de tous ses soins. Ce mot, *oh ! je veux vivre,* est aussi familier à l'homme de quatre-vingts ans, que *je veux mourir* l'est au jeune homme de vingt : l'un et l'autre se bercent d'un espoir frivole, ou plutôt ils n'espèrent point ; ils mentent : l'un veut vivre, parce qu'il se sent dépérir ; l'autre veut mourir, parce qu'il se croit une longue suite d'années à vivre. C'est ainsi qu'une jeune princesse contrariée dans ses premières amours, désire être bergère ; c'est ainsi qu'une mère villageoise, impatientée des cris de son enfant,

Le menace, s'il ne se tait,
De le donner au loup.

Il est donc naturel à l'homme qui ne vit que d'économie au physique, qui épargne son restant de vie, de contracter en même temps l'habitude d'économiser son or. En voyant une grosse somme il dit : « Voilà de quoi vivre » encore cinquante ans dans l'abondance » ; cette idée le flatte, et il croit qu'il vivra autant que la somme lui en fournira les moyens. Lorsqu'une fois cette illusion l'a ébloui, plus il

P 4

épargne , plus il pourvoit aux moyens d'une longue existence morale, plus il croit prolonger sa vie. Il oublie ou il se dissimule que ce sont les moyens physiques de vivre qu'il faudroit pouvoir acheter.

Ce n'est pas en épargnant de l'or qu'on vit long-temps; c'est en économisant la vie, comme on économise une bougie qui ne donne qu'une petite flamme claire si sa mèche est légère. J'ai souvent dit à mes proches, qui m'ont vu dix fois aux portes du tombeau : « Ne craignez rien; » je vis si peu à-la-fois, que je dois vivre en- » core ».

CHAPITRE XXVII.

L'orgueilleux , l'ambitieux, le glorieux.

.... Ah ! quel orgueil extrême !
C'est un homme gonflé de l'amour de soi-même.
Son mérite jamais n'est content de la cour,
Contre elle il fait métier de pester chaque jour;
Et l'on ne donne emploi, charge ni bénéfice,
Qu'à tout ce qu'il se croit on ne fasse injustice.

                                    MOLIÈRE.

APPLICATION.

L'ÉTYMOLOGISTE, le grammairien, distinguent ces trois caractères ; mais le musicien
peut, à peu de chose près, les confondre.
L'orgueilleux, l'ambitieux sont des caractères
fougueux et immoraux. Le glorieux est immoral comme les deux autres, mais plus posé
et plus froid : c'est donc ici où les modulations
éloignées les unes des autres sont naturelles.
La même contrariété qui éleveroit peu ou point
l'accent des personnages en général, affecte
ceux-ci. A moins qu'on n'abonde dans leur
sens, tout les choque, tout est dissonance pour
leur amour-propre irascible ; et ce qui les rend
doux, c'est-à-dire l'accomplissement de leurs
désirs orgueilleux ou ambitieux, doit causer l'indignation de ceux qui les écoutent : de manière
que, soit pour eux ou pour leurs interlocuteurs,
la musique qui peint leurs accens, peut être
modulée, agitée, chromatique, mais sans jamais
cesser d'être noble ; la noblesse est l'antidote
qui rend ces caractères supportables, même
avantageux pour les arts. Je conseille encore

de rendre cette musique chantante ; car le chant est la poësie de la musique, et ces personnages affectés de passions nobles, exaspérées, expansives, se prêtent merveilleusement aux tours poëtiques.

CHAPITRE XXVIII.

DE L'IMPUDENT.

L'IMPUDENCE n'a point les avantages des trois caractères que nous venons de décrire. L'impudent est fièrement outré si on le laisse faire ; mais si on lui impose silence, et cela n'est pas difficile, il devient bas et rampant.

Ses accens sont ceux de l'orgueilleux, de l'ambitieux, mais sans noblesse : c'est leur parodie. La mélodie trop dominante se dégraderoit dans la bouche de cet homme. Que faire donc ? peindre ses accens ridicules, il en fourmille.

CHAPITRE XXIX.

DE LA VIVACITÉ DE CARACTÈRE.

C'EST l'apanage de la belle jeunesse. L'oiseau sur la branche n'est pas plus charmant que la jeune fille folâtrant avec ceux qu'elle aime.

Chacun veut l'imiter; mais prenons y garde, la folâtre surannée, le barbon grisonnant, sont des masses qui ne se meuvent plus d'elles-mêmes : ils n'agissent que par les impulsions morales, autrement ils sont ridicules.

APPLICATION.

LE rhythme musical se prête on ne peut pas mieux à la vivacité, et le chant est presque toujours trouvé, lorsque le rhythme est bien déterminé. Ici les modulations doivent être fondues pour être légères. Si les passions fortes de l'âge mûr modulent quelquefois en sautant deux ou trois quintes, ou deux ou trois quartes, celles de la jeunesse doivent être moindres au moins de moitié. Quant aux personnages qui singent la vivacité, ils sont lourdement vifs; malgré eux ils modulent durement; leurs accens sont outrés. Tel est le sort de ceux qui imitent, au lieu de s'en tenir à leur instinct.

CHAPITRE XXX.

L'INDOLENT.

L'AMOUR de soi nous rend indolens envers les autres; mais la vraie indolence vient du peu de souci que l'on prend de sa personne. Voici ce que dit *Piron* de l'indolente :

Je vous l'ai dit cent fois : c'est une nonchalante
Qui s'abandonne au cours d'une vie indolente.
De l'amour d'elle-même éprise uniquement,
Incapable en cela d'aucun attachement ;
Une idole du nord, une froide femelle ,
Qui voudroit qu'on parlât, que l'on pensât pour elle;
Et sans agir, sentir, craindre ni désirer,
N'avoir que l'embarras d'être et de respirer.

L'amour-propre, le *moi* sont presqu'éteints chez l'indolent ou le paresseux; et dès que la passion de l'amour de soi-même nous abandonne, nous n'en avons guère d'autre que celle de l'amour du repos : *godo il piacer del far niente.* Je goûte le plaisir du *rien faire*, disent les Italiens. Mais les extrêmes se touchent ; et, de même qu'une masse d'eau mine à la longue la digue qui la retient, et se répand avec fureur, il prend quelquefois au paresseux une rage d'activité momentanée.

APPLICATION.

Si la première règle dans les arts n'étoit d'éviter l'ennui, la monotonie dans les sons rendroit à merveille le moral de l'indolent et du paresseux. Mais il faut savoir prêter à la monotonie même, un charme qui la rende aimable. Pour y réussir, il faut que l'indolent ou le paresseux soit chantant, mais dans un diapason très - court. Peu de sauts, peu de modulations, elles sont trop fatigantes. Peu de dissonances, à moins qu'elles ne représentent l'ennui que la pluralité des hommes supposent au paresseux. Un même accompagnement chantant, mais soutenu, sur lequel on bâtit un chant simple, convient encore dans ce cas. Les inflexions comiques naîtront facilement des contrastes entre le paresseux et ses interlocuteurs. « Allez donc vîte, dépêchez-» vous, on vous attend; votre femme se meurt»! Rien ne l'émeut : il ne peut sortir de place qu'il n'ait étendu les bras, qu'il n'ait soupiré l'ennui que lui cause ce dérangement. Si l'on persécute le paresseux, si on le force trop souvent à sortir de sa chère léthargie, alors sa colère momentanée sera terrible. La fugue, la contre-fugue ou les mouvemens contraires, rien n'est de trop pour exprimer sa rage, qui bientôt va se perdre dans sa première monotonie qui représente l'inaction :

Soupire, étend les bras, ferme l'œil et s'endort.

BOILEAU.

CHAPITRE XXXI.

De l'esprit d'intrigue dans les valets.

ON ne doit attribuer qu'à l'envie naturelle de sortir d'esclavage, au désir d'être maître après avoir été valet, au désir de se faire servir après avoir servi, au désir enfin de commander après avoir obéi, l'esprit d'intrigue qui règne parmi les valets. Et tel maître gouverné chez lui par ses domestiques, devient lui-même valet intrigant s'il peut obtenir la confiance du prince ou de son ministre. On a souvent été étonné que le marquis, l'homme à bonnes fortunes, ayant reçu l'éducation convenable à son état, prît l'avis de son valet pour parvenir à ses fins. *Molière*, cet homme de tous les siècles, savoit bien qu'un valet peut plus que son maître en fait d'intrigues. D'abord il communique aisément avec les valets des personnes dont on a besoin, et lorsqu'il y a de puissans obstacles, ce n'est que par eux qu'on peut les vaincre. L'intrigue descend vers les subalternes, comme

l'amour vers les enfans; si l'un ou l'autre re-
montoit ou restoit fixe , il n'y auroit nulle
activité dans le monde, les lois de la nature
seroient renversées. En un mot, l'activité nous
vient du besoin d'être actifs. La fortune, l'élé-
vation la diminuent ou l'anéantissent : alors
ceux qui nous entourent agissent pour nous,
dans l'espoir de se mettre à notre place ou
d'en acquérir une semblable.

APPLICATION.

« TEL maître tel valet », a dit le proverbe :
il faut bien qu'il en soit ainsi ; sans une certaine
conformité de caractère vraie ou fausse, ils se
quitteroient bientôt. Lequel des deux cependant
plie son caractère à celui de l'autre? c'est le valet
sans doute ; et voilà pourquoi les bons domestiques sont rares. Ils n'agissent pas d'après eux,
ils ne sont que de mauvaises copies de leurs
maîtres. Si le maître est dévot, le valet devient
hypocrite ; si le premier est galant, le second
est libertin ; si l'un est marchand, l'autre est
usurier. Il est de bons domestiques, sans doute,
et qui valent mieux que leurs maîtres ; mais

nous

nous venons de voir combien il est difficile qu'ils évitent d'être mauvais sujets, ou tout au moins factices dans leur manière d'être. Ce n'est pas pour rien que l'opinion publique leur est peu favorable, et qu'elle estime plus un pauvre ouvrier que le valet le plus brillant. La balance de l'équité est entre les mains de tous les hommes réunis; chaque homme, à la vérité, a deux manières de juger, indulgent envers soi, juste envers les autres. Aussi avons-nous beau nous vanter, nous ne valons jamais que ce que tous veulent que nous valions.

Le musicien déclamateur fera donc bien de donner à tous les valets un ton factice : un ton de copie plutôt que d'originalité. En choisissant, pour notre exemple, les domestiques des *Événemens imprévus*, nous remarquerons que *René* est honnête homme, parce que *Filinte* est homme de bien ; que *Lafleur* n'est que le singe d'un fat, faux brave autant que son maître est brave véritablement. *Lisette* a les mœurs aussi pures que la femme qu'elle sert. Telle que sa maîtresse, la suivante de la comtesse de *Belmont* est aisée à séduire.

Avec quelle adresse l'auteur de cette comédie estimable a distingué ces deux soubrettes dès leur première entrevue ! comme d'un mot il les a caractérisées ! quand *Lisette* dit à *Marton* « qu'elle a bien été la dupe de *René;* » *Marton* lui répond ingénument : « Allez, allez, mademoiselle , je l'ai été bien davantage . . . . . » Elle se rend justice tout de suite , et elle voit, par l'honnêteté de *Lisette,* qu'elle n'a pas dû succomber entièrement.

CHAPITRE XXXII.

L'ÉTOURDI.

Ma langue est impuissante , et je voudrois avoir
Celles de tous les gens du plus exquis savoir ,
Pour vous dire en beaux vers, ou bien en docte prose ,
Que vous serez toujours , quoi que l'on se propose,
Tout ce que vous avez été durant vos jours ,
C'est-à-dire, un esprit chaussé tout à rebours ,
Une raison malade , et toujours en débauche ,
Un envers de bon sens , un jugement à gauche ,
Un brouillon , une bête , un brusque , un étourdi ,
Que sais-je , un . . . cent fois plus encor que je ne di.

MOLIÈRE.

APPLICATION.

L'ÉTOURDERIE n'est pas l'ignorance. L'étourdi ne le seroit pas, s'il étoit susceptible de réflexion. Mais incapable de suivre une idée, plusieurs idées à-la-fois viennent le troubler : de même que les vagues de la mer qui à peine paroissent, sont entrechoquées et remplacées par d'autres. Ce désordre, sans doute, peut être imité dans les phrases musicales, comme dans celles du discours. La vivacité accompagne l'étourderie; elle en est peut-être la cause, comme on la croit celle du bégaiement.

CHAPITRE XXXIII.

L'IMPATIENT.

POUR me désespérer Dorine est trop long-temps;
Dorine ne sent pas tout le prix des instans.
Aux obstacles cruels je fus toujours en butte,
Et mon bonheur dépend d'une seule minute.

Q 2

Je vois tout contre moi, les personnes, le temps;
Et c'est ici sur-tout le lieu des incidens.
Tout marche à pas tardifs en cette affreuse ville;
Sans vous, qui m'arrêtez, adorable Lucile,
Je fuirois un pays, séjour de la lenteur,
Où le monde respire un air de pesanteur.
Dorine à la maison tarde trop à descendre;
Sa lenteur est étrange, et je suis las d'attendre.

BOISSY.

APPLICATION.

A moins qu'on ne donne d'excellentes qualités à l'impatient, il est détesté. S'impatienter, c'est trouver qu'on ne répond pas assez vîte à nos désirs : c'est dire que nous ne sommes jamais assez promptement obéis. Si l'impatient mettoit son activité naturelle à servir les autres, il seroit estimable dans ses impatiences; mais s'il n'agit que pour lui, il est de tous les égoïstes le plus dégoûtant. L'impatient a des rapports avec l'étourdi, mais seulement par la vivacité qui leur est commune. L'étourdi peut brusquer, couper ses phrases, mais l'impatient sait ce qu'il fait et ce qu'il dit; il n'est préoccupé qu'à terminer une chose aussitôt qu'elle est entamée.

Le rhythme musical a tous les moyens de rendre les brusqueries de l'impatient. *Voyez* le duo *Tout ce qu'il vous plaira*, dans l'*Ami de la maison*. La musique est prompte, syllabique, telle, je crois, qu'elle devoit être. On dira Qu'*Agathe* répond à *Célicour* sur le même rhythme, et cependant elle n'est pas impatiente; cela est vrai; mais elle ne prend le ton de son petit cousin, que par ironie et pour le corriger de ses impatiences.

CHAPITRE XXXIV.

LE DISTRAIT.

OH! parbleu, si je ris, ce n'est pas sans sujet :
Léandre, ce rêveur, cet homme si distrait,
Vient d'arriver en poste ici couvert de crotte;
Le bon est qu'en courant il a perdu sa botte,
Et que marchant toujours, enfin il s'est trouvé
Une botte de moins quand il est arrivé.
Sortant d'une maison l'autre jour, par bévue,
Pour son carrosse il prit celui qui, dans la rue,
Se trouva le premier. Le cocher touche, et croit
Qu'il mène son vrai maître à son logis tout droit.

Q 3

Léandre arrive, il monte, il va, rien ne l'arrête ;
Il entre en une chambre où la toilette est prête ;
Où la dame du lieu, qui ne s'endormoit pas,
Attendoit son époux, couchée entre deux draps ;
Il croit être en sa chambre, et, d'un air de franchise,
Assez diligemment il se met en chemise,
Prend la robe de chambre et le bonnet de nuit ;
Et bientôt il alloit se mettre dans le lit,
Lorsque l'époux arrive. — Il tempête, il s'emporte,
Le veut faire sortir, mais non pas par la porte ;
Quand Léandre, étonné, se sauva de ce lieu,
Tout en robe de chambre, ainsi qu'il plut à Dieu.
Mais un moment plus tard, pour achever mon conte,
Le maître du logis en avoit pour son compte.

REGNARD.

A P P L I C A T I O N.

LE distrait est si concentré en lui-même, qu'on ne peut l'en faire sortir qu'avec effort : son individu est comme une maison sans fenêtres, il ne sait ce qui se passe au dehors ; ses sens préoccupés le captivent. Souvent, et par complaisance, il sourit à ce que vous lui dites ; il vous répond *C'est bien plaisant !* quand vous lui annoncez l'incendie de votre maison.

Quelques modulations inattendues sont ici de saison : avoir l'art, sans sortir des règles, de faire chanter le distrait dans un ton où il reste cloué, pendant que ses interlocuteurs semblent chanter dans un autre ton..... Voilà une partie des moyens de peindre le distrait au naturel.

CHAPITRE XXXV.

L'HYPOCONDRE.

Moi que Dieu, par sa grâce, a fait maître barbier,
Et babillard autant qu'aucun de mon métier,
Il faut, pour mes péchés, qu'un démon que j'abhorre,
M'ait fait, dans ce logis, trouver mon Pythagore;
Un fou, qu'au moindre bruit on voit se désoler,
Et qui nous réduit tous à vivre sans parler.
Depuis qu'un certain siége, après huit jours d'alarmes,
L'a brouillé sans retour avec le bruit des armes,
Soit vraie infirmité, soit pour couvrir sa peur,
Le son le plus léger le fait transir d'horreur;
Et de son cerveau creux la membrane affligée,
Du moindre ébranlement se trouve dérangée.
Pour braver tout passant, voiture et messager,
Au fond d'un cul-de-sac il s'est venu loger.

Q 4

Un triple mur de brique en ce lieu le sépare
D'un grand neveu, l'objet de son humeur bizarre ;
Et non content encor d'être ainsi remparé,
Il a matelassé sa porte et son degré :
Quant à sa chambre, il n'est dortoir ni réfectoire
Où le dieu du silence étale mieux sa gloire ;
Sous peine de congé, défense à tous valets
De lui parler, sinon par signe ou par billets.

J. B. Rousseau.

A P P L I C A T I O N.

Une musique lourde, mélancolique; choisir les tons les plus sombres, faire de longs silences et inattendus ; le faire gesticuler pesamment et sans rien dire, pendant que l'orchestre soutient des accords lugubres ; le faire souvent chanter sur un même ton . . . .; voilà ce qui convient au caractère de l'hypocondre.

CHAPITRE XXXVI.

L'HYPOCRISIE. O

...JE ne vois rien qui soit plus odieux
Que le dehors plâtré d'un zèle spécieux,
Que ces francs charlatans, que ces dévots de place,
De qui la sacrilége et trompeuse grimace
Abuse impunément, et se joue à leur gré,
De ce qu'ont les mortels de plus saint et sacré.
Ces gens qui, par une ame à l'intérêt soumise,
Font de dévotion métier et marchandise;
Et veulent acheter crédit et dignités
A prix de faux clins d'yeux et d'élans affectés;
Ces gens, dis-je, qu'on voit d'une ardeur non commune
Par le chemin du ciel courir à leur fortune;
Qui, brûlant et priant, demandent chaque jour,
Et prêchent la retraite au milieu de la cour;
Qui savent ajuster leur zèle avec leurs vices,
Sont prompts, vindicatifs, sans foi, pleins d'artifices;
Et pour perdre quelqu'un couvrent insolemment,
De l'intérêt du ciel leur fier ressentiment.
D'autant plus dangereux dans leur âpre colère,
Qu'ils prennent contre nous des armes qu'on révère;
Et que leur passion, dont on leur sait bon gré,
Veut nous assassiner avec un fer sacré.

MOLIÈRE.

APPLICATION.

Aux nuances de l'hypocondre, du silencieux, du menteur, ajoutez quelques nuances du chant religieux. Les dissonances cruelles appartiennent essentiellement à ce caractère. L'hypocrite est double; cependant il est ce que je viens de dire, lorsqu'il est avec ceux qu'il trompe; mais, dès qu'il est seul, il se découvre: alors il est vif, orgueilleux, colère, impatient, voluptueux, libertin; tous les vices à-la-fois forment son apanage monstrueux. S'il n'étoit un monstre, auroit-il le courage funeste de mentir à chaque instant?

CHAPITRE XXXVII.

L'ESPRIT DE CONTRADICTION.

Le sentiment d'autrui n'est jamais pour lui plaire,
Il prend toujours en main l'opinion contraire;
Et penseroit paroître un homme du commun,
Si l'on voyoit qu'il fût de l'avis de quelqu'un.

L'honneur de contredire a pour lui tant de charmes,
Qu'il prend contre lui-même assez souvent les armes;
Et ses vrais sentimens sont combattus par lui,
Aussitôt qu'il les voit dans la bouche d'autrui.

MOLIÈRE.

APPLICATION.

C'EST du peu de connoissance, de l'incertitude de la vérité, joints à l'amour-propre
qui est naturelle à l'homme, que naît l'esprit
de contradiction. Pour ceux qui n'ont pas une
certaine justesse entre les sens, ou qui, tels
que les brutes, manquent d'équilibre entre
les cinq sens, la vérité est toujours vague.
Comment seroit-elle autrement pour eux? ils
confondent les conséquences qui appartiennent
à des vérités de différens genres; ils attribuent
à l'une ce qui convient à l'autre; incertains
sur les vrais attributs de chaque chose, tout
leur devient commun, parce qu'ils ne savent
poser des limites à rien; foibles en discernement, forts d'erreurs, ayant sans cesse
la parole prête, parce que rien n'est si aisé
que de parler quand on ne dit rien de bon, ils

parlent beaucoup , contredisent un chacun , et parlent toujours les derniers pour avoir toujours raison.

Les auteurs des poëmes donnent ce caractère aux vieilles femmes. L'autorité que donne un grand âge , et la foiblesse de tête qu'il amène, doivent engendrer immanquablement l'esprit de contradiction. *Voyez le chapitre suivant.*

CHAPITRE XXXVIII.

LE BABILLARD.

SA langue est justement un claquet de moulin
Qu'on ne peut arrêter sitôt qu'il est en train ;
Qui babille, babille, et qui d'un flux rapide ,
Suit indiscrétement la chaleur qui la guide ;
De guerre, de combats cent fois vous étourdit ;
Parle contre lui-même, et souvent se trahit ;
Dit le bien et le mal sans voir la conséquence ,
Et de taire un secret ignore la science.

                                        BOISSY.

APPLICATION.

LES quatre premiers vers de *Boissy* disent exactement ce que doit faire le musicien. Les vieilles bavardes sont si communes dans nos opéra comiques , qu'on en est presque rassasié. Ayons soin au moins d'opposer, tant que nous pourrons, la gravité au bavardage , comme a fait *Philidor* dans le duo de *Tom Jones* *(Que les devoirs que tu m'imposes...)*, et comme j'ai fait dans le trio de *la Fausse Magie (Vous auriez à faire à moi *)*. Alors les contrastes amusent les auditeurs, et jettent un vernis de nouveauté sur les choses communes. Inventer tout-à-fait , faire du neuf dans les arts , est impossible ; mais ajouter quelques beautés neuves aux choses connues, suffit pour plaire et mériter le titre d'homme de génie. *Philidor* est , je crois, l'inventeur de ces sortes de morceaux à plusieurs rhythmes contrastans ; je n'en avois entendu aucun aux théâtres d'Italie, avant de venir en France. On sent que la tête

---

* *Voyez* LA FAUSSE MAGIE, *premier volume, page 306.*

vigoureuse de cet artiste justement célèbre et
justement regretté *, devoit atteindre aisément
aux combinaisons difficiles. Il pouvoit ranger
une succession de sons avec la même facilité
qu'il jugeoit une partie d'échecs **. Nul
homme n'a pu le vaincre à ce jeu rempli de
combinaisons ; nul musicien n'aura plus de
force et de clarté dans ses compositions , que
Philidor n'en a mis dans les siennes.

CHAPITRE XXXIX.

L'IRRÉSOLU.

L'IRRÉSOLUTION vient du peu de sûreté
des principes. Le caractère de l'irrésolu n'est
pas le même que celui du bavard que nous
venons de tracer. C'est par des réticences ,

---

* *Philidor* est mort à Londres, âgé d'environ 70 ans,
le 31 août 1785 *(vieux style)*.

** Il sourioit un jour en suivant une partie d'échecs
que faisoient sa femme et sa fille : « Allons, mesdames,
» dit-il en s'en allant, il faut convenir que vous êtes
» fortes aux jeux de hasard ».

des suspensions, en indiquant la difficulté où il est de choisir entre plusieurs choses, que le musicien remplira sa tâche. D'autres fois l'irrésolu semble prendre un parti décidé ; il affirme à plusieurs reprises son opinion, quand tout-à-coup il reste en suspens au milieu d'une phrase ou d'un mot.... pour vous apprendre qu'il se trompe et change d'avis. En suivant exactement dans les phrases musicales ce qu'il fait dans celles du discours, le musicien est vrai, et rend exactement ce caractère aimable dans le comique, mais insupportable dans le genre sérieux.

CHAPITRE XL.

LE SILENCIEUX, ou LE TACITURNE.

Voyez le caractère de l'hypocondre ; choisissez pour celui-ci des tons moins noirs et moins tristes : que les silences que vous lui ménagez soient plus voluptueux que sinistres, car le taciturne jouit intérieurement dans le

silence ; c'est à l'orchestre à peindre les mouvemens doux qu'il éprouve pendant qu'il reste
immobile. Voulez-vous le fâcher, le faire fuir ?
produisez un grand bruit. J'ai connu à Rome
un Anglais très-aimable, très-estimable et fort
instruit, qui ne parloit habituellement que par
mines ou par gestes. Je lui demandois un jour
quel genre de musique on aimoit le plus à
Londres ; il se lève , passe au clavecin dont
il touchoit bien , il me joue de la musique
de guinguette et sautillante, puis il me regarde
en me faisant la grimace ; il joue ensuite un
chant noble et simple , nourri d'harmonie et
de syncopes; puis il me regarde avec un air
satisfait. C'étoit, je crois, très-bien s'expliquer.

CHAPITRE XLI.

L'ENTÊTÉ.

Nous n'avons, je pense, aucune comédie
intitulée *L'entêté*. Ce caractère est au théâtre,
cependant, mais il y est disséminé dans beaucoup d'ouvrages, où l'on trouve les caractères
d'un

d'un suffisant, d'un pédant, d'un philosophe
outré; enfin, de l'entêté. Les auteurs ont bien
senti qu'un caractère soutenu de ce genre,
et dans un grand ouvrage, deviendroit fastidieux. Le fastidieux lui-même est un caractère;
mais préservons - nous de l'ennui qu'il nous
causeroit , et contentons - nous de jeter ces
sortes de personnages dans le coin du tableau,
comme les peintres nous y font voir quelque
figure de femme surannée qui regarde avi-
dement ce qui se passe sur la scène , sans
qu'aucun personnage lui prête attention.

A P P L I C A T I O N.

Le musicien ne manquera pas sans doute
de donner au caractère de l'entêté tout ce que
la pédanterie nous offre en musique de plus
affecté; il outrera les dissonances, il abondera
en imitations. . . . Je ne suis de son avis que
jusqu'à un certain point; car s'il double par.
l'expression musicale les ridicules du personnage , il deviendra insoutenable. Que faire
donc? Voici en général ce que j'observerois:
En mettant en musique les caractères odieux,

sur - tout s'ils sont traités avec leurs déve-
loppemens par le poëte, je chercherois à pallier
leurs défauts, en rendant leurs inflexions plus
mélodieuses que baroques. Ils commenceroient
souvent leurs phrases avec dureté, et ils les
termineroient avec quelque mélodie : d'autres
fois ils débuteroient avec du chant, et retour-
neroient ensuite dans les dissonances. Alors,
je le sais, ils seront soupçonnés d'hypocrisie ;
mais ils déplairont moins, et c'est beaucoup.
Les spectateurs indécis se demanderont et
diront : « Cet homme veut-il nous tromper ? ou
» est-il confus de ses travers ? veut-il s'en cor-
» riger ? » Cette indécision est avantageuse pour
tous les caractères vicieux, autant qu'elle
seroit défavorable aux caractères vertueux. Les
hommes rassemblés détestent le vice autant
qu'ils chérissent la vertu ; on les sert donc à
leur gré, en palliant l'un, et montrant l'autre
avec éclat.

CHAPITRE XLII.

LE MENTEUR.

EST-IL vice plus bas! est-il tache plus noire,
Plus indigne d'un homme élevé pour la gloire!
Est-il quelque foiblesse, est-il quelque action
Dont un cœur vraiment noble ait plus d'aversion!
Puisqu'un seul démenti lui porte une infamie
Qu'il ne peut effacer s'il n'expose sa vie,
Et si dedans le sang il ne lave l'affront
Qu'un si honteux outrage imprime sur son front.

CORNEILLE.

APPLICATION.

DES réticences, quelques fausses intonations qui échappent, car, pour l'honneur de
l'humanité, nous supposons que toujours, dans
quelques endroits, le menteur se trahit et
déclame faux. Ses intonations comiques peuvent être saisies par le musicien ; et c'est-là
toute sa ressource, en traitant l'infame caractère du menteur. Ne confondons pas quelques

emphases, quelques exagérations avec le mensonge proprement dit : lorsque le mensonge n'a d'autre but que celui de faire rire, il change de nature ; alors il prête à la musique autant que le vil mensonge y prête peu dans les objets sérieux et importans. Cependant le menteur de *Corneille* ment avec esprit ; et dans ce cas le musicien doit suivre l'intention du poëte ; mais il exagère souvent, et c'est alors que la musique est d'un grand secours pour indiquer les exagérations. Un trait d'orchestre, un forté bien appliqué, c'est-à-dire à contre-sens de la vérité, décèle le mensonge. Un menteur étant à table, faisoit un récit exagéré de ses exploits à un homme d'esprit ; celui-ci se retourne vers le valet de cet homme, et, l'appelant comme dans la comédie, lui dit : « *Cliton,* va me chercher un verre d'eau ».

CHAPITRE XLIII.

LE FLATTEUR.

MES caresses, mes soins, ma trompeuse ferveur,
M'ont, de cet homme-là, su gagner la faveur;
Et je me vois en droit, quand nous sommes ensemble,
De lui persuader tout ce que bon me semble.
A quoi me serviroit le talent précieux,
Le don surnaturel que j'ai reçu des cieux,
De tourner à profit la foiblesse des hommes!
Tu le sais mieux que moi, dans le siècle où nous sommes
L'amour de la louange, et l'imbécille orgueil,
De leur foible raison sont l'ordinaire écueil;
Et j'ai mis le grand art où je suis passé maître,
A les tromper par-là puisqu'ils le veulent être;
Je sais m'accommoder à leurs foibles divers,
Flatter leurs passions, encenser leurs travers;
Sur leurs seuls mouvemens je me règle à toute heure:
Sont-ils joyeux! je ris; sont-ils tristes! je pleure,
Et par-là, sans risquer qu'un peu de bonne foi,
Je les mets hors d'état de se passer de moi.
J'assujettis leurs cœurs, j'asservis leur prudence,
Et les enchaîne aux fers de ma condescendance.

J. B. ROUSSEAU.

R 3

APPLICATION.

LE flatteur adoucit les vérités dures qui peuvent affliger celui qu'il flatte. Obligé d'avouer l'existence des maux qui nous accablent, il en prédit l'heureuse issue; il ment, mais c'est sans crime, puisqu'il suppose ce qui peut arriver, ne fût-ce que par hasard.

La musique a plus de prise avec ce caractère qu'avec celui du menteur; ses intonations sont douces et très-variées, mais il faut des modulations très-adoucies. La musique est un baume quand on veut pallier le mal : rien ne flatte, ne caresse comme elle. Dans ce cas on peut faire un chef-d'œuvre de musique; car la mélodie et l'harmonie sont, je ne dis pas factices, mais vagues comme le caractère moral du flatteur.

CHAPITRE XLIV.

L'HOMME CAUSTIQUE.

S I l'homme caustique étoit infaillible, il seroit l'homme par excellence. Ses intentions sont pures; il a souvent le mensonge en horreur, à moins qu'il ne soit au fort de l'attaque à laquelle il est sujet. Sa causticité vient d'un défaut de sa nature ; l'humeur qui le domine lui fait exagérer en mal tout ce qui s'offre à ses yeux ; et ses yeux cristallisés de noir ne réfléchissent que des vapeurs infernales. Loin de nous ces êtres atrabilaires, rongés de l'humeur de l'orgueil, qui ne nous abordent que pour flétrir notre sérénité ! En nous adressant leurs rêveries, ou même des vérités dures qui ont pris la teinte de leur ame grossière et sauvage, ils nous révoltent et ne nous corrigent point. — Dis - moi, qui t'a donné le droit de blesser la sensibilité de tous ceux à qui tu parles ? Le soir, ne peux-tu te coucher

R 4

si tu ne dis : « J'ai flétri l'ame de dix hommes
» qui ne me vouloient que du bien ; j'ai vu des
» larmes rouler dans leurs yeux , elles ne m'ont
» point ému , car je ne m'émeus point , et
» demain je trouverai d'autres victimes. » Est-ce
à la faveur de tes cheveux blancs que tu te
crois au-dessus de l'impunité ? La colère que
tu provoques , est-elle donc si nécessaire à ta
santé ? Ne peux-tu , d'une autre manière ,
dissiper l'humeur noire qui te ronge ? Ne
peux-tu , sur ton chien , assouvir ta rage
indomptable ? Cet animal reconnoissant du
pain que tu lui donnes , saura souffrir tes coups ,
et ne se révoltera jamais ! Mais non , une
victime qui ne sent point l'humiliation , ne
peut provoquer ta bile ; c'est à l'homme que
tu fais la guerre. Cet homme contrarie tes
intérêts ; il veut ce que tu veux ; il ose prétendre
à s'élever aussi haut que toi ; il ose , en te
rendant justice , critiquer aussi tes défauts.
Voilà ce que tu ne peux pardonner : voilà ce
que tu lui dis sans cesse par des brutalités
déplacées , que tu voudrois cacher sous le
voile d'un faux amour pour la vérité , pour

l'humanité; mais qui ne nous montre qu'une humeur noire, fomentée par ton amour-propre effréné.

APPLICATION.

LE musicien doit sentir que les modulations acerbes, rembrunies, exaspérées, inattendues, sont du ressort de ce caractère très-prononcé. Souvent la douce mélodie succédera aux modulations dures; car l'attendrissement est naturel à l'homme caustique, qui n'a que le bien pour but : après avoir écrasé quelqu'innocente victime, il se repent et s'attendrit. Voyez les yeux de cet homme après qu'il a frappé un animal, ou effrayé un enfant par les sons de sa voix épouvantablement dure, ils sont mouillés de pleurs; mais une heure se passe et il recommence. L'amour-propre domine ce caractère; il n'y a point de remède pour lui, il ne peut changer son moral qu'en adoucissant l'humeur qui le ronge; et, n'en doutons point, le régime seroit long.

CHAPITRE XLV.

L'HOMME GRAVE.

La sottise des ignorans engage l'homme instruit à ne point se communiquer. Cette gravité n'est point orgueil, c'est justice. L'homme occupé de grandes idées ne peut souvent descendre aux niaiseries. Si quelquefois, par délassement, il quitte la sphère scientifique, ce n'est point avec la sottise orgueilleuse de la plupart des hommes, mais avec la candeur enfantine, qu'il peut se distraire de ses travaux.

Il est une gravité affectée qui cache l'ignorance. Elle impose aux sots, mais l'homme instruit n'est pas long-temps à la démêler de la gravité respectable.

APPLICATION.

Savant sans affectation, employant des tons et des mouvemens graves, plus chantant lorsque le sentiment domine, plus harmonieux

et plus vague si ce n'est qu'une digression :
telle est la musique propre à l'homme grave.
La gravité affectée veut suivre les mêmes convenances, mais le bout d'oreille qui paroît à
chaque instant, décèle l'ignorance. Celle-ci,
savante avec affectation, grave dans ses tons et
ses mouvemens, mais employant la mélodie
ou l'harmonie à rebours de leur véritable
place, est le *vice versâ* de la gravité véritable;
et par le mauvais emploi qu'elle fait de ses
moyens, elle ne lui ressemble que par un
extérieur affecté.

Puissé-je, par les vues que je donne au
musicien, étendre les limites de notre art!
Mais souvenons-nous toujours que, lorsqu'on
ne sent pas intimement ce qui convient à un
caractère, et ce qui le différencie d'un autre
qui peut avoir avec lui des rapports, je le
dis une fois pour toutes, il vaut mieux faire
simplement une musique vague et chantante,
que d'afficher des prétentions rebutantes et
sans effet.

CHAPITRE XLVI.

LE GOBÈ-MOUCHES; LE NIAIS.

LE gobe-mouches est le flatteur avec moins d'esprit; il n'observe pas les foiblesses des autres pour en profiter, il est trop bête; il réside dans les cafés, parce qu'il n'est pas accueilli dans les sociétés particulières. Il ouvre une grande bouche riante, se balance le corps de devant arrière, approuve à droite et à gauche, et n'a jamais d'avis que celui des autres. C'est sans doute ce balancement de corps ou seulement de tête, et sa bouche ouverte, qui l'ont fait nommer *monsieur gobe - mouches:* nom trivial, mais plaisant et propre au personnage qui le porte.

APPLICATION.

LA manie du gobe - mouches est aisée à imiter; le musicien n'a qu'à lui faire répéter la finale des phrases de chacun, en gardant

le silence dans tout ce qui précède. Le niais
a différens caractères que le jeune musicien
doit saisir. S'il est bête, c'est à-peu-près le
gobe-mouches : il répète niaisement ce qu'ont
dit les autres. S'il est bavard et même colère,
il tourne avec volubilité sur trois notes qu'il.
ne quitte pas. S'il est rusé, dissimulé, soupçonneux, menteur, son chant est simple et
gauche, il module mal-adroitement, il observe
long-temps sans rien dire ; enfin, il parle et
dit une sottise. L'air le plus bête, et que j'estime
le plus dans mes ouvrages, c'est celui des
Méprises par ressemblances :

Il falloit nous voir danser.

CHAPITRE XLVII.

L'OPTIMISTE ET LE PESSIMISTE.

Je ne suis point aveugle, et je vois, j'en conviens,
Quelques maux ; mais je vois encore plus de biens.
Je savoure les biens ; les maux, je les supporte.
Que gagnez-vous, de grâce, à gémir de la sorte!

Vos plaintes, après tout, ne sont qu'un mal de plus,
Laissez donc là, mon cher, les regrets superflus :
Reconnoissez du ciel la sagesse profonde,
Et croyez que tout est pour le mieux dans le monde.

COLIN D'HARLEVILLE.

Tout est bien pour l'un, tout est mal pour l'autre. On diroit que la manie des systèmes conduit les hommes; mais on peut croire encore qu'ils ont en eux-mêmes une disposition naturelle qui les entraîne à ce qu'ils sont. C'est-là la seule et vraie prédestination à laquelle on puisse croire.

APPLICATION.

L'OPTIMISTE aura souvent un chant exalté. Sa joie, son bonheur s'exhalent dans ses accens. S'il module durement, c'est pour rappeler la folie de ceux qui ne pensent pas comme lui *que tout est bien.* Le pessimiste est le contraire; ses tons sont noirs, et ses modulations dures. S'il chante mélodieusement, c'est pour se moquer de ceux qui voient du remède à tout : lui n'en voit à rien.

CHAPITRE XLVIII.

L'INDISCRET.

L'INDISCRET n'est pas le bavard, quoique tous les bavards soient des indiscrets. L'indiscret a des prétentions à l'esprit bien plus que le bavard : celui-ci parle le plus souvent pour parler, n'importe sur quel sujet ; mais l'indiscret a des vues qui sont même plus bénévoles que méchantes. Lorsque par mille petits services, mille petites bassesses, il s'est initié dans le secret des familles et des partis, alors il se sent fort, et commence ses indiscrétions. Il voit que nulle part les hommes ne s'entendent, il ambitionne de rétablir entr'eux la concorde. Pour y réussir, il révèle à chaque parti le secret de ses adversaires ; il dit à chacun en quoi il a tort ou raison; il presse, il hâte mal-adroitement des réconciliations qui ne sont pas mûres ; il désunit les parties plus que jamais, parce qu'il n'a ni adresse ni système *. Il semble que l'indiscret est un bon diable, qui, avec peu d'étoffe, a beaucoup de prétention à l'esprit.

A P P L I C A T I O N.

L'INDISCRET ne manque pas de justesse dans sa déclamation ; il dit bien ce qu'il dit, mais ce qu'il dit n'est pas à sa place : il a des idées dans la tête, mais elles ne sont pas classées ; il dit trop tôt ce que le paresseux dit trop tard. Enfin, doit-il être indiscret dans les accords où les intonations qu'il forme ? non. Il est petit en tout et suit la route commune. Laissons les écarts hardis aux caractères nobles, instruits, mais emportés. L'indiscret n'arrive jamais au but moral, comment pourroit-il outrepasser les connoissances ordinaires d'aucun art ? Ce seroit lui faire trop d'honneur.

---

* Pour réconcilier les hommes il faut beaucoup d'adresse; il faut leur faire envisager perte ou gain.

CHAPITRE

CHAPITRE XLIX.

DES LARMES.

On dit qu'un auteur a le don des larmes, quand il sait mieux qu'un autre nous attendrir, nous émouvoir, attaquer notre sensibilité. Il n'est pas ici question d'un auteur larmoyant qui ne traite que des sujets du dernier pathétique, qui n'a de connoissances que parmi les malheureux; qui, dans le cours de son drame, se reprocheroit deux instans de bonheur s'il les procuroit à ses personnages; qui, enfin, soupire, sanglote, exclame à tout propos, et semble se trouver dans une mer de délices quand il nage dans les pleurs. Ce don factice des larmes ne fait éprouver que le dégoût aux ames vraiment sensibles aux bonnes choses. Mais je parle d'un auteur qui, sans efforts et sans exagération, sait nous attendrir : celui-ci fait couler nos larmes avec délices; l'autre, tout au plus, nous les arrache malgré nous.

A P P L I C A T I O N.

Essayons d'indiquer au musicien quelles sont ses ressources pour exciter l'attendrissement; tâchons de remarquer une différence entre les larmes qu'il fait répandre, selon le caractère des personnages.

Rien ne flatte, rien n'attendrit plus que les sons : toujours d'accord avec nos nerfs, quand ils sont eux-mêmes tendus à leur juste proportion, il est impossible que tout ce qui a vie, et qui est par conséquent organisé symétriquement, se refuse au plaisir d'entendre une douce succession de sons; et, nous le savons, le plaisir autant que la peine fait couler nos larmes.

Les larmes de l'innocence nous touchent, et souvent nous font sourire lorsqu'elles coulent sans motif; celles qu'arrachent les passions violentes nous affectent et nous humilient; nous plaignons l'individu, mais nous redoutons d'être demain à sa place. Celles des êtres vertueux en général, des époux persécutés, celles de l'amitié, de la tendresse paternelle ou

filiale ; enfin les larmes des victimes momen-
tanées de toutes les affections pures, qui ne sont
souillées d'aucun intérêt moral , font couler
les nôtres en abondance.

CHAPITRE L.

DE LA FOLIE.

A la suite de cet ouvrage , l'on trouvera dans le
chapitre intitulé DU CERVEAU, ce qui peut servir
de texte à celui-ci.

APPLICATION.

LES intonations de la raison égarée ne sont
pas difficiles à suivre. Plus la folie est complète
dans un individu, moins il y a de liaison entre
ses idées ou les phrases qui les représentent ,
plus il est facile à l'artiste d'imiter ce désordre.
Les accens de la folie complète sont aussi
vagues, autant insignifians que le bruit d'une
poulie : plus l'individu se rapproche de l'état
raisonnable , plus l'artiste doit déclamer raison-
nablement. Depuis le fou jusqu'à l'homme d'un

S 2

grand sens, il y a donc une échelle d'intonations ou de déclamations, qui constate le plus
ou le moins de folie, le plus ou le moins
de raison ; et nous oserons dire que l'état le
plus éloigné du délire en participe encore, ne
fût-ce que d'un soupçon. Les passions ne sont-
elles pas à la nature humaine ce que sont les
vents à la navigation ? Et quel est l'être passionné qui n'excède pas les limites de la passion
qui le domine ? Où est l'homme assez sage pour
ne pas surpasser quelquefois les bornes de sa
raison ?

La musique, par ses mouvemens différens et
entre-choqués, par ses modulations éloignées,
par ses rapprochemens entre les plus cruelles
dissonances et la plus douce mélodie, possède
à tel point tout ce qu'il faut pour peindre le
délire de la raison, qu'il seroit dangereux d'en
montrer le terrible effet aux spectateurs.

CHAPITRE LI.

DE L'IVROGNERIE.

Malheur au peuple qui ne boit pas, la fausseté le domine. Heureux le peuple qui n'auroit nul besoin de boire, il n'auroit pas de chagrins à surmonter ; mais ce peuple n'existe point. Tous les hommes, de quelqu'état qu'ils soient, trouvent l'oubli de leurs maux dans l'ivresse. Les esprits abondent dans les liqueurs fermentées ; après en avoir bu plus ou moins, l'homme est plus ou moins dominé par la force de ces esprits ; ils exaltent son imagination ; sans changer son caractère, il est plus prononcé : le fourbe est plus fourbe, le libertin plus libertin, l'homme vertueux plus raffermi dans ses principes. Enfin, le proverbe qui dit *In vino veritas*, est ancien comme le vin ; et il en est des proverbes comme des airs chantans, ils ne se sont conservés qu'autant qu'ils sont vrais. J'ai dit quelque part dans ce livre,

S 3

qu'il n'est point de fête sans musique ; j'ajoute ici qu'il n'est point de fête sans la double ivresse du jus de la treille, et des chants qu'il inspire.

Nous n'aimons point les femmes qui aiment le vin ; il n'est que la femme de 40 ans qui puisse outre-passer la pointe de gaieté permise à son sexe. La femme qui se livre à la joie bachique, fait l'aveu tacite qu'elle renonce à plaire par les .charmes de l'amour; les buveurs seuls croient faire son éloge en chantant

> Elle aime à rire, elle aime à boire ,
> Elle aime à chanter comme nous;

mais les hommes délicats , les hommes amou-reux renoncent à elle pour ces mêmes raisons.

APPLICATION.

L'IVRESSE du vin tient de la folie, et suit à-peu-près les mêmes allures ; mais le désordre occasionné par l'ivresse n'est jamais aussi ab-solu. La folie est un détraquement du cerveau; le vin au contraire l'enveloppe d'une vapeur spiritueuse qui l'agite sans le paralyser , à moins que l'ivresse ne soit excessive. Puisque l'ivresse du vin n'absorbe pas communément toute notre raison , il est donc pour l'artiste autant de sortes d'ivresses qu'il y a de caractères. L'homme bien né a de la grâce dans son ivresse ; l'homme rustre est lourdement gai. La jeune femme est adorable dans la joie que lui donne la petite pointe de vin ; l'antique douairière est homme en buvant rasade. Quant aux caractères immoraux, ils redoublent chacun leurs immoralités étant dans l'ivresse. L'attendrissement est naturel à la plupart des ivrognes surannés. Ce penchant à l'attendrissement peut s'expliquer ainsi : « Ivresse, » c'est exaltation de l'esprit ; vieillesse, c'est » caducité »; c'est donc la force des liqueurs fortes qui corrobore momentanément la foiblesse qui , charmée de se sentir ranimée, verse des larmes de joie en réminiscence de sa jeunesse ou de sa force première.

C H A P I T R E L I I.

LE SOUPÇONNEUX.

Le bonheur, ou , si l'on veut , le malheur d'avoir une longue expérience des choses de ce monde , rend l'esprit soupçonneux. Après avoir long-temps réfléchi , et sur-tout avoir passé sous l'étrille de l'expérience , l'on se résume à croire qu'il n'est dans ce monde que deux sortes de gens , des dupes et des fripons; mais il est mille sortes de dupes , comme il est mille sortes de fripons , et dans ce sens il ne faut pas même exclure de la classe des aimables fripons , l'homme instruit qui mène la gente moutonnière.

APPLICATION.

La mélodie est peu de saison pour indiquer le soupçon qui flétrit toute idée de vertu et de bonheur. La musique, ai-je dit, exprime foiblement les immoralités , parce que *harmonie , mélodie* sont un assemblage de choses pures;

mais il reste à la musique tous les mouvemens ; et chaque passion, chaque caractère, bon
ou mauvais, ont leurs mouvemens déterminés
que le musicien peut imiter. Le soupçonneux
exige en outre une harmonie noire et peu
chantante , propre à indiquer l'état de son
ame. Accablé de doutes et de réticences ,
soupçonnant la vertu, quoiqu'il déteste le vice
et abhorre le crime, c'est un monstre suranné
qui, après avoir usé toutes ses facultés , toutes
ses passions , souffre en enviant l'existence et
le bonheur des autres.

CHAPITRE LIII.

LE FAT.

La fatuité est une maladie de cerveau, une
espèce d'ébullition d'amour-propre, dont la
fortune , le talent , la beauté sont les causes.
Cependant, c'est sur-tout aux faveurs du sexe
qu'on doit attribuer la fatuité des jeunes gens ;
la plus grande preuve que ces faveurs sont

pour eux le suprême bonheur, c'est que leur amour-propre résiste aux attraits de la fortune, à ceux de l'approbation générale de leurs talens, et jamais au plaisir séduisant de captiver les belles. Le jeune homme d'esprit lui-même entre en délire, lorsqu'il fait tourner les têtes charmantes qui sont en droit de bouleverser les nôtres; mais plus il est favorisé, moins cette fièvre de bonheur se prolonge; le dégoût s'en mêle bientôt, parce qu'en homme d'esprit, il sent n'être point à sa place et ne pas jouer son rôle. Il s'ennuie de n'être ni homme ni femme, et préfère enfin l'attaque ouverte à la défense simulée. Il est une espèce de vieux fat, doué de grâces surannées; il est l'image du siècle galant qui l'a précédé. Femmes, défiez-vous-en! Sa longue expérience dans l'art de séduire, ses facultés superficielles vous dessécheront l'ame, après vous avoir enchaînées.

A P P L I C A T I O N.

Le fat imbécille est outré dans toutes ses expressions; c'est *Léandre* de la parade. Le fat

du grand ton joint aux grâces d'une coquetterie mâle, l'aplomb de l'homme d'esprit ;
et s'il n'est véritablement brave ; si , depuis
l'épingle jusques au canon , il ne se montre
supérieur à tous les dangers, il ne jouera qu'un
rôle secondaire. Ses intonations doivent être
vraies , mais ornées des grâces et des tournures
à la mode. Le vieux fat a aussi ses grâces ,
mais elles sont de son âge ; il est aussi grave
que l'autre est vif , et, tel que *Dom Juan*, on
lui donne la préférence sur le jeune fat, lorsqu'il est question de l'endurcissement dans le
crime.

CHAPITRE LIV.

LE FASTUEUX.

LE fastueux est l'homme passionné du luxe;
il veut paroître riche, noble dans tout ce qui
l'environne , et cette affectation prouve qu'en
lui-même il n'est que pauvre d'esprit et de
sentiment.

A P P L I C A T I O N.

Avec un certain faste déclamatoire, une certaine richesse d'harmonie, et une pauvreté réelle dans les motifs de chant, l'on doit peindre le fastueux.

CHAPITRE LV.

DE L'ENVIE ET DE LA CRITIQUE.

La noble envie qui produit en nous l'admiration, et celle qui se répand en critiques amères, distinguent le vrai ou le faux talent dans un homme. Toujours la basse jalousie vient de la médiocrité ou pis encore. L'émulation est permise, sans doute : on peut envier la supériorité d'autrui ; il est encore permis de croire que le genre dans lequel on excelle, est le premier de tous ; mais dénigrer les talens qu'on a cherchés et qu'on n'a pu acquérir, est une bassesse qui tient de la démence.

Pourquoi cette passion * est-elle si commune?
Pourquoi celui qui seroit un bon architecte,
un bon charpentier, s'obstine-t-il à être un mauvais musicien ou un mauvais poëte? parce que,
une fois qu'on s'est donné pour maître dans un
état, on ne veut pas en revenir; on aime mieux
être en contradiction avec le talent qu'on veut
avoir à toute force, que de sembler se contredire aux yeux des hommes (1). C'est ainsi
que les talens médiocres se multiplient, et ce
sont ces gens, à demi-talent qui critiquent sans
pitié, parce que le public n'en a point pour
eux. A Paris, plus que par tout ailleurs, on
voit une sorte de gens adopter un langage
audacieux qui révolte les hommes éclairés :
n'ayant qu'effleuré à - peu - près toutes les
connoissances, ayant échoué dans plusieurs
entreprises, ils tranchent, décident avec une
audace qui imposeroit silence à l'artiste même,

---

* J'appelle ici *passions* toutes les affections vives qui,
si elles ne sont pas telles dès leur naissance, finissent par
le devenir par leur continuité; et plus encore par l'amour-
propre qui veut soutenir ce qu'il a avancé.

s'il étoit possible que l'ignorance lui fît abandonner les principes sûrs qui le guident. Cette
manie est encore plus outrée dans les jeunes
et médiocres littérateurs que chez les artistes,
parce que le noble avantage d'instruire le
genre humain, avantage dont ils sont infatués,
leur tourne aisément la tête.

Presque toutes les lettres qui accompagnent
les mauvais poëmes que je reçois, sont conçues
dans ces termes, à-peu-près : « Il est malheureux
» pour vous que vous n'ayez eu jusqu'à présent
» que des poëmes bien médiocres à mettre en
» musique. J'espère, enfin, que vous trouverez
» dans celui-ci de quoi déployer. . . . . » Je
pourrois me dispenser de lire les pièces ainsi
annoncées, elles ne sont le plus souvent qu'un
amas de bêtises.

J'ai dit que les hommes à prétentions ridicules ne se trouvent guère qu'à Paris; il est
certain que les vrais talens reconnus par la
capitale, sont encore plus respectés, et peut-
être mieux appréciés dans les provinces et
dans les pays étrangers. Soit que le bruit de
Paris impose certain respect, soit que tout

bruit populaire éprouve, en s'éloignant de son centre, un effet inverse des objets vus dans une perspective éloignée : c'est-à-dire que le bien et le mal grossissent par l'éloignement ; soit plutôt parce que hors Paris il y a moins d'oisifs et moins de gens qui ont besoin de se parer de l'esprit des autres pour avoir une existence ; il est certain, dis-je, que la détestable manie de décider et de trancher sur tout, ne se voit qu'à Paris. C'est une maladie contagieuse, dont les provinciaux mêmes, lorsqu'ils y viennent séjourner, ne peuvent se défendre long-temps. Le même jeune homme que l'on a vu modeste et désireux de s'instruire dans son début, qui dans sa province faisoit tout son bonheur de se rapprocher de ceux dont il admiroit les chef-d'œuvres, devient, au bout de six mois, après avoir fréquenté les foyers des spectacles et les cafés, l'un des plus ardens détracteurs de ces mêmes talens. Si, après quelques mois de cette effervescence ridicule, le hasard le jette dans une société sage, il revient de ses erreurs ; sinon, soit par désœuvrement ou par le besoin d'agir, il s'amuse à tout dénigrer, et finit par être victime des sots dont il a été entouré. Il est d'autant moins de ressource pour ceux qui ont adopté le langage audacieux qui décèle l'ignorance, qu'il n'y a plus que les sots qui les écoutent; les gens instruits les accablent du plus profond mépris, celui du silence. L'homme instruit ne parle qu'avec ceux qu'il a jugés dignes de l'entendre. D'ailleurs, il parle peu, il sait que ses œuvres parlent pour lui; il est bon, compatissant envers ceux qui de bonne foi cherchent à s'instruire auprès de lui, parce que lui-même il ne sait d'où lui est venu l'éclair qui a fait de son œuvre une production immortelle. Lorsqu'après l'exaltation de son génie, il est, pour ainsi dire, redescendu sur la terre, il est étonné de s'être autant élevé au-dessus de lui-même; la crainte de ne plus retrouver ce degré juste d'exaltation et de chaleur, le rend modeste; il remercie son génie, comme un être autre que lui, et retourne vers son penchant craintif qui ne l'abandonne jamais lorsqu'il est de sang-froid. L'auteur ignorant, au contraire, occupé sans

cesse

cesse à rassembler, avec une facilité qui l'étonne, des débris incohérens; protégé d'ailleurs par cette bonne mère, qui est toujours plus sensible envers ses chers enfans, en proportion de leurs difformités; l'amour-propre enfin, lui persuade qu'il est un aigle, et il le croit, parce qu'il n'est qu'un sot.

APPLICATION.

L'ENVIEUX n'est jamais franc que lorsqu'il parle de son propre mérite; c'est alors qu'il s'échauffe et qu'il glace ceux qui l'écoutent. S'il parle des ouvrages des autres, il n'en montre que le côté foible.

L'homme éclairé autant que juste, n'en dissimule pas les défauts, mais il aime à en faire aussi remarquer les beautés, et c'est surtout sur elles qu'il appuie. La manière la plus sensible de peindre en musique le caractère de l'envieux et du méchant critique, est, je crois, de leur faire débiter avec colère les éloges mérités de leurs rivaux, quand la vérité ou la crainte d'être démentis les leur arrachent; aussi leur dit-on : « Ne vous fâchez pas, nous pensons

» tous comme vous ». Dans toute autre circonstance, le dédain, le silence affecté, le chagrin qu'ils témoignent, sont les moyens de retracer ce qu'ils éprouvent.

Il est souvent, dans les arts d'imitation, deux moyens pour peindre, c'est en montrant l'action même, ou en ne montrant que les effets qu'elle a produits. L'action peut paroître foiblement rendue, ou rendue avec exagération ; mais les effets sont toujours vrais, parce que l'on suppose que l'action a dû les produire tels qu'on les voit. Tel interlocuteur parle de son chagrin, de son désespoir, vous l'approuvez ; puis après il vous en apprend la cause et vous le condamnez.

Jamais l'envieux n'aura de véritable noblesse ni de vraie grandeur d'ame ; l'injustice perce à travers ses discours. Il semble que toutes ses phrases d'approbation ne sortent de sa bouche que pour préparer des réticences, *si* . . . ou *mais* . . . . Il ne jouit guère plus de ses succès que de ceux des autres ; il lit dans tous les yeux les regrets qu'on a de voir réussir un méchant, son succès ne fût-il qu'éphémère.

C'est dans les spectacles, au salon de peinture, que le jeune musicien peut étudier les tons et l'allure de l'envie et des méchans critiques. Dans les spectacles, à la première représentation d'un ouvrage sur-tout, vous verrez les ennemis des auteurs se rapprocher, autant qu'ils le peuvent, des journalistes, pour, pendant la représentation, leur dicter leur feuille du lendemain. Autant cette bassesse est dégoûtante, autant doit paroître plaisante la bonhomie de cet homme qui admiroit la figure et les talens d'une actrice, et qui demandoit son nom à ses voisins, lorsque quelqu'un lui cria: « Il est singulier que tu ne reconnoisses pas ta » sœur »!

NOTE.

Page 285. (1) Une autre contradiction est assez commune à Paris : elle consiste à se faire juge des talens, quand on n'en a pas assez pour briller par eux. Aussi remarque-t-on que ceux des journalistes qui ont le plus d'humeur, n'ont jamais rien produit qui puisse être comparé à ce qu'ils trouvent de plus mauvais. Quand verrons-nous des censeurs dignes de nous censurer ? quand le gouvernement

T 2

confiera-t-il à l'homme célèbre cette tâche honorable, comme la récompense de ses travaux ! Que
le premier de chaque genre, désigné depuis long-
temps par la voix publique, en soit chargé : on
verra combien cet emploi deviendra noble entre ses
mains ; combien les jeunes gens recevront de leurs
maîtres d'excellens conseils, et de consolations,
lorsqu'avec de belles dispositions ils se seront éga-
rés ; combien enfin, les vérités qu'ils diront, seront
préférées par le lecteur, aux méchancetés dont
nos journaux sont remplis, et qui n'ont souvent
d'autres attraits pour se faire lire.

CHAPITRE LVI.

DE LA PÉDANTERIE.

CE caractère n'est guères plus propre au théâtre que celui de l'homme d'ordre, dont je parlerai bientôt, et avec lequel il a quelques rapports. Le pédant peut être comique cependant, si on le saisit avec ses ridicules, et l'homme d'ordre ne peut jamais l'être, parce qu'il n'en a point. Si le pédant ne mettoit trop d'apprêt, un discernement trop minutieux dans tout ce qu'il fait, il seroit l'homme d'ordre ; mais son excessive rigidité lui donne un caractère distinctif. Le pédant ne peut être satisfait de son travail, qu'après avoir outrepassé le but raisonnable, et cette perfection outrée est aussi fatigante dans les arts, que le désordre même. C'est ainsi que toujours un caractère se rapproche d'un autre qui peut lui ressembler par quelques détails, mais jamais dans l'ensemble. La nature n'est

T 3

point minutieuse, elle opère en grand. Si les
cailloux de deux montagnes se ressemblent,
les montagnes ne se ressemblent point communément par leurs formes. Le pédant est
emphatique ou précieux en tout : même en
possédant savamment une chose, il la rend
dégoûtante par les détails superficiels et inutiles dont il l'enveloppe; le courage de négliger
une chose pour en faire valoir une autre, lui
est refusé. S'il travaille long-temps une production légère, c'est à force de prétendre à la
perfection qu'il la rend fastidieuse ; s'il traite
un grand sujet, il s'efforce de le rendre si beau
qu'il devient invraisemblable. Il a d'ailleurs
(je le crois du moins) travaillé d'après un
modèle étranger ; il est lui-même trop froid
pour sentir les élans du génie. Dans son ouvrage, il veut que tout brille, jusqu'au moindre
détail , et cette prétention inepte ne permet
point de gradation. L'œuvre du pédant ressemble assez au damier couvert de petits carrés
toujours blancs et noirs : s'il peut réussir à
faire quelque chose de bon , c'est dans un
ouvrage d'une conception si courte, qu'il en

atteint les limites et la perfection, avant d'avoir
eu le temps de s'égarer.

Les productions d'un caractère indécis qui
laissent flotter notre jugement entre l'approbation et l'improbation, qui nous font dire
« Cela n'est pas mauvais », sont très-communes;
et c'est toujours parce que l'artiste n'a pas
assez prononcé le caractère distinctif de sa
production, ou qu'il en a saisi plusieurs à-la-
fois, qu'il n'a point assez de caractère ; c'est
parce que l'indécision étoit dans son ame,
qu'elle se reproduit dans celle des autres. Si
l'art de bien faire n'étoit si difficile, il seroit
trop commun, et ne vaudroit pas les peines
qu'il donne à l'acquérir *. Après les réflexions
que je viens de présenter, croit-on, par exemple,
qu'il soit aisé au pédant de cesser de l'être, ou à
l'homme de peu de talent de s'opiniâtrer à faire

---

* Un jeune Anglais qui se sentoit peu de disposition
pour réussir dans les arts, disoit à ceux qui l'engageoient
à travailler : « Quoi ! vous voulez que je me fatigue
» pour n'atteindre jamais qu'à la médiocrité ! elle n'en
» vaut pas la peine ». S'il ne pouvoit être artiste, il
parloit du moins en homme de bon sens.

T 4

et refaire, jusqu'à ce qu'enfin il ait produit une bonne chose ? non, il leur est impossible d'y parvenir. La première manière de saisir une chose dans les arts, est presque toujours la bonne : cependant il faut savoir la rectifier ; car, ainsi que l'enfant qui se présente à la clarté des cieux, nos productions naissantes ont besoin de toilette pour oser se montrer. Ce premier mouvement donc, cette première donnée est d'instinct ; voilà pourquoi elle contient la vérité, pourquoi elle appartient à l'ignorant comme au sage. Après cet élan, la nature s'arrête et laisse agir l'homme seul ; c'est alors que l'homme sans talent détruit ce qu'il avoit trouvé sans peine ; c'est alors qu'il ajoute, qu'il double tous les moyens, croyant doubler les effets ; c'est alors qu'il détruit le plan général, en faisant trop de recherches sur les détails, et qu'après mille fatigues qui l'accablent enfin, il demeure sans espoir.

L'homme habile qui vient de produire, n'est pas lui-même toujours persuadé d'avoir bien fait ; mais donnez-lui quelques jours, quelques heures seulement, selon que sa tête a plus ou moins besoin de repos, alors il reste convaincu de la bonté de son travail. S'il reste à l'artiste habile un sentiment vague de sa foiblesse, ce sentiment le console encore, car il lui montre l'insuffisance de l'art, la difficulté de rendre tout ce que l'on sent, la foiblesse humaine enfin plus que celle de sa production. *Qu'on fasse mieux, s'il est possible !* est une phrase qui, sans orgueil, a dû souvent se faire entendre dans le silence du cabinet. Si l'artiste trouve par la suite dans les productions d'autrui ce *mieux* qu'il a désiré, il en est enchanté ; l'art s'est enrichi pour tout le monde, et la basse jalousie ne viendra jamais troubler cette noble jouissance. Au reste, j'ose avancer qu'un auteur habile doit savoir quelquefois être minutieux dans certains détails ; d'autres ne doivent être que médiocrement soignés ; d'autres enfin doivent être produits d'un seul jet, sans aucune recherche. Selon l'occasion, l'homme habile fera ce que je viens de dire ; mais le pédant ne fera jamais rien, sans faire sentir sa pédanterie.

APPLICATION.

La pédanterie dans les arts n'obtiendra jamais de gloire solide. Le pédant ne peut être ni original, ni homme de goût *. En musique, le mauvais goût consiste le plus souvent dans la surabondance, dans l'abus des modulations. Rien n'est si pénible, pour toute oreille sensible, que de n'arriver jamais où l'on semble vous conduire. Pour certains compositeurs, le chemin qu'ils semblent prendre est celui qu'ils se font un devoir d'éviter. L'on pourroit comparer ce jeu harmonique au jeu d'enfant qu'on nomme *le propos interrompu.*

---

* Le pédant a des idées si bizarres, il voit des rapports si extraordinaires entre les choses, qu'un de ces messieurs me conseilloit un jour de faire correspondre l'heure de mon travail avec l'heure de la scène que je mettois en musique. — La nuit, me disoit-il, vous feriez mieux une scène de nuit; après le repas, on ne parle pas comme avant, &c. — A la bonne heure, lui dis-je; mais ce n'est pas assez: il faudroit encore, à votre compte, être réellement fille ou femme, vieux ou jeune, honnête ou mal-honnête, pour faire parler tous les personnages qui se présentent dans les différens drames.

Il est plaisant de voir le pédant en musique se dépiter, parce que le public applaudit un petit air bien simple, tandis qu'un moment après il reçoit froidement un chœur qui renferme tous les produits de l'harmonie. Cependant je n'ai jamais vu ce même public se tromper sur le mérite réel d'une production quelconque, si elle est bien exécutée ; j'ai vu au contraire qu'il rejette également la surabondance comme la nullité des moyens. Croit-on le forcer aux applaudissemens par la force outrée ? non, c'est par la vérité. Je vois les chanteurs de la tragédie se tromper, lorsqu'ils exécutent des ouvrages exagérés : pour se mettre au ton du poëme et de la musique, ils croyent ne jamais donner assez d'énergie à leur chant ; et tout au contraire, ils devroient, par une exécution modérée, atténuer, adoucir ce que les auteurs ont trop forcé dans leurs ouvrages ; je ne dirai pas, tout le monde le sait, combien il résulte d'inconvéniens de ce défaut ; plus on force la voix, moins on entend les paroles : l'organe a besoin de souplesse pour bien articuler ; la voix dans toute sa force roidit les muscles, en ôtant la possibilité de prononcer *.

Mettrai-je au nombre des productions forcées celles de l'homme qui, avec un jugement sain, une connoissance solide de l'harmonie, ayant

---

* Je ne balancerai pas à dire que l'Opéra de Paris sera forcé, tôt ou tard, de chanter sans crier, de chanter comme l'on chante en Italie, s'il veut conserver son spectacle. Les spectateurs participent trop aux maux que souffre un chanteur criant ; le plaisir devient une peine horrible. Les plus beaux organes se détruisent en très-peu de temps. La musique de *Gluck* est belle, mais elle a le défaut d'être souvent au-delà des forces humaines, quant aux voix. Une voix seule ne luttera jamais, sans risque, contre quatre-vingts ou cent instrumens qui jouent, qui sonnent, qui frappent de toutes leurs forces. C'est parce que la nation française va prendre de plus en plus de l'énergie, que l'on ne peut trop recommander aux jeunes artistes d'éviter les moyens outrés, et de rester dans les bornes que prescrit une sage modération. Veut-on une preuve vulgaire, mais sûre, qu'il n'est pas possible de faire entendre les paroles que l'on crie ! écoutez les crieurs des rues ; sur cent, il n'en est pas dix qui vous fassent entendre ce qu'ils croient dire. J'entends de l'intérieur de ma chambre ces trois cris : *parjure, iras-tu ?* Un autre dit, *i-a-u.* Un autre dit, *belles pêches.* Cependant ces *belles pêches* sont des trapes à souris ; *i-a-u*, des fagots, et *parjure, iras-tu ?* des vieux habits à vendre.

sur-tout beaucoup réfléchi sur les chef-d'œuvres en musique, ayant remarqué de quelle manière sont amenés les nuances, les oppositions, les effets, un trait d'esprit, un trait de chant ou d'harmonie; qui a tout vu, tout comparé dans sa froide analyse ; qui a plus observé qu'il n'a senti les charmes des bonnes productions, parvient enfin, après un travail porté au-delà de toute imagination, à faire un ouvrage estimable ? Je connois de ces sortes d'ouvrages que je ne citerai point; ils méritent nos respects par les peines qu'ils ont coûté. Ils sont néanmoins aisément reconnus par l'homme qui a, dans un même degré, de la chaleur dans l'ame et dans la tête.

On pourroit encore parler d'une espèce de talent qui, semblable à un météore, brille et disparoît. La production reste, à la vérité, mais elle atteste à chaque instant, en la comparant aux productions suivantes du même artiste, qu'il n'a pu rassembler qu'une fois les facultés nécessaires pour faire bien. Examinons un instant cette singularité.

La prodigieuse envie de faire sa réputation,

envie très-louable sans doute, agite tellement certains individus médiocrement constitués, qu'ils sont enfin saisis d'une fièvre qui leur donne du génie; mais c'est la seule fois dans leur vie. Conçoit-on après cela le chagrin de celui qui ne peut plus retrouver la situation d'ame qui lui a valu un chef-d'œuvre? L'espèce de phénomène dont je parle existe cependant, et je ne doute nullement que ceux qui ont produit un bon ouvrage, et qui ne peuvent ensuite plus rien produire de semblable, ne soient dans le cas dont je parle. Le public ne manque pas de dire que l'ouvrage approuvé n'est point à eux; ce jugement est précipité, et j'en crois bien plutôt les raisons que je viens de rapporter. L'auteur de la musique du *Devin du village*, et le petit nombre de ceux qui sont dans le même cas, ne doivent pas être confondus avec cette espèce d'artistes dont nous parlons ici en général. Que l'on fasse attention que *Rousseau* s'est livré tout entier à la littérature, après avoir fait un opéra charmant, quant à la mélodie des airs : s'il n'a pas retrouvé dans la suite des chants aussi

simples, aussi vrais, c'est parce que, livré à
la haute philosophie, il n'a pu reporter son
ame toute entière au talent du compositeur
de musique ; il ne vouloit que se délasser de
ses travaux littéraires ; mais dès qu'un talent
ne nous occupe pas tout entier ; dès qu'il
ne nous donne pas la fièvre du génie, une
fièvre occasionnée par ce talent même et non
par un autre, ces productions en second sont
foibles ; elles peuvent avoir délassé l'artiste qui
les a faites de ses occupations majeures, mais
elles peuvent fatiguer celui qui les juge. Enfin,
dira-t-on, pourquoi la même envie, la même
espèce de fièvre qui a valu un bon ouvrage,
ne seroit-elle pas provoquée de nouveau par
celui qui en à déjà l'expérience ? et pourquoi
n'auroit-il pas un même succès ? Je réponds
que ce succès est constant, à quelque chose
près, pour l'homme propre à la chose qu'il
fait, parce que toutes les facultés dont il a
besoin sont en lui, et qu'il ne lui faut que de
l'agitation pour les mettre en exercice ; mais
l'homme qui a peu de disposition a besoin d'un
bien plus grand effort ; il faut en quelque sorte

qu'il se régénère, qu'il se métamorphose en homme de génie pour réussir une fois ; et, après avoir fait un tel excès, ne soyons pas étonnés que désormais la nature s'y refuse. Ainsi que lui, l'homme né pour la chose qu'il fait, n'a qu'un succès : de même que lui, il ne va qu'une fois au mont Parnasse ; mais il y reste, tandis que l'autre en est exilé. Il faut enfin à l'homme qui a peu de disposition, un certain instant de sa vie pour réussir, tandis que, pour l'homme bien né, cet instant se prolonge à-peu-près autant que lui.

CHAPITRE LVII.

DE LA PARESSE.

Un de mes amis, homme d'esprit et de probité, ne prend à son service que des gens paresseux. Dans le nombre des questions qu'il fait aux personnes qui se présentent pour entrer chez lui, il en est une essentielle, à laquelle il a l'air de mettre peu d'importance, et dont la réponse décide de son choix, quand la

personne,

personne néanmoins lui convient à plusieurs égards. — Dormez-vous beaucoup? Si l'on répond *Je dors peu*, on n'entre point chez lui; si l'on dit *J'aime beaucoup à dormir*, on y est reçu. Il voit d'abord, dans cette dernière réponse, que le dormeur convient de bonne foi de ses défauts. Mais mon ami attache bien d'autres idées à la paresse ou à l'activité d'un homme qui n'a d'autre talent que celui de servir; et voici son raisonnement: En général, il croit l'homme paresseux; ce n'est que par intérêt, dit-il, qu'il sort de sa paresse naturelle; et l'homme le moins actif est, à ses yeux, le moins intéressé, le moins bouffi d'amour-propre, et le moins commandé par ses passions. Si les hommes étoient tels, dira-t-on, ils ne seroient guère plus estimables que des taupes. Mais suivons son raisonnement jusqu'au bout. L'homme, dit-il, qui se dévoue à servir un autre homme, n'a pu parvenir à se donner aucun talent qui le rendît indépendant; l'agriculture, le métier de la guerre, tous les travaux pénibles l'ont effrayé. S'il est ignorant par paresse, c'est un vice de sa nature, dont on ne

peut le blâmer : il faudroit changer son être
pour qu'il fût autre. S'il est actif, défiez-vous-
en, car il lui manque l'instruction nécessaire
pour se conduire et être honnête homme.
L'activité ignorante est, dit-il, la mère de tous
les vices, quoiqu'on dise que c'est l'oisiveté.

APPLICATION.

L'on trouve des fautes essentielles dans
presque tous les ouvrages, quelque bons qu'ils
soient; les fautes de négligence, celles provenant d'une recherche trop obstinée, et celles
d'ignorance. Cependant il y a souvent dans les
ouvrages dramatiques des fautes qui ne sont
pas des auteurs; ou si elles sont d'eux, elles
étoient inévitables et commandées par les circonstances. Par exemple, on trouve dans les
opéra récités des morceaux de récitatif mal
faits, des modulations ineptes ou au moins
inutiles, des transitions qui n'ont point de
rapport avec la déclamation des paroles. On
ne sait pas comment un artiste qui ordinairement soigne ses ouvrages, a pu laisser subsister
de telles incorrections. Ce n'est pas par paresse,

soyons-en sûrs, qu'il les a commises, et souvent ce n'est pas par ignorance; mais il faut que l'on sache que si la première représentation d'un ouvrage a été orageuse, l'on se hâte de faire des coupures par tout où l'action a déplu, ou a paru languissante. Dès qu'on a retranché çà et là une centaine de vers du poëme, il faut, sur-le-champ, que le musicien les retranche de sa partition. C'est par des transitions qu'il rejoint les deux bouts; et c'est presque toujours autant d'incorrections qui restent et déparent son ouvrage. Ah! cabaleurs ennemis des talens, combien n'avez-vous pas flétri de chef-d'œuvres ! Si l'on prenoit le temps nécessaire pour faire les corrections, vous diriez que l'ouvrage est tombé et retiré du théâtre. On a quelquefois le courage de se corriger long-temps après, mais les fautes ont éclaté aux yeux des connoisseurs *. On m'avoit dit,

---

* J'ai vu un journaliste qui venoit aux répétitions pour avoir le sot plaisir d'écrire dans sa feuille : *En cet endroit il y avoit tel défaut qu'on a corrigé.* Pourquoi ne se glissoit-il pas aussi sous le bureau des auteurs; il eût eu tant de bêtises à révéler !

aux répétitions de *Lucile*, que le quatuor *Où peut-on être mieux*, avoit besoin d'être coupé ; je résistai à cet avis, et je m'en félicite. Dans le *Huron*, on peut regarder le petit duo *Ne vous rebutez pas*, comme ayant toute sa rondeur. J'y avois fait une coupure pendant les dernières répétitions. A la quatrième représentation, lorsque je descendis dans la salle pour voir mon ouvrage, je me trouvai à côté de *Monsigni* ; dès que l'on eut exécuté le duo dont il est ici question, il me dit : « Votre complai- » sance vous a fait gâter ce morceau ; il est » impossible que vous l'ayez fait tel que je » viens de l'entendre ». Je restai étourdi de ma bévue, et je le rétablis en entier. Les trois dernières répétitions d'un ouvrage sont, pour les auteurs et pour les acteurs, un temps de tourmente, pendant lequel ils ne savent presque plus ce qu'ils font, ni ce qu'il faut faire. C'est alors que l'on coupe, que l'on sabre, que l'on mutile un ouvrage qui quelquefois n'a besoin que d'une bonne exécution ; c'est alors que le poëte, le musicien, commettent des fautes pour lesquelles ils gronderoient leurs écoliers. Épuisés de fatigues, de veilles, et sur-tout d'inquiétudes, comment osent-ils prétendre faire ce qu'il y a de plus difficile dans les arts, retrancher une partie d'un tout longuement médité dans tous ses rapports ? Ce n'est pas la faute des auteurs cependant; car deux répétitions générales, soignées comme la représentation, et avec du monde dans la salle, feroient disparoître tous ces inconvéniens; mais on les obtient difficilement, sur-tout des comédiens qui ne jouent que les rôles secondaires. Je suis persuadé que l'on a enfoui mille beautés relatives aux arts, dans le temps d'orage qui précède et touche la représentation des ouvrages. Les auteurs se trompent dans leur cabinet, n'en doutons point; ils ont beau prévoir l'action d'un drame, ils n'en peuvent calculer tous les effets; et ce n'est que par une exécution soignée qu'ils peuvent se juger et se corriger. Je finirai ceci par une anecdote dont je me souviens puisqu'elle m'affecta vivement. Je sortois de la première représentation d'un de mes ouvrages, et (comme font tous les auteurs) je prêtois l'oreille aux propos du public.

J'entendis un homme qui disoit : « J'avois
» envie de siffler tel morceau, tant il est fait
» avec négligence ». Eh bien ce morceau, je
l'avois refait trois fois ; on en avoit coupé la
moitié aux répétitions, et ce morceau seul
m'avoit plus occupé, plus tourmenté que tout
l'opéra. Je ne le citerai point ; il fut retranché
tout-à-fait à la représentation suivante.

CHAPITRE LVIII.

DE LA COLÈRE.

La colère dans un bon cœur, est le besoin
de pardonner, a dit *Beaumarchais* dans la
Mère coupable. Cependant n'accordons pas
trop souvent des pardons de cette sorte, dans
la crainte qu'on ne nous refuse à nous-même
notre pardon. L'aimable homme que celui qui
ne se fâche point, du moins avec excès ! O
l'horrible chose que la colère dans une femme !
Le désespoir ne la dépare pas autant que la
colère soutenue ; les excès du désespoir sont

courts parce qu'ils sont violens : tels que les
orages d'été, ils rafraîchissent souvent l'atmosphère morale, sans troubler le cours du
beau temps. Le désespoir n'est qu'un moment
d'orage ; la colère souvent répétée est une
continuité de mauvais temps. Sur dix femmes
qui cessent de plaire, huit ont détruit le charme
par la fâcheuse humeur, ou par un seul accès
de colère. L'homme calme, qui sait opposer le
sang-froid aux injures, se donne un degré
éminent de supériorité sur son adversaire : s'il
n'est un homme très-estimable, c'est sûrement
un scélérat.

APPLICATION.

Si la colère n'est ennoblie par des sentimens
tragiques, elles n'est, dans les arts d'imitation,
qu'une charge dégoûtante. La colère, même
raisonnable et propre à certains caractères,
doit être courte; on n'étend ses idées que quand
on disserte ou qu'on raisonne. Si vous faites
durer trop long-temps un morceau de fureur,
les spectateurs s'y habituent et voient sans
émotion votre héros se poignarder. « *Bravo !* dit

le parterre; » il a bien fait, car il·m'ennuyoit ».
La colère, dans les femmes, doit être encore plus
brève que dans les hommes. Si une femme est
insultée (en paroles s'entend), elle ne produit
jamais plus d'effet qu'en faisant une profonde
révérence et se retirant. — Comment peut-elle
se résoudre à saluer celui qui l'insulte? — Ne
nous y trompons pas; la révérence veut dire:
«C'est du respect que vous devez à ma foiblesse,
» et je me retire parce que je vous méprise ». La
colère, dans les êtres foibles qui nous font des
menaces qui ne peuvent avoir d'effets, n'est
que ridicule; elle peut se prolonger plus long-
temps. La colère des enfans n'est qu'un jeu
pour les ames dures; mais en s'amusant de
leur colère, quel avenir on leur prépare ! Ser-
vez-vous de votre chien, de votre serin pour
exercer votre domination, puisqu'il vous faut
un être vivant qui vous soit soumis; leur
instinct est incorruptible, et vous vous amu-
serez sans beaucoup de mal.

CHAPITRE LIX.

De la dissimulation, de la finesse et de la ruse.

IL n'est que deux manières d'agir et de parler, l'une est vraie, l'autre est fausse. Toutes les nuances que l'on peut mettre entre la vérité et le mensonge, blessent plus ou moins l'austère vérité, qui ne souffre aucune altération; c'est alors ce qu'on appelle *finesse* ou *dissimulation*, que l'intention rend criminelle ou innocente. La dissimulation est l'apanage ordinaire des ames foibles: craignant de se tromper ou de déplaire, elles n'abordent la vérité qu'en tremblant. D'autres, n'ayant jamais une idée nette de la chose dont ils parlent, enveloppent de cent idées accessoires celle qu'ils voudroient présenter; cette dissimulation forcée est ineptie. D'autres enfin, voulant couvrir le mal qu'ils voudroient faire, d'un vernis de fausseté et de politesse, dissimulent par intérêt, et sont tôt ou tard victimes de leurs subterfuges. Le grand nombre des hommes est toujours véridique ; l'intérêt seul peut altérer la première des vertus, la véracité. Or, comme l'intérêt d'un homme contrarie toujours les intérêts de plusieurs autres, et que le reste des hommes ne peut être qu'indifférent, il y a toujours cent mille contre un au préjudice du trompeur.

La finesse est un jeu de l'esprit, quand elle ne porte aucun caractère d'hypocrisie. Présenter finement ce que l'on pense et que l'on croit vrai, c'est user de déférence envers les autres ; c'est en quelque sorte respecter leur opinion en la combattant, c'est enfin les forcer de pardonner à la vérité qui blesse, en faveur de l'esprit qui la présente. Une femme aimable, respectable, mais enveloppée des préjugés de son siècle, disoit à ses amis : « Éloignez cet » homme de chez moi ; il est triste comme la » vérité ». O vérité sainte ! pardonne au sexe charmant qui ne pardonne point à l'ennui ; pardonne sur-tout à tes apôtres indiscrets, qui ne savent point faire aimer ce qui est estimable. Non, tu n'es pas inconnue au sexe qui semble ici blasphémer contre toi ; il sait trop qu'il ne peut être aimable que par toi; mais pendant que le philosophe austère te cherche dans un puits, le sexe favori des grâces n'aime à te rencontrer que sur un lit de roses.

La dissimulation doit augmenter dans l'homme à proportion qu'il se voit subjugué; et, ne nous y trompons point, dissimuler, c'est déjà se révolter. Il est dans la nature d'opposer la dissimulation à la force qui opprime; et quand l'oppression produit la soumission absolue, tremblez, despotes! c'est le calme précurseur de l'orage qui est près d'éclater.

La finesse et la dissimulation sont à la femme ce que le mensonge est pour l'homme. Dans les objets importans, la femme n'a point assez de force pour mentir, il faut un homme tout entier *.

La vérité présentée brutalement ne plaît à personne; il faut avoir acquis le droit de la

---

* Qu'on ne vienne pas dire : « Telle femme m'a trompé » dans une affaire importante, avec tout l'art du men- » songe »; cette femme avoit renoncé à son sexe pour se faire mal-honnête homme.

dire; il faut la présenter avec douceur, faire
pressentir à celui qui veut bien l'entendre, qu'on
n'abusera point des droits qu'on se donne en
réprimant sa conduite ou ses actions. Alors
l'amour-propre s'humanise, et l'on reçoit avec
intérêt les conseils qui nous sont donnés de
même. L'homme tendant toujours à s'élever
au-dessus des autres, abuse de tout, même de
la vérité, pour parvenir à dominer. D'abord il
vous présente des vérités utiles; puis, si vous
valez la peine d'être subjugué, il ne songe
plus qu'à étendre sur vous sa domination.

La ruse est d'instinct dans les animaux
comme dans l'homme; c'est l'arme que la
nature leur a donnée pour se défendre contre
la tyrannie et contre l'ennemi de chaque
espèce *; c'est par la ruse, autrement dit, la
politique, que l'homme s'élève aux grandeurs;

---

* Depuis l'homme jusqu'au dernier insecte, tous se
mangent, se dévorent pour se nourrir. Bourreaux les uns
des autres, ils n'attendent pas même la mort pour s'emparer
de leurs proies. L'homme seul, pour dissimuler son
instinct féroce, paye des bouchers qui lui épargnent la
peine d'être assassin.

c'est par la ruse que l'homme subjugué échappe à la domination, jusqu'à ce qu'il ait secoué le joug. Le rusé paysan sait s'incliner, pour mieux duper son altesse qui est plus bête que lui. J'entendis un jour une conversation entre des domestiques : « Voici, disoit l'un d'eux, » comment je m'y prends, quand j'ai envie de » quelque chose. Je dis à mon maître : — Mon- » sieur, j'ai bien envie de cet habit, quand vous » ne le porterez plus. — C'est bon. — Le len- » demain je fais, exprès, quelque bêtise bien » lourde ; si mon maître se fâche et s'emporte, » il s'en repent l'instant d'après, et l'habit que » j'ai demandé la veille, est à moi ».

APPLICATION.

En musique comme dans le discours ordi-naire, il n'est que deux manières de s'énoncer : l'une est vraie, l'autre est fausse. Cependant quoique la vérité musicale soit dans la décla-mation des paroles, il y auroit ineptie à vouloir toujours déclamer. Il est des caractères froids qui ne déclament point ; tels sont le géomètre parlant de ses problèmes, le calculateur, et en général tous les hommes occupés de sciences exactes. La femme aussi honnête que décente déclame peu, si la passion ne la fait sortir, en quelque sorte, de son caractère. Les grands personnages ne se donnent pas la peine de déclamer; un mot, un signe de tête suffit à tout. Les ministres sont très - laconiques lorsqu'ils annoncent une grâce, et plus la faveur est grande, plus la lettre qui l'annonce est courte; toutes les phrases du monde sont indifférentes, quand on a dit : *Vous êtes nommé à tel emploi.* Enfin, l'honnête homme, lorsqu'il est obligé de parler avec ceux qu'il méprise, ou l'homme d'esprit lorsqu'il est forcé de parler avec les sots, ne donnent que peu d'accens à leurs paroles; c'est ainsi qu'ils leur témoignent du mépris. Le musicien donc, qui déclameroit outre me- sure dans les cas ci - dessus, manqueroit à la vérité. Une mélodie vague est alors ce qui convient, et peut être employée avec tous ses avantages.

La finesse, la dissimulation, l'ironie en musique, se trouvent de même dans les paroles qui exigent ce genre de déclamation; mais,

quoique les accens spirituels, la fine dissimulation paroissent choses faciles à saisir, ce sont
des écueils redoutables pour le musicien. Car,
exprimer ce qu'il ne faut pas; indiquer un
peu au-delà du but, c'est d'une fine plaisanterie
faire une vraie gaucherie, et souvent, pour
avoir voulu montrer de l'esprit, on a fait une
bêtise. Si chacun pouvoit apprécier la mesure de
ses talens et de ses facultés, on ne s'exposeroit
pas à ce ridicule; mais ce que nous connoissons
le moins, c'est nous-mêmes, et l'homme par
sa nature, est si versatile, qu'il peut, avec
lui-même, faire chaque jour une nouvelle connoissance. Le musicien qui n'a pas le tact assez
délié pour saisir les nuances délicates, doit se
contenter d'un chant vague qui ne contrarie
point le caractère du personnage; et si ce chant
est heureux, il mérite encore des éloges.

Il est nécessaire d'étendre ici un principe
dont j'ai parlé plusieurs fois dans ces écrits.
La musique de déclamation ne doit pas plus
coûter de peines au compositeur qui a du
sens, que le simple récitatif. Mais un peintre
a-t-il assez fait, lorsqu'il a disposé, dans toutes

ses proportions, la structure du corps humain!
non, il faut que la chair bien coloriée couvre
élégamment cette première structure; il faut
que les vêtemens couvrent à leur tour la plus
grande partie du corps, en laissant plus que
soupçonner les formes qu'ils enveloppent. De
même le musicien doit d'abord déclamer juste et
saisir le rhythme convenable; c'est la structure
de son œuvre. Il doit couvrir la déclamation
d'un chant pur; c'est la chair qui couvre
l'anatomie. Il doit faire des accompagnemens
qui suivent, soutiennent et fortifient l'expression sans jamais la voiler totalement; c'est
comparativement le costume des figures. Nous
devons voir, par ce rapprochement, qu'il faut,
pour le musicien comme pour le peintre, trois
choses pour en faire une bonne, et que déclamer seulement, c'est faire un squelette; chanter
vaguement, c'est faire une figure idéale; et
prodiguer les accompagnemens, c'est faire une
riche draperie pour couvrir ce qui n'existe pas.
Ne pouvant la faire belle, tu l'as faite riche,
disoit *Apelle,* en regardant une figure qu'un
de ses prétendus confrères lui montroit.

                              CHAPITRE

CHAPITRE LX.

De la gaieté, de la satire, du rire immodéré et involontaire.

LES rieurs éternels sont ennuyeux, parce qu'ils rient sans raison. L'homme sensé aime mieux pleurer avec un malheureux, que de rire avec un fou. La gaieté des sots ou des hommes qui ont peu d'étoffe, est toute dans les mots et point dans la chose. S'ils ont la force de rapprocher deux idées, l'une d'elles n'arrive qu'en boitant. Si les éclats qui précèdent ordinairement leurs saillies, vous ont par avance fait sourire, dès qu'ils ont parlé, l'on craint d'avoir été aperçu, l'on rougit de se trouver complice d'une bêtise. Il est des hommes d'un gros bon sens qui sont doués d'une gaieté franche et sans prétention ; cette gaieté plaît aux gens sensés, sur-tout à l'homme fatigué par l'étude ; elle ne réveille que des idées simples, n'oblige à aucune réflexion ; au

contraire, elle dissipe et délasse des travaux de
l'esprit. J'aime mieux un bon homme qui fait
tout gaiement, que l'homme spirituel qui a la
manie de l'esprit, et qui vous assomme de
saillies en tout genre et à tout propos. Quelle
que soit sa fécondité, il parvient à la tarir ;
alors ce sont des redites continuelles, ou, pour
ne pas céder la place à un autre beau conteur,
il devient satirique. L'on peut toujours se faire
écouter, avoir quelque esprit, quand c'est aux
dépens des autres. Le cercle des méchancetés
est vaste autant que le monde ; par tout les
passions règnent, et sont en butte les unes aux
autres : la satire et la médisance courent après
elles, et par mille propos vrais ou artificieux
nous consolent du bonheur des autres, et
souvent de l'austérité de nos propres vertus.
Pour avoir toujours de l'esprit, pour être sans
cesse amusant, le satirique n'épargne personne, pas même ceux qu'il aime. S'il vous
fait un jour quelques caresses plus affectueuses
que d'ordinaire, craignez alors qu'il ne prépare un trait qu'il va vous lancer, ou qui
peut-être est déjà parti à votre insçu. Cette

caresse est un pardon tacite qu'il vous demande, pour n'avoir pu résister au fatal plaisir de vous avoir déchiré par un bon mot. Cette foiblesse de briller aux dépens des autres, n'exclut pas dans le satirique quelques bonnes qualités morales ; mais elles sont toujours insuffisantes pour le faire estimer, et plus insuffisantes encore pour son propre bonheur. D'abord il est craint et caressé par les ames foibles ; ensuite on le fuit, on l'abandonne à lui-même, dès que l'aiguillon de son talent venimeux n'est plus à craindre.

Lorsque dans sa vieillesse il devient malheureux ; lorsque quelques bonnes ames viennent pour le flatter, lui rappeler l'effet merveilleux de ses satires, on le voit sourire encore à ce souvenir ; mais aussitôt un profond soupir qui lui échappe, atteste que lui rappeler ses triomphes, c'est lui montrer la liste de ses ennemis, avec celle de ses victimes. Non, jamais la méchanceté la plus spirituelle, la plus fameuse, ne fut consolante pour son auteur ; je n'en exclus pas même le plaisir d'une juste vengeance, car dans ce cas les reproches de l'ame flétrissent le plaisir de l'esprit. Le satirique soupire après s'être vengé. L'homme est né bon, du moins il n'est méchant que par intervalle; il est forcé tôt ou tard d'oublier une offense, et la satire spirituellement faite est une éternelle vengeance que l'homme juste n'ose même attribuer à la Divinité.

L'homme d'un bon esprit n'est gai qu'à propos ; il ne fatigue point par un superflu désordonné. Un seul mot de sa part réveille mille idées qui fournissent des réflexions pour toute une soirée. Quoi qu'on dise, quelque sujet que l'on traite, il l'a médité d'avance ; jamais il n'est pris au dépourvu. De même que le feu qui a été long-temps concentré s'échappe avec éclat, un trait d'esprit long-temps médité frappe l'imagination de tous ceux qui ont l'esprit juste. C'est avec tranquillité qu'il vous écoute, c'est avec tranquillité qu'il vous éclaire ou vous fait rire. Il est loin de courir après le *vis comica* ; il est loin de songer que l'air sérieux du conteur le rend plus aimable, cette charlatanerie est loin de sa pensée; c'est parce qu'il est sûr de vous captiver qu'il ne vous

provoque point : la sérénité lui appartient ,
comme elle accompagne le brave au milieu
des combats. *Molière* rioit peu , j'en suis sûr.
D'Hell, que j'ai connu, rioit modérément des
saillies des autres , et jamais des siennes. Dans
les choses même les plus comiques, la vérité a
toujours une face austère qui impose le respect :
l'on rit peu lorsqu'on la sent profondément ;
un souris, un doux frémissement, une larme
qui échappe , sont des hommages bien plus
réels que des éclats (1).

Remarquez les diverses sensations qu'é-
prouvent les différentes personnes qui entourent
un jeune enfant voué tout à la nature. Le philosophe observe d'un air calme ; le jeune fou
n'y prend pas garde ; le gourmand s'endort ,
en mesurant de ses bras la circonférence de
son large ventre ; l'homme nul rit de toutes
ses forces, tandis que l'être sensible s'attendrit
à ce doux spectacle.

Le rire immodéré est cependant dans la
bonne nature ; mais alors il est occasionné par
des rapprochemens inopinés , par des contrastes frappans, ou bien l'on rit immodérément,

X 3

parce que dans cette circonstance il n'est pas
permis de rire.

Telle est la nature de l'homme ; il veut
devoir tout à sa volonté , il veut être libre
pour être modéré. La contrainte l'effraye ,
le révolte, donne du ressort à ses penchans ,
au lieu de les diminuer. Avec le plus grand
nombre , on obtiendroit davantage par une
défense simulée que par un ordre absolu.
L'effet des contrastes est un sûr moyen
d'occasionner le rire. Le but de la nature est
l'ordre ; par tout, en tout, elle tend à l'équilibre ; tout ce qui s'y oppose nous frappe de
quelque manière. Nous aimons les oppositions, mais nous voulons qu'elles soient douces,
et telles qu'elles sont communément dans la
nature : c'est l'état où l'homme se plaît ; il est
balancé entre la jouissance et la crainte de la
perdre. Les oppositions trop fortes nous présentent l'idée du chaos , de la cessation de
l'ordre , c'est pourquoi elles nous effrayent.
Dans une assemblée grave, dans les tribunaux,
aux spectacles, pendant une scène attachante,
un bon mot qui ne produiroit point d'effet

ailleurs, un son de voix extraordinaire, un éternuement, produisent des éclats de rire, si ce n'est l'indignation générale. C'est encore dans les assemblées nombreuses, où tous les corps se touchent par le fluide qui les environne, qu'une seule volonté, qu'une seule sensation est ressentie par tout le monde : c'est là qu'une étincelle électrique allume la foudre qui éclate par tout au même instant (2).

A P P L I C A·T I O N.

L A musique comique sera toujours plus difficile à faire que la musique pathétique, de même qu'une excellente comédie est regardée comme supérieure, pour la difficulté, à une bonne tragédie. Il n'est rien de si difficile que de faire rire les gens de goût. L'on séduit aisément la moitié du parterre ; mais souvent le reste de la salle hausse les épaules.

Nous voyons assez souvent des auteurs qui ont ce qu'on appelle *le don des larmes;* mais nous voyons peu de *Molières* après *Molière.* Peut-on être comique en musique, demanderont certaines gens ? Que la musique soit

X 4

vive , gaie par son mouvement , d'accord ;
mais qu'une série de sons marchant de telle
ou de telle autre manière nous fasse rire, cela
est inconcevable. Je n'ai qu'un principe pour
répondre à ces objections : Peut-on déclamer
gaiement ? oui ; donc on peut faire de la
musique comique et gaie.

Voulez-vous une preuve incontestable que
la musique peut ajouter à la gaieté des paroles,
ou anéantir le comique de ces mêmes paroles?
écoutez un mal-adroit qui vous lit une histoire
plaisante; écoutez ensuite un homme d'esprit,
qui a le ton de la chose , vous lire la même
histoire; ce que je dis là arrive tous les jours :
le premier vous a déplu , au lieu de vous faire
sourire ; le second , sans avoir rien changé
que le ton propre à chaque phrase, vous fait
le plus grand plaisir. Cette différence ne pro-
vient-elle pas de ce que le premier a fait une
mauvaise musique , a chanté faux, tandis que
le second a chanté juste? Pour descendre dans
les derniers retranchemens , on demandera
sans doute que la musique nous fasse rire ,
sans le secours des paroles. Je ne dirai pas

que ceux qui sentent l'idiome musical ont ri
cent fois en écoutant certains traits de musique
instrumentale , cela est trop connu ; mais je
dirai que l'on profère une bêtise , quand on
demande que la musique sans paroles soit autre
chose qu'un tableau vague , qui a néanmoins
.un caractère général de gaieté , de tendresse
ou de tristesse. Le métier du musicien est de
peindre, en suivant la déclamation des paroles,
comme celui du peintre est de copier l'objet
qu'il veut rendre. *Peindre ,* veut dire reproduire un objet déjà existant : vouloir faire
sortir un art de ses limites, c'est prouver qu'on
n'est pas artiste.

Le petit nombre des gens habiles prouve
qu'il est encore très-difficile de rendre ce que
l'on entend ou ce que l'on voit. Deux musiciens
ou deux peintres peignent souvent le même
objet, mais le travail de l'un est exquis, celui de
l'autre n'est que ridicule. Lorsqu'on me lit un
poëme , en écoutant les intonations de l'auteur
des paroles, je me dis souvent à moi-même : « Je
» ne ferai pas cette musique-là ». J'ai vu aussi
qu'après avoir entendu certains airs que je

venois de mettre en musique, l'auteur des paroles changeoit sa déclamation. Souvent aussi, quand je ne trouve rien qui me satisfasse, je prie l'auteur de me déclamer certains morceaux, et une seule de ses inflexions me ramène au vrai.

Il est si doux de se donner beaucoup de peine pour faire bien, car la jouissance est si longue ! Le public n'apprécie pas tout de suite les choses simples et vraies ; la vérité n'étonne point, parce qu'elle est faite pour le cœur de l'homme : malheur à ceux qui sont trop étonnés de sa douce clarté ; mais après avoir resté quelque temps dans une apparente indifférence, plus ils la revoient, plus ils la trouvent aimable.

D'*Alembert* me disoit un jour : — Je viens d'entendre le *Tableau parlant*. J'ai compris votre musique, j'ai souvent ri de bien bon cœur ; mais en sortant, j'ai fait des réflexions tristes sur le peuple de Paris. — Quelles sont-elles ? — Il rit des facéties de *Pierrot* et de *Léandre*, et il n'entend pas encore votre musique. — Laissez-le, lui dis-je, s'attacher aux choses qui doivent d'abord le frapper, j'aurai mon tour. Si je voulois me servir de certains moyens, je pourrois me faire applaudir davantage aux premières représentations , mais j'y perdrois trop par la suite.

Pour mieux établir encore les idées que je viens de développer au sujet de la musique comique, il ne seroit pas hors de propos d'analyser un air de ce genre. Je choisirai l'air : *Vous étiez ce que vous n'êtes plus*, pour lequel j'ai toujours eu quelque prédilection. Le philosophe qui sentoit le mieux la musique, *J. J. Rousseau*, l'aimoit aussi. Il disoit un jour à quelqu'un qui avoit pris un prétexte pour le voir chez lui : « Vous voulez que je vous copie cet » air ? je l'ai copié au moins dix fois, et je le » recommence toujours avec plaisir ». Toi, *Jean-Jacques*, tu m'as copié ! toi l'interprète de la nature ! toi qui as répandu dans tes écrits des préceptes pour tous les artistes de ton siècle et des siècles à venir ! Ah ! si l'amateur de musique, qui possède une de ces copies, veut me prouver que mes travaux lui ont été agréables, qu'il me donne cet air copié de la main de *Rousseau.*

Quelqu'un a dit : « Le persiflage est la raison
» des sots , comme le duel est l'honneur des
» fripons ». Le persiflage est réellement une bassesse, lorsque l'individu vers lequel il est dirigé,
ne sait pas qu'on le persifle ; s'il le sait, il cesse
d'être persiflé. Persifler n'est donc autre chose
que se moquer de la simplicité d'une bonne
ame qui ne vous entend pas ; c'est l'arme morale
la plus vile, la plus traîtresse dont un homme
puisse se servir envers un autre homme.
Cependant, lorsqu'on veut prendre la peine
de donner une leçon à un être ridicule, à un
être duquel on dépend, le persiflage alors est
permis ; il n'est autre chose qu'un vernis
honnête, que l'on emploie pour oser présenter
une vérité dure ; il n'y a point de lâcheté,
puisqu'on est sûr d'être entendu. *Colombine*
dépend du vieux *Cassandre.* Il veut être aimé
pour lui-même, comme s'il n'avoit que vingt
ans. Elle prend un ton mielleux pour lui dire

Vous étiez ce que vous n'êtes plus.

Si j'avois composé cet air un demi-ton plus

haut; si *Colombine* avoit pris un ton gaillard et déterminé pour lui dire la même chose, *Cassandre* auroit dû lui imposer silence dès le second vers :

> Vous n'étiez pas ce que vous êtes.

Voilà la vérité morale, la première que doit sentir le compositeur, en lisant les paroles qu'il veut mettre en musique. Que signifie en entier le couplet que chante *Colombine* ?

> Vous étiez ce que vous n'êtes plus ;
> Vous n'étiez pas ce que vous êtes,
> Et vous aviez, pour faire des conquêtes,
> Et vous aviez ce que vous n'avez plus.
> Ils sont passés, ces jours de fêtes,
> Ils sont passés, ils ne reviendront plus.

le couplet veut dire uniquement et physiquement, « Vous étiez beau et vous êtes laid ; » vous regardiez le ciel, maintenant vous » regardez la terre : en un mot, vous étiez » droit et vous êtes courbé ». Remarquez aussi que le chant de cet air ironique veut toujours s'élever, et s'abaisse effectivement à la fin de chaque phrase de musique :

Vous é - tiez   ce que vous   n'ê-tes plus,

ce que vous n'ê-tes plus ;   Vous n'é-tiez pas

ce que vous ê- tes ;   Vous n'é-tiez pas ce

que vous ê - tes.

Toute la première partie de cet air est faite de cette manière. — Mais, dira-t-on, comment est-il possible, en composant, de songer à tous ces détails physiques et moraux, et ne pas faire une composition froide ? — Qui te dit, censeur ignorant, que l'artiste s'en occupe et y songe ? Il est pénétré de l'objet qu'il veut rendre ; son ame, son esprit sont environnés de tous les moyens qui peuvent le conduire à son

but; il en adopte un, il rejette l'autre; en
continuant, il voit que celui qu'il avoit saisi,
n'est plus bon, il l'écarte à son tour et prend
celui qu'il avoit rejeté; tout son être est en
contraction, à peine lui reste-t-il assez de
jugement pour savoir ce qu'il fait; son jugement n'est qu'une foible lumière, semblable à
celle qu'on aperçoit au fond d'une perspective
ténébreuse; ce n'est qu'après avoir vu, comparé tous les moyens de son art, respectivement
au sujet qu'il traite, qu'il saisit enfin une certitude que rien ne peut plus détruire, d'avoir fait
un ensemble de tous les moyens compatibles.
Il jette alors avec dédain un coup d'œil sur
les plus beaux traits qu'il a rejetés, le *Non erat
hic locus* d'*Horace* lui revient à la tête. « Vous
» renaîtrez quelque jour, leur dit-il, mais alors
» vous m'aurez été donnés par la main de la
» nature et de la vérité ». Qu'on ne croie pas
cependant que cette opération puisse se faire
lentement; c'est avec une rapidité extrême que
l'ame, l'esprit ou le génie agissent; telle est leur
essence. Dans un instant il faut avoir tout
vu et tout comparé, et cet instant, durât-il

plusieurs heures, n'est toujours qu'un instant pour l'artiste. Après ce que tu viens d'entendre, cours dans les sociétés dépriser les fruits du talent; critique une ombre, une négligence dont tu n'aperçois pas le motif; donne à ta voix, à tes propos, un air d'assurance que ton cœur tremblant voudroit démentir; sois fier d'oser blasphémer contre ceux qu'en secret tu prends pour modèles; mais en rentrant chez toi, prends la plume ou le crayon; regarde cet effrayant papier blanc, qui sera bientôt couvert des preuves de ton ineptie. Allons, courage, fais quelque chose qui soit quelque chose... Vil détracteur! le chagrin te gagne à la fin, et tu grondes ta femme ou ton valet, comme s'ils étoient complices de ta nullité *.

Je reviens à l'air du *Tableau parlant*, j'ai

---

* J'étois un jour dans l'atelier de *David*, avec plusieurs personnes qui admiroient ses tableaux. Un *monsieur*, qui disoit à chaque instant : « Oui, c'est joli! c'est très-joli »! s'avisa de dire, en regardant le tableau des *Horaces* : « J'aurois voulu que cette figure fût un peu plus.... » L'impatience me saisit; je m'approche de lui, et lui dis d'un ton respectueux : « N'est-ce pas à monsieur *Raphael* » que j'ai l'honneur de parler! » Le sot ne me comprit pas.

changé

changé de mouvement pour la seconde partie de cet air, *Rendez-vous donc plus de justice*, je l'ai dû ; l'ironie auroit duré trop long-temps ; *Cassandre* se seroit impatienté et le public aussi, et je perdois, sans ce contraste, le *da capo* de l'air, qui n'est pas hors de propos. Le ton ironique ou de persiflage ne doit pas être long ; j'avois pris cette leçon en écoutant un très-bel air que chante *Mathurin* dans *Rose et Colas (Ah ! ah ! quelle douleur !)* ; cet air m'a toujours impatienté par sa durée. Je voudrois que le père de *Rose* s'endormît lorsqu'il en a chanté la moitié, d'autant mieux qu'il s'endort, je crois, un instant après. On dira que l'impatience vient de l'intérêt que l'on prend à *Rose*, jeune et jolie fille, et qu'il n'en est pas de même pour *Cassandre* ; oui, mais *Cassandre* est maître chez lui, et *Colombine* auroit pu fort aisément devenir impertinente.

NOTES.

PAGE 325. (1) En général, c'est toujours des choses factices que nous rions. Il est des gens que les grossièretés, les saletés seules font rire ; mais qui voudroit ressembler à ces gens-là ! Depuis le temps où les hommes ont imaginé de s'affubler la tête d'une perruque, elle a été un objet de mille plaisanteries. Aussi il n'a fallu rien moins qu'une révolution telle que celle que nous éprouvons, pour que les femmes osassent dire, *ma perruque* ; et l'on sait que les premières qu'elles ont portées étoient, ou étoient sensées être les cheveux de leurs amans morts par la révolution.

Dans l'opéra comique, intitulé *Le Jardinier et son Seigneur,* de *Sédaine,* c'est la perruque qui fait tout le comique de la pièce. Si le *Jardinier* eût attendu son habit, ses souliers, il n'en eût pas été de même. Je me rappelle une histoire de perruque, à laquelle je participai étant enfant : Nous étions, un dimanche après le dîner, chez un voisin ; on lui apporte sa perruque, et en la regardant avec complaisance, il dit : « J'irai donc me promener, » puisque ma perruque est si belle aujourd'hui ». Nous trouvâmes plaisant, dès qu'il eut le dos tourné , d'emporter la perruque sur sa tête de bois et de la promener dans le quartier, en disant: « C'est la perruque de monsieur un tel » ; nous retournâmes le soir chez lui, pour l'assurer qu'on l'avoit trouvée superbe.

Page 327. (2) Dans une compagnie très-aimable, avec laquelle je me trouvois à la campagne , tout le monde étoit enchanté d'un jeune homme qui nous sembloit accompli : il est vrai que nous ne le connoissions que depuis trois jours ; mais ces trois jours enfin avoient été très-brillans pour lui. Quand notre hôte disoit, *il est charmant, il est divin!* sa femme lui répondoit, *au moins, mon ami.* Il chantoit un matin dans un bosquet ; nous nous cachâmes pour l'entendre. Entre deux couplets de romance, notre héros se croyant seul, lâcha un vent, en forme de ritournelle : *Et homo factus est,* dit quelqu'un, et nous faillîmes à étouffer de rire, en voulant nous retenir.

C H A P I T R E   L X I.

D E   L A   T R I S T E S S E.

DE même que l'amour-propre se modifie et devient le germe de toutes les passions, la tristesse prend un caractère différent, selon celui de l'individu ; il est même probable que la tristesse, de quelque genre qu'elle soit, a sa principale source dans l'amour-propre, ou l'amour de soi. Dans l'homme nul, la tristesse est niaise ; dans l'homme nerveux et violent, il n'y a guère de longue tristesse : il est au désespoir, il veut se tuer ; il se tueroit s'il n'étoit protégé. Dans les êtres sensibles et foibles, la tristesse est un demi-deuil qui se prolonge autant que leur vie ; elle a des gradations, mais jamais elle ne finit absolument ; du moins contractent-ils l'habitude de le dire. Dans les imaginations vives, la tristesse seroit mortelle, si leur imagination elle-même ne servoit à les préserver contre ses propres effets ; mais ces sortes d'imaginations prévoient et outrent tellement le bonheur et le malheur futurs, que l'un ou l'autre les surprend moins s'il s'effectue , puisqu'ils en ont d'avance prévu des effets plus terribles que la réalité. La tristesse provenant des passions amoureuses, n'est sans borne qu'autant que les obstacles empêchent ces mêmes passions d'arriver à leur terme. Donnez trois mois de liberté à deux cœurs amoureux et contrariés dans leurs vœux, ils se sépareront peut-être volontairement après ce temps. Mais tels qu'*Héloïse* et *Abeilard*, surveillez la femme, mutilez l'amant, que tous deux s'enferment, que des vœux solennels les tiennent séparés dans des cloîtres . . . ., alors l'imagination toujours active, toujours la même, ne vieillit point avec les individus : l'amant de quatre - vingts ans voit toujours sa maîtresse à l'âge de quinze; et l'amante sexagénaire adore un adonis octogénaire *.

---

* Les sujets les plus pathétiques sont ceux qui prêtent davantage à la parodie ; je ne doute pas que si l'on faisoit celle d'*Héloïse* et *Abeilard,* ces modèles des amans, arrivés à l'âge de la décrépitude, ne s'y reconnussent sans pouvoir s'embrasser , parce que l'un et l'autre marcheroient à l'aide de béquilles.

Y 3

Vu le choc continuel des passions et des
intérêts divers de l'homme en société, la tristesse est pour lui l'état le plus commun. Il
n'est donc pas inutile de s'en entretenir, de lui
en indiquer les sources, et de le prémunir
contre l'état de l'âme le plus dangereux, si on
le laissoit s'invétérer. L'habitude de la tristesse
l'augmente chaque jour, et se tourne en manie.
Tous les excès, toutes les manies sont ridicules aux yeux de l'observateur tranquille; ils
produisent des effets contraires à ceux qu'on
attend; c'est ainsi que la manie de la folle joie
est triste, et qu'au contraire celle de la tristesse est comique.

Indiquer les sources du bonheur *, c'est tarir
celles de la tristesse. Rien ne rend heureux que
le calme de l'ame. Vivre exempt de remords,
s'arrêter au point où toute chose devient excès,
voilà l'antidote de l'ennui; c'est la seule recette
pour être heureux. Il est, dit-on, des chagrins
si profonds, que l'ame ne peut plus s'en relever : le temps absorbe tout, jusqu'au chagrin

* *Voyez* le chapitre *DU BONHEUR.*

le plus cuisant. Dans une ame commune, ces impressions sont passagères ; dans l'homme à grand caractère, le chagrin habituel prend une teinte si mâle, si lugubre, qu'il impose le respect ; l'homme ordinaire sur-tout qui n'a qu'une existence vague et sans passions déterminées, se prosterne devant l'illustre anachorète. Ne plaignons point ceux qui, comme le célèbre *Young*, ont atteint, si j'ose le dire, à la poësie de la tristesse ; cet état a plus de charmes qu'on ne croit. *Young* n'auroit pas changé sa noble mélancolie contre la plus belle gaieté : il vivoit sur les bords du Cocyte ; il s'abreuvoit des eaux du Phlégeton, qu'il trouvoit délicieuses. En lisant cet auteur, mille sensations voluptueusement tristes vous attachent. C'est lui que nous lisons dans nos chagrins ; et toujours en quittant cette lecture, on sent son ame se dilater ; on la sent presque épuisée de tristesse, et près de recourir à la joie. *Young*, fils de l'astre de la nuit *, que la

---

* Il n'en est pas de même d'un certain *Young* qui, il y a quelques années, fit imprimer ses voyages, selon lui remplis de saillies ; celui-là m'a paru fort triste.

Y 4

poësie ose quelquefois préférer à l'astre du jour;
Young, non, tu n'es point triste : par tout où la
volupté règne, la tristesse affligeante en est
bannie. Croyons plutôt qu'il n'est point de
volupté sans une teinte de tristesse. Le plaisir
simple est enfant de la joie ; plusieurs sensations, plusieurs plaisirs réunis, c'est la volupté
qu'un peu de tristesse accompagne, parce que
l'ame est affectée, parce qu'elle prévoit, parce
qu'elle pressent que son état délicieux n'aura
qu'un instant de durée. L'on rit le plaisir ; on
soupire la volupté ; l'un naît de l'assurance
de jouir, l'autre de la crainte de perdre sa
jouissance.

APPLICATION.

L'HOMME heureux qui rit de tout, n'a
jamais été propre aux grands talens. Artistes !
qu'une mélancolie douce se fasse sentir dans
tous vos ouvrages; mais ne confondez pas cette
teinte de sensibilité avec la tristesse; il n'y a
point de rapport entre elles. La vérité, même
gaie, ai-je dit quelque part dans ce livre, a

toujours une face austère ; elle mouille les yeux, quoiqu'elle fasse sourire *.

Cette nuance de tristesse sentimentale se fait toujours remarquer dans les ouvrages des femmes; elles doivent cet avantage à la finesse, à la délicatesse de leur organisation. Mais le sentiment même devient maniéré, devient monotone, s'il n'est soutenu par la vérité. Pour obtenir cette vérité des arts, il faut que l'artiste ait assez de profondeur et de force pour parcourir un sujet sur toutes ses faces, ou choisir celles qui seules décident. C'est de-là que naît la vigueur qui entraîne et persuade ; et cette vigueur accompagne rarement la grande sensibilité physique.

La musique pathétique ou triste est de trois sortes : triste, mais ayant du charme et de la poësie; triste sans aucun de ces avantages; mixte, c'est-à-dire entre la tristesse et la gaieté.

---

* Quelqu'un prétendoit que les situations les plus tristes avoient toujours un beau côté, la mort même; car enfin, disoit-il, quand nous sommes morts, nous n'en savons rien.

Il est trois moyens pour mettre à exécution ces différens genres de musique : 1.° un chant aussi vrai que noble, soutenu d'un orchestre qui ne soit qu'un accompagnement accessoire; 2.° un chant noble et sensible, mais vague, c'est-à-dire déclamant peu ou point les paroles; 3.° un chant souvent insignifiant, recouvert d'un orchestre nombreux, modulé, expressif.... On ne pourra chanter cette musique sans accompagnement : si seul on veut s'en rappeler quelques morceaux, on sera souvent obligé de laisser la partie du chant pour chanter, tantôt celle des violons, tantôt celle des violes, des bassons, des timbales..... Voilà les trois moyens qui me semblent conduire à la musique pathétique, ayant du charme et de la poësie. Quant à celle qui n'a aucun de ces avantages, c'est la mauvaise musique qui se fabrique avec des septièmes diminuées. Nous avons parlé ailleurs de la musique mixte.

CHAPITRE LXII.

Des extrêmes des deux âges, jeunesse et vieillesse,
ou *des incompatibilités en général.*

LES incompatibilités morales ont leur source
dans les incompatibilités physiques, et l'on
peut croire qu'en ceci les physiciens ont
encore grand nombre d'expériences à faire et
à constater. La plus forte des incompatibilités
physiques, et qui fait naître mille incompatibilités morales, est celle qui existe entre les
extrêmes des deux âges : jeunesse et vieillesse,
soit des êtres animés ou inanimés. On peut
dire que là se trouvent le chaud et le froid, le
feu et la glace, la vivacité et l'inaction, l'actif
et le passif, la beauté et la laideur .... D'autres
incompatibilités communes aux deux âges et
absolument morales, sont la vertu et le vice,
l'instruction et l'ignorance, &c. Cependant tout
est bien dans l'état de nature ; car, pour sa
conservation, la vieillesse a besoin du sang-froid

de l'expérience qui nuiroit à la jeunesse, ne lui laisseroit rien entreprendre avec activité, et rétréciroit son instinct qui, dans les arts d'imagination sur-tout, produit plus que la raison. Les facultés que donnent les deux âges, sont également nécessaires au perfectionnement de l'œuvre des hommes; dans un âge, l'on modère la vivacité de celui qui voudroit aller trop loin; dans l'autre, l'on donne l'exemple d'une activité que l'expérience voudroit trop modérer.

Toutes les incompatibilités physiques et morales sont la source du mal et du bien; les unes servent d'opposition et font valoir les autres. Dans le pays des aveugles, les borgnes sont clair-voyans. Une mulâtre se croît blanche dans le pays des noirs. Au moral, nous remarquons que si quelqu'un s'emporte ridiculement en nous parlant, nous avons l'adresse de lui opposer une douce sérénité qui le confond, et range l'auditoire de notre bord. On ne voit guères d'homme libertin qui n'ait pour compagne une femme vertueuse, et, elle ne seroit peut-être pas telle, si elle n'aimoit à briller par les irrégularités de son mari. Au reste, ceci comme autre chose, a ses exceptions ; car la femme sans caractère se laisse aisément entraîner par l'exemple.

Pourquoi dit-on que les extrêmes se touchent, puisque c'est entre les extrêmes que se trouvent les plus fortes contrariétés? Voici le raisonnement qu'on peut faire : Au physique sur-tout, les extrêmes se touchent, parce que tout ce qui est arrivé à son dernier terme de maturité et de perfection, se prépare à subir une régénération nouvelle. Ce que nous appelons *la mort*, n'est qu'un travail nécessaire de la nature, pour dissoudre et ressusciter tout-à-la-fois l'être arrivé à la fin de sa carrière, et dont les substances, plus ou moins spiritueuses, rendues au ciel ou à la terre, vont incontinent reproduire un ou plusieurs êtres qui vivront et périront pour se régénérer comme lui. Si une mort prématurée est douloureuse, croyons que la dissolution naturelle de l'être n'est qu'un affaissement peu douloureux : on oseroit même dire, que l'être animé, touchant à sa régénération, doit pressentir son état futur par quelques charmes secrets. Ne voit-on pas que presque tous les moribonds ont un instant d'intelligence sublime, qui étonne et impose la vénération à tous ceux qui les entourent? Il semble que l'auguste vérité, l'immensité de l'avenir soit alors découverte à leurs yeux *. Et vous, spectateurs, vous pleurez! Les voyez-vous, dans ces derniers instans, se plaindre de leurs douleurs, ou témoigner aucun regret de la vie? Ah ! pleurez la perte que vous faites : mais n'enviez point à l'homme juste son instant le plus auguste, celui pendant lequel son être semble s'anéantir pour prendre une nouvelle vie.

Oui, vos sens ont beau se révolter; encore huit jours, et le cadavre infect enterré dans une prairie, y produira l'aspect le plus riant; il sera métamorphosé en herbes, en fleurs, en insectes, tous dans leur printemps **. Je passe

---

* Le méchant n'éprouve pas sans doute cette dernière consolation de la nature ; l'habitude du remords ne l'abandonne point : il meurt comme il a vécu. Sa substance rendue à la masse commune, ne servît-elle qu'à former les plus vils insectes, la métamorphose est heureuse.

** L'on est encore plus persuadé que la putréfaction touche de près à la régénération, en remarquant quel est le moule que la nature a choisi pour opérer le mystère

sous silence les incompatibilités ou hétérogé-
néïtés qui sont du ressort du physicien, et
n'ont aucun rapport avec le moral de l'homme.
La vivacité et l'inaction s'expliquent encore
par les deux âges de l'homme, jeunesse et
vieillesse. La vertu et les vices sont deux
extrêmes qui ont leur source dans le tempérament des individus et dans l'éducation *.

La beauté et la laideur sont des extrêmes
souvent de convention, à moins que *laideur* ne
soit *difformité*. Cependant, en nous en rapportant
aux peuples civilisés, aux peuples artistes, la
beauté n'est qu'une par toute la terre, parce
qu'elle ne doit exister que par de justes rapports entre ses proportions. S'il est des peuples
barbares qui ne sentent point la beauté mâle
de l'*Hercule Farnèse*, la beauté plus moelleuse
de l'*Apollon du Belvedère*, la beauté voluptueuse de la *Vénus Médicis*; s'il est, dis-je,
des peuples qui n'applaudissent pas à ces

---

de la génération; car *Minerve* seule eut l'honneur de
sortir du cerveau de *Jupiter*.

* *Voyez* le chapitre *De l'influence du physique sur le
moral par rapport à l'homme.*

chef - d'œuvres de l'art, c'est qu'ils sont dans l'ignorance et imbus de leurs préjugés. Je reviens donc encore aux deux âges extrêmes de l'homme, et je dis que la jeunesse et la vieillesse sont comme deux corps, l'un ascendant, l'autre descendant. L'on a dit mille fois, sans examiner le pourquoi, que nous aimons beaucoup plus nos enfans qu'ils ne nous aiment; cela est vrai : que le grand-père et la grand-mère aiment plus leurs petis-enfans que leurs enfans propres; cela est encore vrai. Ne voyons-nous pas par tout le même principe? Jeunesse c'est printemps, vieillesse c'est hiver. Dans le premier âge, des organes neufs, des substances spiritueuses et abondantes donnent des forces actives et entretiennent le feu de la vie. Si l'on souffre à cet âge, c'est par l'abondance. Dans le dernier âge, c'est le contraire, tout est prêt à s'anéantir : et, n'en doutons point, c'est par un instinct intéressé, c'est en s'approchant le plus près possible de la jeunesse, que la décrépitude, plus ou moins avancée, recueille encore quelques atômes spiritueux qui émanent sans cesse des corps jeunes et animés.

Je

Je ne sais si, comme on le dit, les petits-enfans
se plaisent tant avec leurs grand-pères; il ne
seroit pas, je crois, difficile de s'apercevoir que
ce sont eux qui les attirent, et que c'est véritablement plus pour leurs dragées que pour
eux-mêmes que les enfans les caressent.

Le vieillard usé et dépravé, courant après
la chaleur qui lui manque et qui le fait exister
quelques jours de plus, fait mille folies pour
se procurer les plus intimes rapprochemens
avec de jeunes filles. C'est avec de l'or qu'il
achète du sang. Mais il a beau faire, c'est toujours avec une répugnance extrême que la
jeunesse répond à ses caresses. Le trône du
monde ne peut payer ce que réprouve la nature *. *David*, le juif, le plus voluptueux des
rois, dormoit tranquille à côté de plusieurs
jeunes filles qui avoient la bonté de s'*incada-
vérer* pour revivifier sa majesté; il sentit enfin
le remords de vivre de la substance des autres;

---

* Le ministre *Amelot* menaçoit une fille qui ruinoit
un vieillard : de trois terres qu'il possédoit, il en avoit déjà
vendu deux. « Que voulez-vous, lui dit la demoiselle,
» il veut être aimé, et cela est cher ».

et, passant d'une volupté à une autre, il accorda sa harpe pénitente pour chanter les pseaumes qu'il composoit.

APPLICATION.

LES accords, tous calculables, sont aussi un continuel procédé physique. Cependant ils sont plus ou moins éloignés ou compatibles avec le corps sonore, que l'on doit regarder, en musique, comme un type pur, ou la nature sans aucun mélange. La théorie des accords doit donc pouvoir suivre, soit dans un langage figuré, soit par la vérité de la déclamation, les incompatibilités physiques et morales des personnages que l'artiste fait agir et parler; et c'est en s'éloignant plus ou moins du corps sonore ou de l'accord parfait, qu'il indiquera les différentes incompatibilités. On nous dit que la règle prescrite ne permet point de rapprochement entre certains accords trop incompatibles. Cependant si l'on veut peindre le choc inopiné des passions, l'horreur qu'inspire le crime, le cri d'épouvante que nous arrache l'aspect des forfaits, n'est-ce pas aux dissonances les plus

dures qu'il faut recourir? doit-on même préparer
la dissonance qui exprime le cri d'épouvante
dont on est saisi à la vue d'une atrocité non
préparée ? Dans ces cas , oserez-vous dire
à l'artiste : « Tu manques à la règle » ? Il répon-
droit : « Je viole la nature, de même que le
» crime que j'ai à retracer ; mais en la violant
» je lui suis fidelle ; comment trouverois-je
» dans son sein ce qu'elle a réprouvé ? »

La combinaison des accords dissonans est,
de nos jours, poussée si loin, dira-t-on, que
l'on peut, sans manquer aux règles de l'harmonie, trouver des couleurs pour tout exprimer.
Aussi ai-je supposé le crime, le viol de la
nature, pour consentir à la violation de la règle.
Je dirai plus, si on ne se permettoit pas l'emploi
de trop fortes dissonances, lorsque le caractère
ni la situation du personnage ne les demandent
point; si le gémissement de la septième dimi-
nuée ne venoit, à tout bout de champ, faire
parade d'érudition , les dissonances régulières
suffiroient dans les cas extraordinaires ; mais
il faut sans cesse augmenter les moyens, dès
qu'on se permet une fois de les exagérer. Les

arts suivent les mœurs dont ils font la peinture ; et , n'en doutons point , réprimer les
mœurs , c'est perfectionner les arts.

Dans le chant pur d'une mère tendre parlant
à son enfant; dans le chant de la timide innocence , lorsque j'entends quelque son trop
rembruni , il me semble voir des taches noires
sur un ciel d'azur , présage affreux des tem-
pêtes. Eh ! ne mêlons rien de sinistre à la pure
volupté ; défendons-nous d'user inutilement
les couleurs qui nous deviennent nécessaires
quand la vérité l'exige. Faire parade de moyens
exagérés , c'est annoncer la pauvreté de ses
moyens. Le bavard ignorant dit vingt fois la
même chose et ne l'explique pas ; l'homme
instruit, qui sent la vérité, dit au juste ce qu'il
faut dire , et ne nous laisse rien à désirer.

Le choix du ton dans lequel on compose
n'est pas indifférent. Écoutez le poëte qui
récite ou déclame, il prend une voix plus ou
moins grave ou aiguë , voilée ou claire , dure
ou tendre , selon le personnage pour lequel il
parle. Ces différences existent dans les douze
gammes que renferme l'échelle des douze

demi-tons. La gamme d'*ut majeur* est noble et franche, celle d'*ut mineur* est pathétique ; la gamme de *ré majeur* est brillante, celle de *ré mineur* est mélancolique ; la gamme majeure de *mi bémol* est noble et pathétique ; elle est élevée d'un demi-ton de celle de *ré majeur* et ne lui ressemble en rien. Montez encore d'un demi - ton, vous trouverez la gamme de *mi majeur*, qui est aussi éclatante que la gamme précédente étoit noble et rembrunie. La gamme de *mi mineur* est peu mélancolique, quoiqu'elle soit la première gamme mineure de la nature ; celle de *fa majeur* est mixte ; celle de *fa tierce mineure* est la plus pathétique de toutes ; la gamme majeure de *fa dièse* est dure, parce qu'elle est surchargée d'accidens ; la même gamme *mineure* conserve encore un peu de dureté ; celle de *sol* est guerrière, et n'a pas la noblesse de celle d'*ut majeur ;* la gamme de *sol mineur* est la plus pathétique après celle de *fa tierce mineure ;* je passe à la gamme de *la* qui est brillante ; en mineure elle est la plus naïve de toutes ; celle de *si bémol* est noble, mais moins que celle d'*ut majeur*, et plus pathétique que

Z 3

celle de *fa tierce majeure ;* celle du *si naturel* est brillante et folâtre; enfin celle du *si tierce mineure* est ingénue.

En général, toutes les gammes mineures portent une teinte mélancolique; elles conviennent à tous les sentimens abstraits, métaphysiques, à tous ceux enfin qui ne sont pas de pure nature, tels que la douleur mixte *, la mélancolie, la dissimulation, l'ironie, &c. Pourquoi (a-t-on demandé mille fois) y a-t-il une si grande différence sur le clavecin, le piano, la harpe, l'orgue, entre une gamme et une autre? est-ce préjugé? est-ce l'habitude d'entendre les violons et les basses jouant sur plusieurs cordes à vide dans les gammes d'*ut*, de *sol*, de *ré*, de *la*, de *mi* ? Il est certain qu'un chevalet de bois étouffe moins le son du violon que le doigt, qui est un chevalet de chair. Mais non, la différence est sensible,

---

* La douleur extrême peut mieux que la douleur mixte, chanter dans une gamme majeure, parce que l'extrême douleur a un caractère déterminé. Malgré cette observation, disons cependant que les gammes mineures conviennent à la douleur en général.

même sur les instrumens dont tous les sons partent de cordes à vide ou de tuyaux. Soit que le *tempérament* serve d'indice pour ces derniers; soit que les cordes à vide en servent pour les instrumens doigtés, il n'y a pas de musicien dont l'oreille est exercée, qui ne sache, en entrant dans les corridors d'une salle de spectacle, dans une église où l'on touche l'orgue, ou dans un salon où l'on pince la harpe, dans quelle gamme l'on exécute. Cependant, il faut en convenir, les gammes des instrumens doigtés, tels que le violon, la basse... sont bien plus remarquables que celles des instrumens dont toutes les cordes sont à vide, tels que la harpe, le piano....; et les instrumens à tuyaux, tels que l'orgue, la voix humaine, doivent être encore plus difficiles à apprécier.

Faites donc le choix d'une gamme analogue au caractère du personnage; car si vous faites chanter gaiement un vieillard dans la gamme de *mi majeur,* et qu'un instant après vous fassiez chanter aussi gaiement une petite fille dans la gamme d'*ut majeur,* je dirai que la gamme d'*ut* convenoit au vieillard, et celle de *mi* à la

Z 4

petite fille. Si vous faites chanter un guerrier ou un amoureux triomphant, dans le ton de *mi bémol*, je croirai que le récit de ses exploits se terminera par une catastrophe. Les effets de notre musique ne seroient pas si vagues qu'on le croit, si le musicien réfléchissoit sur tout ce que je viens de dire, et si, comme chez les anciens, les rhythmes musicaux étoient appliqués aux passions, aux sentimens auxquels ils sont le plus analogues. Du reste, en musique comme dans tous les procédés naturels, les extrêmes se rapprochent. La gamme la plus pétillante se rembrunit tout-à-coup si on la surcharge de *dièses ;* et de même, si une gamme est trop surchargée de *bémols,* elle perd le caractère sombre. Écrire un morceau de musique avec dix *bémols* à la clé, ou deux *dièses,* c'est tout un *.

* Les musiciens pédans, qui habitent ordinairement les petites villes, se plaisent à la recherche des surprises qui résultent des *dièses* substitués aux *bémols,* ou de ceux-ci aux *dièses.* Dans un voyage que je fis en province, un maître de chapelle, qui vouloit sans doute voir si moi-même je faisois ma musique, me demanda combien de *dièses* il y avoit à la clé dans le ton d'*ut naturel ;* je

En procédant par *dièses* ou par *bémols*, les gammes ont-elles différens caractères? oui, sans doute, puisque c'est procéder par *quintes* ou par *quartes*. Quel musicien n'a pas remarqué que le *dièse* un peu forcé, et le *bémol* un peu foible, contentent l'oreille, et que le contraire est insupportable? Donc, procéder par *dièses* ou par *bémols*, sont deux procédés qui donnent des effets différens.

Devons-nous désirer que nos instrumens insusceptibles de tempérament naturel, tels que

---

compris sa lourde finesse : — Il y a douze *bémols*. — Ah! je vois que vous êtes au fait. — Oui, lui dis-je ; mais une autre fois posez mieux votre question, dites en *si dièse majeur*, et non pas en *ut naturel*. Puisque vous aimez les tours de passe-passe, continuai-je, je vais vous en apprendre un que, peut-être, vous ne savez pas. Quel intervalle y a-t-il entre *ut* et *mi*? — Il y a une tierce majeure ou mineure. — Oui, mais aussi c'est un unisson; car *ut double dièse*, et *mi double bémol* sont à l'unisson. — Ah! que c'est beau, me dit-il, je n'oublierai pas celui là. Ce sont ces mêmes pédans qui recherchent, pendant huit jours, une réponse difficile à un sujet de fugue, pour vous le proposer d'emblée devant les gens de l'art. Cette vermine scolastique n'est composée que de pédans ridicules.

l'orgue, le piano, la harpe . . . . . se perfec-
tionnent dans ce point? oui, la perfection est
toujours désirable; mais la complication des
moyens, les quarts de ton qu'il faudroit ajouter, y ont fait renoncer. En attendant, les
accordeurs emploient un *tempérament*, et voici
ce que j'ai à dire à ce sujet.

Les algébristes nous disent que les produits
des calculs sont différens, en calculant les
intervalles par *tierces*, par *quartes*, par *quintes*
ou par *sixtes* . . . . . Je m'en rapporte à eux, moi
qui ne sais pas l'algèbre. De ces calculs inégaux
naît l'impossibilité d'accorder un piano sans
tempérament, parce que, dans notre musique,
nous n'usons pas des quarts de ton. Or si,
selon la coutume, on accorde par *quintes*, il
faut qu'elles soient foibles, sans quoi les
octaves deviennent trop fortes. Je crois rendre
service aux personnes qui désirent accorder
eux-mêmes leurs instrumens, en leur indiquant la méthode qui m'a paru la plus courte
et la meilleure. J'accorde tout-à-la-fois par
tierces, par *quartes*, par *quintes*, par *sixtes* et par
octaves, pour faire la partition. C'est alors un

tempérament de sentiment qui guide l'oreille, et non celui de calcul.

EXEMPLE *de la partition.*

En prenant ensuite l'*octave* basse du *ré dièse* et de l'*ut dièse*, les douze tons de la gamme sont accordés. Après que cette partition est faite, on peut accorder le reste du clavier, soit dans le haut, soit dans le bas, par des *octaves;* encore ne donné-je pas ces octaves à sec. Je procède ainsi, en passant rapidement sur les deux notes intermédiaires :

EXEMPLE.

et *vice versâ* en montant.

CHAPITRE LXIII.

L'HOMME D'ORDRE.

CE caractère n'a pas, je crois, été traité au
théâtre ; on a prévu qu'il seroit froid et ne
produiroit aucun effet ; l'homme d'ordre,
excellent pour la société en général, utile à
chacun en particulier, faisant sur-tout son
propre bonheur, possesseur de toutes les vertus
tranquilles, et n'ayant que peu de défauts, est
aimé sans être recherché des ames passionnées, qui sont le grand nombre. On ne court
à lui que comme vers le médecin qui peut
nous guérir, et que l'on cesse de voir après la
maladie; on ne va le chercher que comme les
enfans vont voir leurs grands parens, c'est
toujours pour en obtenir quelque chose.
Cependant, si l'homme d'ordre n'est pas un
caractère théâtral, il n'en doit pas moins être
connu de l'artiste, parce que plusieurs personnages faits pour être mis en opposition aux

caractères passionnés , en tirent leurs traits les
plus caractéristiques. Tels sont, les philintes,
les négocians , les hommes de loi, les vieux
et honnêtes serviteurs, et tout être calme et
vertueux. L'homme qui n'est pas subjugué
par les passions, qui ne leur résiste qu'en philosophe, qui ne veut pas risquer un combat
inégal, qui souvent n'a jamais brûlé ni pour
la gloire, ni pour sa maîtresse ; l'homme enfin
qui tient le milieu entre l'homme ardent et
l'homme apathique, est ce que j'appelle *l'homme*
d'ordre. Il ne fait rien sans règles , il ne dit rien
sans principes ; c'est un dictionnaire étymolo-
gique qui arrête, d'un seul mot, les plus longs
bavardages. Tout est jouissance pour lui, c'est
de l'ordre des choses qu'il jouit, autant et plus
peut-être que de leur importance ; il voit
même dans la destruction, la régénération qui
va suivre ; il n'est ni prodigue ni avare ; il est
bienfaisant ; il tient magasin de tout au service
de ses amis et de l'humanité ; il va de jouissance
en jouissance ; l'amour de l'ordre et de l'économie lui ont valu son opulence , et il en estime
plus les sources que le produit. Rarement

l'homme ardent, propre aux grandes choses,
est l'homme dont je parle ; l'homme de génie
est généralement ennemi du désordre, mais
il ne peut être symétrique qu'en grand et
jamais en détail. On nous dit que *Métastase*
étoit minutieux ; que chacun de ses cahiers
avoit une place fixe ; qu'il ne trempoit qu'un
petit bout de sa plume dans l'encre, pour ne
pas la salir. Au reste, *Métastase* étoit excepté de
la règle, et les exceptions sont communes. J'aimerois à croire qu'il étoit vieux lorsqu'il devint
minutieux, ou que s'il fut tel dans sa jeunesse,
il sentit avoir besoin de cet ordre extérieur
pour rétablir le calme dans son imagination.

APPLICATION.

C'est avec bien du discernement que le
musicien doit faire parler l'homme d'ordre*. Des
chants doux, suaves, quelquefois des nuances
du chant pieux ; enfin tout ce qui peut rappeler
l'idée des vertus, convient à son caractère : il
ne s'emporte qu'avec ceux qu'il aime, et ses

---

* Je dis souvent *parler* pour *chanter*, de même que
le poëte dit *je chante* lorsqu'il récite ou déclame.

emportemens , très-rares d'ailleurs , sont aussi
courts qu'énergiques. Il garde le silence avec
ceux qu'il méprise, il prend un air de fierté,
il ouvre de grands yeux qui font baisser ceux
de l'homme méprisable qui croit lui imposer.
Souvent trop monotone, minutieux et maniéré,
ses accens sembleroient être dangereux aux arts
d'imitation, qui trouvent mieux leur compte
dans les passions expansives ; mais la nature,
quelle qu'elle puisse être, a des droits à notre
admiration, quand elle est rendue fidellement.

Lorsqu'un caractère est peint avec des couleurs douces, il faut peu de vigueur pour faire
naître des contrastes frappans : tout est relatif
dans les arts ; la force de l'homme d'ordre n'est
que le ton ordinaire d'un caractère emporté.
On doit craindre l'énergie trop soutenue de
certains caractères, qui n'ont d'opposition avec
eux-mêmes qu'en se calmant : les arts aiment
mieux les gradations du foible au fort, que du
fort au foible ; cette prédilection est dans la
nature de tout être créé, qui se sent vivre de sa
force et mourir de sa foiblesse. Préférons ,
non pas les caractères froids, qu'on ne peut

réchauffer sans invraisemblance, et dont il est impossible d'atténuer l'expression; ni les caractères violens, qui semblent se dégrader en fléchissant, mais les caractères mixtes qui facilement rétrogradent ou augmentent en force.

CHAPITRE LXIV.

DU DÉSORDRE.

DE même que l'on distingue l'homme d'ordre par un certain calme répandu sur toute sa personne, et qui règne dans toutes ses actions; l'on reconnoît le désordre par une agitation secrète, une mobilité dans les traits, une fiévre lente, une fiévre morale enfin, qui est peut-être l'état le plus pénible pour l'homme. Il seroit moins à plaindre, livré à une plus grande agitation qui lui donneroit une existence plus déterminée *. Il seroit plus heureux encore

---

* On a dû remarquer que les hommes dont la conscience n'est pas pure, s'agitent le plus qu'ils peuvent. Ils s'occupent de mille affaires à-la-fois, et ce n'est pas assez pour qu'ils s'oublient eux-mêmes.

dans

dans l'abattement qui y succéderoit; mais un désordre mixte, toujours accompagné de l'incertitude, doit être l'état de l'ame le plus accablant. Trop heureux donc, si quelque passion violente le force à calculer avec ses facultés, pour favoriser cette même passion. Donner tout à une chose, suppose un raisonnement d'économie avec les moyens qui nous la donnent; abandonner son ame à une passion violente, c'est forcer les autres passions à lui obéir. Cette crise alors est salutaire; et après un désordre affreux, on peut retrouver le calme que donne la convalescence après un violent accès de fièvre.

Il existe un état d'ordre, qui est pire que le désordre, et auquel on peut difficilement remédier; c'est celui du vicieux réfléchi, du vicieux par habitude. Plusieurs philosophes semblent croire qu'il parvient, à la longue, à écarter les reproches de sa conscience; je ne le crois pas. La moindre action vertueuse dont il est le témoin, est un poison pour lui; quelquefois il semble être vertueux lui-même en pratiquant quelque bonne action, souvent par hypocrisie ou par un reste de penchant vers la nature; mais au lieu d'y trouver de la consolation, il n'y trouve que des remords. S'il est au spectacle, son cœur est également déchiré par les peintures du vice ou de la vertu: il se reconnoît dans l'un, et se sent indigne de l'autre. C'est l'homme enfin qui s'est familiarisé avec les vices; qui en connoît les tours, les détours; qui, né avec de l'esprit, l'applique à établir l'ordre dans le désordre même; il devient expert en scélératesse; son amour-propre satisfait de ses succès, est sourd aux cris de sa conscience, mais il ne parvient jamais à les étouffer.

Son ami (faut-il profaner ce titre sacré), son ami lui dit: — Tu es vieux, plein d'infir-mités, que fais-tu de cette maîtresse qui te trompe ? — Elle m'empêche de dormir seul, répond-il.

Suivez les femmes dans leur désordre, vous trouverez pis encore que dans le scélérat auquel la force, la vigueur de l'âge, l'endurcissement, impriment un caractère aussi mâle qu'effrayant. L'on conçoit que l'énergie de l'homme puisse

quelquefois l'égarer et le jeter dans les excès ;
mais la femme, foible, livrée davantage à son
instinct, douce dans tous ses traits, comme dans
ses manières et dans le son de sa voix, doit être,
dans le désordre, l'être le plus accablé, le plus
isolé de la nature. Voyez-la au milieu du luxe,
fruit de son libertinage ; elle court après toutes
les jouissances et ne jouit de rien : trompant
tous ceux qui l'aiment, et trompée par celui
qu'elle chérit par vanité et jamais par sentiment,
la dissimulation, le mensonge, sont les principes et les seuls points d'appui de sa morale.
Elle contracte l'habitude de violer la nature à tel
point, qu'elle rougit et verse des larmes à volonté. Le mensonge a tellement pris en elle le
ton de la vérité, qu'on ne peut guère juger de
l'un que par l'autre : elle semble dire vrai, donc
elle ment ; elle semble mentir, donc elle dit
vrai : voilà la règle la plus sûre pour la juger. Son
opulence lui reste, mais en jouira-t-elle ? Tout
bien mal acquis laisse un souvenir désagréable,
et rappelle ce qu'il a coûté à acquérir. Sa belle
figure est l'idole qu'elle aime encore à parer ;
mais la première ride lui annonce déjà que

l'enfer restera dans son cœur pour remplacer sa beauté *.

APPLICATION.

JE suis certain que le musicien le plus immoral conviendra n'avoir trouvé dans son art que bien peu de ressource pour peindre les vices de l'ame. Il semble que la musique n'existe que pour retracer les vertus. Les dissonances mêmes ne sont de l'essence de la musique, que pour relever encore le charme

---

* Cependant, *à tout péché miséricorde :* le proverbe l'a dit. Pendant mon séjour à Rome, on m'a rendu compte d'une absolution singulièrement donnée par le pape *Benoît XIV,* qui, comme on sait, étoit homme d'esprit. Une femme se jette à genoux sur le pont Saint-Ange, pendant que le pontife passoit dans son carrosse ; elle crie en soulevant un enfant de deux ou trois ans : *Santissimo Padre, ecco il figlio del mio figlio.* Le pape lui donne aussitôt sa bénédiction. — Votre Sainteté a-t-elle compris les paroles de cette femme, dirent les cardinaux qui accompagnoient le pape ! — Oui, répond-il : j'ai remarqué aussi qu'elle est pauvre, qu'elle porte un costume étranger ; elle vient de loin et à pied, sans doute ; elle a fait une longue pénitence et méritoit son pardon.

de sa douceur. Constituée de mélodie et d'harmonie, la musique semble être en effet incompatible avec le désordre. Cependant, comme ses mouvemens impétueux imitent le désordre physique des élémens; c'est par cette analogie que le musicien exprimera le désordre moral.

Je dirai plus, il n'est pas de vicieux qui ne désire ou n'affecte quelques vertus; mais comme elles ne lui sont point naturelles, qu'il ne les sent point inhérentes à son cœur, ses accens ne seront point vraïs. La douceur aura une teinte de dureté, l'amour une nuance de fausseté, la candeur le masque complet de l'hypocrisie, la pitié..... la pitié lui est souvent naturelle : par un retour sur lui-même, il en sent tout le besoin ; la colère, c'est-là où il brille, pourvu qu'elle soit ignoble et qu'elle offre le tableau rebutant de tout ce qui peut défigurer le noble aspect de l'homme.

CHAPITRE LXV.

Pourquoi les passions agissent-elles souvent par leurs contraires?

Au début de sa carrière dans le monde, l'homme suit ses penchans naturels; mais dès qu'il aperçoit que ses intérêts sont en opposition avec ceux des autres, et que ceux-ci contrarient les siens, il dissimule ses penchans et devient factice. C'est alors qu'il affecte d'être indifférent aux choses qu'il recherche le plus, et qu'il feint d'être animé d'une passion contraire, pour cacher celle qui le domine; c'est alors qu'il sacrifie à ses plus chers intérêts ceux que naguère il recherchoit avec ardeur. Est-il dévoré d'orgueil? c'est par une modestie simulée qu'il parvient à son but; veut-il être en possession de la place d'un autre? il le flatte, en se réservant le secret qui le fera choir quand il en sera temps. Le jeune homme est-il naturellement paresseux? sensible

aux reproches qu'il essuie, il devient actif à
l'excès. L'étourdi, qui a déplu à sa maîtresse,
n'ose plus ni parler ni agir. L'avare amoureux devient prodigue : et remarquons que,
dans toutes les situations que nous venons de
citer, et mille autres sur lesquelles nous gardons
un silence discret, l'homme passant d'une
extrémité à l'autre, ne peut presque jamais
saisir le point raisonnable. C'est ici où l'on
peut dire avec justesse, que le mensonge rend
hommage à la vérité. Par intérêt, le *Tartuffe*
affiche avec impudence les vertus qu'il n'a
pas; le lâche semble brave, sur-tout avec les
poltrons; le vieillard se donne les dehors prin-
taniers de la jeunesse; la femme surannée joue
les sentimens de la sensibilité extrême, qui
n'appartiennent qu'au bel âge; et l'homme sage
lui-même, craignant le ridicule, ne fait usage
de ses principes qu'à travers le vernis du siècle.

Presque toujours, par un intérêt mal entendu, l'homme refuse d'obéir à son instinct,
et préfère agir d'après ses facultés morales.
Oui, l'homme redoute son intinct, qui le feroit
trop connoître. Avare ou fastueux, grand ou

petit de caractère, véridique ou menteur,
brave ou poltron, sage ou insensé, ses qualités
ou ses vices, tout seroit à découvert; il en seroit
de lui comme des. plantes : on connoîtroit
celle qui est salutaire ou venimeuse. Mais ce
n'est pas là son compte; dissimuler ses vices,
exagérer ses qualités, c'est ce qu'il veut faire ;
et néanmoins son allure une fois connue, la
dissimulation seule lui reste pour apanage
favori. S'il avoit son instinct en plus grande
considération, il ne seroit occupé qu'à lui procurer des occasions favorables, après quoi il
le laisseroit agir et il le conduiroit à bien ; mais
il sent, il sait que son instinct n'est pas de lui,
et il voudroit s'en passer tout-à-fait, s'il étoit
possible, pour se devoir tout à lui-même. En
dédaignant son instinct il se trompe à chaque
pas; et, ayant sans cesse à rougir de ses mé-
comptes, ce n'est que par des passions simulées
qu'il cache celles dont il est la proie. C'est
une triste vérité; mais il est certain que presque
tous les hommes se trompent mutuellement.
Cependant si nous nous trompons tous, nous
sommes tous trompés, et le contraire seroit le

bonheur général. Si les plus fins affectent d'être dupes pour mieux tromper les trompeurs ; si l'art de la perfidie pousse la perfection du vice jusqu'au point de donner l'air et le ton du mensonge à la vérité, pour que la vérité qu'on veut cacher ait l'air du mensonge, il faut en convenir, ces redoublemens, ces doubles, triples tissus de mensonge, sont horriblement pénibles pour de foibles créatures qui viennent séjourner quelques années sur la terre.

APPLICATION.

LES passions agissent donc par leurs contraires, parce que l'homme a souvent intérêt de tromper, parce qu'il semble n'être pas assez flatté de ce qu'il fait par un instinct qui ne vient pas de lui. Cette manie morale est sur-tout applicable aux talens : on diroit que l'artiste semble craindre qu'une production simple soit trop belle pour des êtres corrompus, tels que sont les hommes en société. Il semble croire aussi que, dans les productions de son instinct, on ne le jugera pas assez mériter le nom d'*auteur* : il veut bien prendre la base de son œuvre

dans la nature, d'abord parce qu'il ne peut faire
autrement ; mais ensuite, pour que son ouvrage soit bien de lui, il emploie des procédés
moraux, des idées factices, des incohérences
presque inintelligibles, analogues à ses préjugés
d'éducation ; alors il dit « Voilà mon œuvre ! »
Il est satisfait parce qu'il a tout gâté. Par les
mêmes motifs d'ambition, l'artiste veut exécuter
ce qu'il ne peut, briller dans le genre auquel
il n'est point propre. Il réussit cependant ;
car il est de toute nécessité des aigles dans
chaque état ; et il faut bien qu'il en soit ainsi,
puisque tous les talens sont relatifs, et que tel
n'est un grand homme que parce que d'autres
sont de grands sots. Mais il ne s'ensuit pas
moins que le talent le plus éminent est susceptible d'une juste critique, et que la nature seule
est pure comme son instinct. Les beaux arts ne
sont que des copies de la nature, et toute copie
est une foible comparaison de son modèle. Nous
remarquerons donc que les artistes ont une
tendance passionnée à sortir du genre qui leur
est propre. Nous voyons les nations enjouées,
telle que la française, faire des drames bien

noirs ; les Espagnols , naturellement graves ,
font des romans fort gais, des comédies d'où
nous tirons nos situations les plus comiques.

L'atrabilaire, l'immortel *Molière,* devient
l'auteur le plus comique. Le stoïque Anglais,
le flegmatique *d'Hell* fait rire à chaque mot
dans ses pièces. *Pierre Corneille,* né bon-homme,
à ce qu'on dit, devient politique sublime dans
ses tragédies. Le tendre *Racine* n'est peut-être
tel , nous dit-on, que pour fuir son penchant
satirique. L'ambition d'être universel a laissé
Voltaire, dans certains genres, au-dessous de
plusieurs auteurs illustres qu'il eût surpassés
peut-être. L'on pourroit dire encore que *J. J.
Rousseau,* après avoir, comme tous les gens de
lettres de son temps , fréquenté les cercles les
plus brillans, alluma sa vaste imagination à ces
feux folets, et devint le plus grand moraliste
de son siècle. Il semble enfin, soit qu'il y gagne,
soit qu'il y perde, soit qu'il veuille se devoir
tout à lui-même; il semble, dis-je, que l'homme
n'est pas content, s'il n'est le *vice versâ* de son
instinct. Ceci ne prouveroit-il pas que tout est
factice dans les opérations de l'homme moral, et

que, pour être quelque chose de réel, il faudroit qu'il fût bête comme son instinct, c'est-à-dire, sublime comme la nature. En outre, et ceci me paroît très - important pour les arts, songeons que l'imagination ne sert qu'aux objets que nous n'avons pas sous les yeux , et dont il faut se faire une image. D'où il s'ensuit que l'homme riche, fatigué de tout, ne décrira pas les délices de l'opulence : ce sera celui qui ne les possède point, mais qui les désire. *Apollon* lui-même ne feroit pas du char du soleil une majestueuse description : c'est *Homère*, aveugle, qu'il faut entendre. C'est dans un cachot, dit *Rousseau*, qu'on écrit bien pour la liberté. Est-ce l'artiste favori des riches assis au centre des voluptés qui saura les peindre? non ; c'est alors que son imagination se plaira dans les cabanes, et qu'il peindra les vertus champêtres. Est - ce au sein de l'amour même qu'il saura nous en retracer les douceurs? non ; c'est quand il les désire ou les regrette. L'artiste doit donc désirer vivement et s'abstenir, autant qu'il peut, de tout ce qu'il veut peindre; il ne brûle plus dès qu'il possède.

Désirer et jouir sont, pour l'imagination, comme mille est à un.

On pourroit encore, sous le même rapport, examiner si le génie du musicien et celui du poëte ne sont pas soumis à la loi morale dont nous venons de parler. On pourroit examiner si le poëte et le musicien doivent avoir le même genre d'esprit, la même manière de voir, de sentir et de faire pour se réunir avec fruit; et si les talens, enfans des passions, n'agissent pas volontiers aussi par leurs contraires. En cherchant la solution satisfaisante de cette espèce de problème, on rendroit service au musicien, en lui montrant, comparativement avec la poësie, le genre qui lui convient; il en résulteroit le même avantage pour le poëte, qui, trop souvent, confie à tel compositeur un ouvrage dont l'idiome lui est, ou trop étranger, ou trop intime avec son genre d'esprit; d'où il doit résulter, à coup sûr, une surabondance nuisible: enfin cette discussion seroit toute entière au profit de l'art dramatique, dont les deux agens principaux, les paroles et la musique, contracteroient des mariages plus assortis.

Si le musicien est doué de beaucoup d'esprit, doit-il en faire usage pour mettre en musique un poëme spirituel? non, en ce cas, il y auroit surabondance. J'ai éprouvé combien il est difficile de faire de la bonne musique sur des paroles trop spirituelles : dans son *Amitié à l'épreuve*, *Favart*, dont le style est plein d'esprit, m'a coûté des peines infinies; dans son *Tableau parlant*, *Anseaume*, rempli de bonhomie, ne m'a coûté que la peine d'écrire.

La tragédie sombre et sévère, où les sentimens sont très-exaltés, appartient au musicien harmoniste, ordinairement froid et méthodique. Mais la tragédie plus douce, moins exaspérée, plus rapprochée de la nature, comme celle d'*Œdipe à Colonne*, appelle un musicien sensible autant qu'instruit. Il en sera toujours de même, quand le poëte et le compositeur n'auront rien de factice dans leur commun ouvrage.

Dans la musique du drame larmoyant, comme je l'ai dit ailleurs, il faut employer des moyens doux, pour atténuer l'effet souvent atroce et gigantesque du poëme. Dans le bas

comique, j'ai toujours cru, et je le répète encore, que le musicien devoit ennoblir son
sujet, s'il ne veut en faire une farce rebutante.
Concluons de ceci, que la surabondance est
un des plus grands écueils pour les arts; que
les artistes associés dans un ouvrage doivent
s'entendre pour lui donner un parfait équilibre;
que si le poëte s'est livré à toute sa verve, le
musicien au contraire ne doit prendre qu'un
élan modeste, et ne peut à son tour employer
des moyens hardis que sous des paroles dé-
nuées d'exagération.

CHAPITRE LXVI.

DU BONHEUR.

Le peuple croit assez communément que le
bonheur se trouve comme une bonne chance
de loterie, ou qu'il nous est donné ou refusé
par la nature. « Que cet homme est heureux,
» dit-il, tout lui réussit! et, de quelque manière
» que je m'y prenne, je ne puis réussir à rien ».

Ces idées sont fausses; on ne réussit que parce
que l'on fait ce qu'il faut pour réussir.

Mais cet homme que l'on croit si heureux,
parce qu'il s'est acquis rapidement une grande
fortune; cet homme que l'on courtise pour
qu'il nous serve; cet homme, n'en doutez pas,
est souvent le plus malheureux de tous. S'il a
le don de séduire par son éloquence, s'il a de
la souplesse, s'il est actif et rampant, il réussira
sans doute ; il est physiquement impossible
qu'il ne réussisse pas; mais les moyens qu'il
emploie blessent son amour-propre, blessent
la dignité de l'homme, qui se fait sentir dans
le cœur le plus corrompu. S'il trompe pour
réussir, ce qu'il fait toujours, c'est en combattant sa conscience, c'est en violant toute
pudeur de l'ame ,·qu'il parvient à ses fins.
Chaque victoire lui coûte des combats qui
affectent son cœur, et le plongent dans un
malheur véritable. Lisez dans l'intérieur de
tous ces hommes à grands fracas, que vous
croyez si heureux, vous verrez que vous vous
étiez fait une fausse idée de leur prétendu
bonheur; vous n'en trouverez aucun qui jouisse
de

de la paix de l'ame, pas un qui ait naturellement le sourire sur les lèvres. Otez - lui
l'agitation qu'il se donne, et dont il a besoin
pour s'étourdir ; tirez - le du tumulte ; ôtez-
lui le vin de Champagne ; enfin rendez-le à
lui-même, il vous fera pitié. L'expérience de
tous les siècles apprend que l'homme ne fait
rien pour son bonheur, s'il ne sait diriger ses
passions, comme un·bon écuyer dirige un cheval
fougueux. Si au moindre mouvement il risque
d'être culbuté, quel plaisir peut-il avoir sur sa
superbe monture ? Il n'est qu'un moyen de
parvenir à la tranquillité, c'est en écoutant et
en obéissant à la voix de sa conscience. Cette
voix se fait entendre dès l'âge de raison ; les
passions ont beau la contrarier et vouloir la
faire taire ; telle que l'animal symbole de la
fidélité, elle crie, résiste, persécute, et le dernier son de sa voix plaintive précède d'un
instant le terme de la vie. Écoutez-la donc cette
voix de Dieu, cette voix de la nature ; elle
vous dit d'être juste envers les autres comme
envers vous-même. En lui obéissant, il s'établit
en nous une douce circulation, un équilibre de

justice qui donne un aplomb à notre conduite, dont le résultat est le bonheur.

C'est en sortant du repos de la nature, c'est à l'instant du réveil que cette voix se fait mieux entendre. Demandez - vous chaque matin : « N'ai-je rien à me reprocher »? si votre conscience murmure, dites hardiment : « Je ne » mérite pas d'être heureux ». Si, pour vous justifier, vous avez besoin de capituler avec vous-même, vos preuves sont au moins équivoques, et vous n'obtiendrez encore qu'une satisfaction mêlée de trouble. Mais si vous vous exécutez en brave, si, en repoussant les passions avec vigueur, si, sans égard pour aucun intérêt, vous vous livrez à la pente du cœur, vous sentirez alors un élans de bonheur qui vous réjouira ; et c'est la seule joie pure qu'il y ait dans ce monde, c'est celle de l'honnête homme. L'habitude de la victoire fera fuir vos ennemis ; et de quelque état que tu sois, homme vertueux, tu marcheras d'un pas ferme, en foulant à tes pieds le riche orgueilleux qui enviera ton bonheur.

APPLICATION.

UNE musique bruyante, des effets chromatiques seroient diamétralement opposés au sentiment qu'inspire le bonheur. C'est en vous rapprochant du genre champêtre, quelquefois du genre pieux, que vous l'indiquerez d'une manière plus précise. Je sais que l'ivresse de l'amour, celle de la gloire, s'expriment avec enthousiasme, et chantent leur bonheur avec éclat; mais gardez-vous de croire que ces chants appartiennent au sentiment que donne la paix du cœur. Souvent et presque toujours les passions prennent pour le bonheur ce qui n'est qu'un malheur véritable; alors que le fracas, qu'une harmonie éclatante, hardie, indiscrète, vous servent de moyens pour les exprimer. Mais la paix de l'ame, le bonheur véritable, donne la quiétude d'un succès sûr autant que mérité, et n'exhale ses accens qu'avec une douce modération.

CHAPITRE LXVII.

DES TALENS PRÉCOCES.

Il n'est pas difficile de prouver que les talens précoces ne sont utiles ni à l'art, ni à l'individu qui les possède; mais au contraire qu'ils sont nuisibles à l'un et à l'autre. Dans les sciences, comme dans les arts d'imagination, c'est en perfectionnant ce que les autres ont fait, c'est en ajoutant de nouvelles combinaisons à celles qui ont échappé aux premiers inventeurs d'une chose, que l'on approche de plus en plus de la perfection. Qu'espérer de semblable d'une jeune tête qui n'a pas acquis sa maturité? qu'espérer d'un enfant qui n'a ressenti aucune passion? qui n'a rien à nous dire, s'il ne nous répète sa leçon d'hier? qui ne peut tout au plus nous donner qu'une foible esquisse des sensations d'autrui? Tout prodige qu'il est, il ne peut avoir qu'un talent médiocre. S'il est admiré, direz-vous, c'est par rapport à son

jeune âge. Mais le sait-il ? se rend-il justice,
en se voyant applaudir plus que les hommes
qui lui sont cent fois supérieurs ? N'est-il pas
naturel alors qu'il cesse de les prendre pour
modèles, et qu'il se croie au-dessus d'eux ?
Qui ne sait que le propre de la médiocrité en
général est de s'en faire accroire ; qu'on ne
commence à douter que lorsqu'on n'a plus
de doute sur l'impossibilité d'atteindre à la
perfection ; qu'elle n'est que comparative à
l'infériorité qu'on aperçoit dans les autres,
ou à celle qu'on a franchie soi-même par des
progrès successifs ?

Les applaudissemens des sociétés étouffent
dans un enfant l'émulation qui hâte les progrès : j'ai toujours remarqué que les bons
maîtres sont fâchés, lorsqu'on adresse à leurs
élèves des éloges disproportionnés à leur savoir
et à leur âge. Le maître applaudit sans doute
son élève lorsqu'il fait bien ; mais ses éloges sont
partiels, et toujours il semble dire : « Demain
» je vous montrerai des procédés que vous
» ignorez encore ». Les sociétés, au contraire,
ne peuvent applaudir que généralement et sans

restriction : c'est ainsi que l'élève est trompé, et que des encouragemens mérités tournent à son préjudice. Dans les arts, comme en toute chose, on acquiert, on reste en stagnation, ou l'on décroît. Si l'élève, quoique justement applaudi, reste ce qu'il est, il ne sera qu'un être nul dans le moyen âge ; et il est à craindre que les organes du génie ayant été fatigués avant d'avoir pris leur croissance, ne restent perclus dans l'âge mûr. Toujours l'arbre qu'on a forcé de porter des fruits au printemps, se repose en été, et ne nous laisse voir en automne que quelques restes épars. La rose n'est belle que dans la saison des roses ; si on nous la montre en hiver, elle n'est qu'une réminiscence douloureuse de la belle saison qui a fui, et cette illusion, démentie par toute la nature, aioute à l'horreur des frimas. Les talens pré-coces doivent aussi nous affliger, au lieu d'exciter notre admiration ; c'est de même en violant la nature qu'on est parvenu à cette apparente maturité : si l'individu a eu la force de résister à cette violence, qu'avez-vous fait? la moitié d'un homme qui restera tel toute sa vie. Avant d'avoir acquis l'expérience, avant d'avoir ressenti les effets des passions, le germe du plus beau talent ne doit nous flatter que par l'espoir qu'il se développera heureusement; il ne peut se montrer autrement à l'œil du philosophe , qui ne trouve point de réalité où il n'y a que des apparences.

Dans cette incertitude , prenons donc le parti le plus sûr ; laissons jouir la jeunesse des plaisirs qui lui sont propres. Jouir des prémices des sens est le bonheur le plus parfait de ce monde ; chacun doit en regretter la courte durée. La jeunesse n'a pas de jouissance particulière , et ne se passionne pour rien. Tout voir, tout connoître, tout admirer, jouir de tout, est son partage, et c'est ce qui constitue le vrai bonheur. Dès qu'un penchant devient exclusif, il se change en passion qui absorbe tout pour se nourrir ; son poids entraîne toutes félicités , c'est un orage moral; dans ce cas l'on prend presque pour synonymes : *Je n'ai plus de goût à rien , et je n'aime plus qu'une chose.*

Age charmant , où tout est jouissance ,

parce que tout est prémice, où le présent seul occupe, où l'on ne pense à l'avenir que lorsqu'il promet des plaisirs! Que nous sommes cruels, lorsque, par des études forcées, nous enlevons à la jeunesse les premières faveurs de la nature, que l'avenir ne leur rendra jamais! Soyons persuadés que les choses qu'on apprend avec plaisir sont les seules agréables toute la vie; que les talens naturels sont les seuls aimables et les seuls qui s'acquièrent aisément. Craignons sur - tout que l'amour - propre, compagnon fidelle des choses extraordinaires, ne soit mille fois plus funeste à nos enfans, que des talens acquis avec trop d'importance ne leur seront utiles; craignons qu'en admirant en eux des niaiseries, nous ne préparions le germe d'un amour - propre qui fait le malheur général de l'espèce humaine. La meilleure éducation m'a toujours paru n'être que ceci: «Inspirer l'amour » de la vérité dans l'enfance; réprimer l'amour- » propre dans l'adolescence ».

Je voyois avec peine, ces jours derniers, un grenadier de six ans que l'on promenoit sur le boulevart; il battoit fort bien de son petit tambour, et il étoit environné d'une foule qui l'applaudissoit * : « Pauvre petit, me suis-je dit, » tu payeras cher ton triomphe ». Aujourd'hui que les talens sont devenus communs, l'enfant qui se fait remarquer par sa douceur, sa modestie, attire plutôt les cœurs à lui que le petit prodige déjà rempli d'orgueil, qui croit que chacun doit le remarquer, dès qu'il paroît dans un salon. Est-il rien de si ridicule que les grimaces qu'il fait avant de montrer ses petits talens, dont il meurt d'envie de faire parade ? Ignore - t - il que la crainte trop marquée de ne pas remporter le prix annonce un amour-propre qui lui est plus funeste, auprès des gens sensés, que ses talens ne lui seroient favorables ? J'ai connu une femme qui aimoit la musique ; son piano, bien d'accord, étoit dans un cabinet voisin du salon ; il étoit ouvert, deux bougies allumées dessus ; mais elle ne prioit personne d'y passer. Les demoiselles ne manquoient pas de s'y rendre ; si on vouloit les suivre, elle s'y opposoit, et disoit

---

* 15 mars 1791.

ensuite à quelqu'un : « Allez demander à made-
» moiselle *** si elle veut bien qu'on l'écoute »;
si la jeune personne disoit, « Mon dieu, non...
» j'ai trop peur.... cela m'est impossible....»
aussitôt la conversation recommençoit, et on
ne l'écoutoit pas si même elle s'avisoit de jouer ;
mais pareil refus n'arrivoit guère une seconde
fois.

A P P L I C A T I O N *.

QUI plus que moi, qui plus qu'un père
malheureux , a le droit de regretter les peines
qu'il a vu prendre à trois enfans charmans,
qui tous ont été la proie d'une mort aussi
prématurée qu'inattendue ? Que ne suis-je
encore au temps où ils n'avoient pour occupation que les jeux folâtres de l'enfance ! je le
jure, oui je le jure sur mon honneur, aucun
maître, aucun livre ne viendroit exciter leur

---

* On ne sera pas étonné de trouver ici un abrégé
historique qui regarde mes enfans, ce volume étant la
suite du premier, intitulé MÉMOIRES : on verra d'ailleurs
que c'étoit l'application la plus naturelle que je pusse
faire des talens précoces.

émulation, ni les provoquer à une application monstrueuse qui dessèche un individu trop foible, tue l'instinct et prépare tous les poisons de l'amour-propre, le plus redoutable ennemi que nous ayons à combattre. J'ai annoncé dans le premier volume de cet ouvrage, à l'article mariage d'Antonio, composé presqu'entièrement par une de mes filles, combien j'attendois de son talent presque surnaturel pour la musique.. Défiez-vous, ô trop malheureuses mères, des talens qui se développent dans vos enfans avec trop d'aisance et d'éclat; car les progrès de ma fille ont été la mort. Que mon exemple vous serve de leçon. J'avois trois enfans, j'avois trois filles qu'on admiroit; je n'en ai plus, je suis seul; ce malheur ne se conçoit qu'en l'éprouvant.

Je vais vous dire ce que j'ai fait, et ce dont je me repens; je vous dirai ce que j'aurois dû faire; trop heureux ceux qui peuvent encore en profiter.

La vie laborieuse et frugale des pères et mères prépare la bonne ou mauvaise constitution de leurs enfans; les désordres de notre jeunesse nous privent d'avance d'une postérité florissante. Un père dégénéré ne peut donner l'existence qu'à des êtres trop foibles ; il a beau s'y attacher, les aimer, invoquer le ciel en leur faveur, ils resteront infirmes ou périront sous ses yeux. Voit-on souvent les noms célèbres, acquis par les sciences du cabinet sur-tout, les voit-on souvent passer des pères à leurs enfans ? non. La ligne est presque toujours collatérale ; le père a violé la nature pour atteindre vers la perfection où l'entraînoit son génie ; ses veilles, ses fatigues ont désséché les sources de la vie ; il a tué d'avance sa postérité, ou, s'il lui en reste, son fils n'est souvent qu'un idiot ; le beau nom qu'il porte contraste si cruellement avec sa personne, qu'elle n'en est que plus ridicule.

Depuis le malheur que j'ai éprouvé par la perte de mes filles, mortes toutes les trois vers l'âge de quinze ans, je me suis mille fois rappelé un fait qui, trente ans d'avance, sembloit me faire connoître mon fatal horoscope ; prédiction cruelle, à la vérité, mais consolante, en ce qu'elle nous montre la nature immuable dans ses décrets. La résignation n'est que le dernier terme de nos regrets ; mais on l'accélère par des réflexions sages sur l'immuabilité des choses, et sur l'impossibilité d'éviter les effets d'une cause déjà existante. Tout est miracle dans la nature ; mais hors de ses lois, il n'est plus de miracles.

Me promenant dans un couvent à Rome, j'aperçus dans un pavillon du jardin un vieux religieux occupé devant une table à séparer des graines ; il en avoit un tas devant lui, il les observoit tour-à-tour avec un microscope, puis il mettoit les unes à droite, les autres à gauche. Sa figure vénérable, l'attention scrupuleuse qu'il mettoit à son ouvrage me firent approcher de lui.—Vous êtes étranger, me dit-il ; aimez-vous les fleurs ? — Beaucoup, mais seulement par instinct. — C'est assez ; à votre âge il est d'autres occupations plus nécessaires. La culture des fleurs convient à l'homme qui a rempli sa tâche ; elle lui rappelle sa naissance, sa jeunesse, flatte ses sens presqu'émoussés d'un doux parfum qui le réjouit. Ah ! j'aime bien mes fleurs !—Je ne vois pas, lui dis-je,

mon Père, pourquoi vous séparez ces graines
après les avoir observées ; elles me semblent
absolument les mêmes. —Voyez, me dit-il, à
travers ce microscope..... Il me fit apercevoir
sur certaines graines un point noir, et c'étoient
celles qu'il mettoit à sa gauche; les autres il
les posoit à droite. —Vous croyez, lui dis-je,
que ce point presque imperceptible?..... Je vous
en donnerai la conviction si vous le voulez.
Il fut prendre un vase rempli de terre ; il fit
six trous, trois à droite, trois à gauche, dans
lesquels il posa les graines bonnes et mauvaises.
Souvenez-vous bien, me dit-il, que les bonnes
sont à droite, et quand vous viendrez vous
promener dans notre jardin, observez les tiges
à mesure qu'elles pousseront : vous trouverez
le vase à cet endroit, qu'il me désigna. J'y
fus effectivement de temps à autre ; je crus
d'abord que le bon père s'étoit trompé, car
toutes poussoient également bien. Je crus ensuite qu'on avoit retourné le vase, car les trois
plantes à gauche se développoient mieux que
les autres; mais quelle fut ensuite ma tristesse,
oui, une tristesse véritable, lorsque je vis mes

trois pauvres petites plantes gauches se faner dans leur printemps ; chaque jour faisoit pencher une feuille, et je les vis enfin mortes et desséchées, tandis que les autres, suivant une gradation plus lente, prospéroient chaque jour. Je cessai d'aller visiter le vase, je ne les vis point en fleurs ; un sentiment douloureux m'éloignoit de cette allée quand je voulois y porter mes pas. « Elles vivront bien sans moi », mé disois-je, et je soupirois chaque fois sur mes trois pauvres petites fleurs mortes. Hélas ! je soupire encore, et c'est pour toute ma vie.

Jenni, Lucile, Antoinette étoient les noms de mes charmantes filles. L'aînée avoit la figure d'une vierge ; sa douceur, sa candeur la distinguoient de ses deux cadettes. Je disois souvent à mes amis, voilà mon bâton de vieillesse ; voilà celle qui, semblable à une autre *Antigone*, conduira son père au soleil pour ranimer sa vieille existence. Elle prévenoit tout le monde par des petits soins ; mais ces attentions de sa part indiquoient qu'elle avoit besoin qu'on les lui rendît pour soulager sa foiblesse. Il eût fallu la laisser végéter dans une douce

indépendance, dans une douce paresse : tout
indiquoit qu'elle en avoit besoin pour se former. Elle montroit de l'antipathie pour toutes
sortes d'applications ; je me rappelle que pour
apprendre l'alphabet, ses beaux traits s'alté-
roient visiblement ; mais, disoit-on, quels sont
les enfans qu'il ne faut pas entraîner doucement
au travail ? tous resteroient dans une profonde
ignorance, si on ne les engageoit d'en sortir.
Vains mensonges que tous ces propos de gou-
vernantes ! l'enfance est le temps de l'activité,
mais de l'activité du corps et non de l'esprit.
Jouer, sauter, folâtrer est tout ce qui lui convient. Si l'enfant n'agit point, il est malade ;
portez-le au grand air de la campagne, asseyez-le
à l'ombre, et s'il a besoin du soleil, il ira le
chercher, il fera tant qu'il s'y traînera ; et si au
bout d'un mois il ne ramasse pas des fleurs
ou des cailloux pour s'amuser, sa vie est en
danger. Lorsqu'il aura acquis des forces suffi-
santes, lorsque la nature ne combattra plus en
lui, ne repoussera plus une application nuisible
à son développement, alors, s'il voit danser,
il vous demandera à l'apprendre ; s'il entend
　　　　　　　　　　　　　　　chanter,

chanter, il vous demandera un maître de musique, &c. En un mot, montrez-lui le bien que vous voulez qu'il fasse ; cachez-lui le mal que vous voulez qu'il ignore : voilà toute la science. O fatale expérience ! regrets superflus ! on ne fit rien de ce qu'il eût fallu faire. On disoit à ma fille , que généralement toutes les belles personnes étoient ignorantes, et que, sans doute, elle ne vouloit pas être du nombre. On lui donna des maîtres qui forcèrent ses penchans, qui la tuèrent, peut-être, pour mieux faire leur devoir.

— Pourquoi ne fûtes-vous pas son unique maître, dira-t-on, vous qui parlez si bien ? — Vous avez raison ; car ce que j'ai montré à mes enfans, ils l'ont appris sans peine. Mais peut-on, quand on est né sans fortune, négliger ce qui donne la subsistance ?

Jean-Jacques ne copie point de musique pour vivre, lorsqu'il élève son *Émile*, qu'il a soin de supposer riche ; il n'a que cette occupation. En paroissant dans la sphère des arts, on m'accorda quelques talens , on m'encouragea , on m'enflamma du désir d'acquérir de

TOME II.　　　　　　　C c

la réputation. Hélas ! du pain et mes enfans
eussent été préférables, je le sais, je le sens ;
mais vous qui pouvez profiter de mes erreurs,
si je n'avois des torts à me reprocher, vous
annoncerois-je mes regrets ? A quinze ans, ma
fille aînée ne savoit qu'imparfaitement tout ce
qu'on lui avoit inculqué avec peine : lire,
écrire, la géographie, le clavecin, le solfége,
la langue italienne ; mais elle chantoit avec les
accens d'un ange ; et le goût du chant étoit la
seule chose qu'on ne lui eût pas enseignée.
Elle m'écoutoit souvent lorsque je composois :
les accens du compositeur sont vrais, énergiques, lorsque sa composition est bonne ;
il est obligé de répéter vingt fois le trait le
plus mélodieux de son morceau pour le mettre
dans un jour favorable : ce sont les meilleures
leçons de chant que puisse recevoir celui qui
l'écoute*. Ce que je dis n'est-il pas une preuve

---

* L'ambassadeur de Suède, dont j'ai parlé dans le
premier volume, et qui aimoit tant à m'entendre composer, chantoit naturellement faux ; mais il chantoit faux
avec tant de grâce et d'expression, qu'on avoit encore
du plaisir à l'entendre.

certaine qu'un enfant délicat ne dóit pas être
contraint, et qu'il profite plus lorsqu'il saisit
de lui-même ce qui lui est agréable?

A seize ans, la nature n'eut pas en elle
assez de force pour se développer. L'énergie
qu'elle avoit usée par ses études, étoit alors
nécessaire pour opérer la révolution dont le
terme s'approchoit. A seize ans, elle s'éteignit
doucement, croyant que sa foiblesse annonçoit
sa prompte guérison. Le jour de sa mort, elle
me dit d'écrire à mademoiselle *Panckoucke*,
« qu'elle ne pouvoit aller aujourd'hui à son
» bal ; mais qu'elle ne manqueroit pas de se
» rendre au premier qu'elle donneroit ». Je
lui présentai une montre d'or qu'on venoit
de m'apporter ; je n'eusse pas agi de même
avec sa sœur cadette dont je parlerai bientôt ;
elle m'eût dit : « Tu m'annonces ma dernière
» heure » ; mais la douce simplicité de *Jenni*
ne me faisoit rien craindre. Elle me dit qu'elle
auroit bien du plaisir à la porter, pour penser
toujours à moi. Elle s'endormit pour jamais,
assise sur mes genoux, aussi belle que pendant
sa vie. Je la serrai encore contre mon cœur

désespéré, pendant un quart d'heure; mais les cris de ses sœurs, qui devoient bientôt la suivre, me détachèrent de ce précieux fardeau. O fureurs du sort! nature impitoyable, qui ne pardonnes pas même ce que louent les hommes insensés! J'ai arrosé de mon sang chaque ouvrage que j'ai produit; je voulois de la gloire; je voulois faire exister des parens pauvres, une mère qui m'étoit chère : nature inexorable! tu m'accordois, il est vrai, ce que je sollicitois avec tant de peines; mais c'étoit pour te venger sur mes enfans : bientôt je n'entendrai plus le doux nom de père.

Cependant la seconde et la troisième conservoient une santé solide. *Lucile*, la seconde, auteur de la musique du *Mariage d'Antonio*, avoit autant d'énergie, d'activité, que l'aînée en avoit eu peu. C'étoit la tuer que l'empêcher d'agir; sa tête étoit toujours préoccupée et ses traits en mouvement. Si on lui reprochoit quelque faute qu'elle n'eût pas commise, la rebellion paroissoit sur son visage; mais si, lorsqu'elle étoit en faute, on lui présentoit la vérité dans des termes simples et laconiques,

sa réponse étoit toujours la soumission accom-
pagnée de larmes. Son caractère extrême (en
tout semblable au mien) s'indignoit contre
l'injustice, qu'elle avoit en horreur; et toujours
la vérité, qu'elle avoit au fond du cœur, tem-
péroit son caractère irascible. J'étois son refuge
ordinaire dans toutes les situations de sa vie.
En venant à moi, je lisois jusqu'au fond de
son ame; je n'avois que deux choses à lui
dire : « Tu as de l'humeur, parce que tu as
» raison ; tu pleures, parce que tu te repens ».
Elle étoit encore la même lorsqu'elle composoit; elle pinçoit sa harpe avec colère, elle
s'impatientoit de ne rien trouver. Je lui criois
de loin : « Tant mieux ! c'est une preuve que
» tu ne veux rien faire de médiocre ». Lorsqu'elle avoit trouvé ce qu'elle cherchoit (et
que l'on cherche quelquefois si long-temps),
elle accouroit vers moi : —— Tiens, disoit-
elle, je l'ai fait ce morceau diabolique ! ——
Tout est diabolique dans les arts, disois-je,
quand on sent la vérité et qu'on veut la rendre ;
l'air le plus léger est aussi difficile que le plus
grand morceau. — Elle trembloit pendant que

j'examinois ce qu'elle venoit de faire. Je me
gardois bien de lui dire tout de suite qu'il y
avoit des défauts essentiels : il ne faut pas
éteindre le feu sacré; mais le lendemain.... —
J'ai rêvé, disois-je, à ce morceau d'hier; il
faudroit peut-être changer ou y ajouter cela....
qu'en penses-tu? Essayons au piano les deux
manières..... — Oui, répondoit-elle, tu as
raison : que tu es heureux, toi, tu trouves
tout de suite ce qui convient! — Il est vrai,
disois-je; mais il y a trente ans que je cherche. —
Observez le petit air de bravoure du *Mariage
d'Antonio*; *Pergolèze* ne le désavoueroit pas:
il n'y a dans cet air que le luxe nécessaire,
et qui peut convenir à la jeune villageoise qui
le chante. Voici de quelle manière originale
il fut fait. Depuis plusieurs jours ma fille ne
faisoit rien; sa mère lui dit : « Si tu ne veux
» pas travailler à cette petite pièce, tu devrois
» renvoyer le poëme à l'auteur ». Elle accourt
aussitôt auprès de moi : — Maman me gronde;
elle croit qu'on est toujours en train de composer. — Elle a tort, lui dis-je; mais pour
savoir si tu es en train, il faudroit du moins

t'essayer. — Mais je rêve à cet air depuis plusieurs jours. — En ce cas, tu le feras bien, et tout de suite. — Elle me quitte, et en moins d'une heure elle fit cet air, tel qu'il est gravé. Un de mes amis qui étoit dans un coin de sa chambre, me dit l'avoir observée pendant cette séance : « Elle pleuroit, me dit-il, chantoit, » pinçoit sa harpe avec une énergie incroyable ; » elle ne me vit point, ou ne prit pas garde » à moi, car moi-même je pleurois de joie » et d'étonnement, en voyant ce petit être » transporté d'un si beau zèle et d'un si noble » enthousiasme pour les arts » *.

Conçoit-on une manière d'être, un caractère plus estimable que celui-là ? peut-on avoir plus de candeur, de simplicité et d'énergie tout à la fois ? On n'avoit besoin d'employer à son égard ni douceur, ni sévérité ; il ne falloit qu'être juste. Le goût de la parure, si naturel à son sexe, n'étoit pas dominant chez elle ;

---

* Je passe sous silence une autre petite pièce, intitulée *Louis et Toinette*, que ma fille fit ensuite, et dont plusieurs circonstances empêchèrent le succès, spécialement les chagrins qu'elle essuya pendant son mariage.

si d'un coup de baguette une fée l'avoit parée,
elle l'auroit trouvé bon ; mais j'ai cru voir que
le temps qu'il faut perdre à soigner sa toilette
la lui rendoit indifférente ; tout son bonheur
étoit dans la lecture, en vers sur-tout, et dans
la musique qu'elle aimoit passionnément.

Mes amis, voyant combien elle étoit instruite
pour son âge, nous sollicitoient de ne pas
attendre long-temps pour la marier. L'aînée
ne seroit pas morte, disoient-ils, si on avoit
su la contraindre à sortir de cette espèce de
candeur stupide où elle étoit plongée. Je crus
la rendre heureuse en lui donnant pour époux
un jeune homme dont l'éducation et les talens
répondoient à mes désirs ; quoiqu'il ne fût
qu'un amateur distingué, je vis en lui un
artiste musicien dont j'allois diriger tous les
sentimens par l'estime qu'il me témoignoit, et
par le prix qu'il sembloit attacher à m'appartenir. Je fus trompé ; ce n'étoit ni ma fille ni
moi qu'il recherchoit : il avoit été élevé en
esclave, il ne prenoit les chaînes de l'hymen
que pour échapper à la domination de son
père. Il étoit naturel, selon lui, de traiter sa

femme comme il avoit lui-même été traité; il déchira le cœur dans lequel il alloit régner, et deux ans de chagrins la conduisirent au tombeau. Qu'on imagine, après deux pertes aussi sensibles, combien l'existence de notre troisième fille nous devenoit chère ! n'ayant plus que ce seul objet d'amour, nous frémissions, ma femme et moi, à la plus légère incommodité qui lui survenoit. Souvent elle sourioit de nos minutieuses sollicitudes, et faisoit exprès quelque espiéglerie, un faux pas, pour nous engager à mettre des bornes à notre tendresse excessive. Elle nous dissimuloit une partie de la douleur extrême qu'elle avoit ressentie par la perte de sa sœur. « Hélas ! disoit-
» elle, après une union si mal assortie, vous ne
» deviez attendre que des chagrins mortels, qui
» se seroient renouvelés chaque jour, et qui tôt
» ou tard auroient fait succomber ma pauvre
» *Lucile;* consolez-vous, s'il est possible, en son-
» geant qu'elle a mis fin par sa mort aux longues
» douleurs que son mariage lui préparoit ».

Je sentois la justesse de ce triste raisonnement, et mon cœur lui répondoit tout bas :

« Pourvu que tu vives toi! pourvu que tu nous
» restes, ta mère et moi nous aurons encore
» quelques beaux jours ». C'est ainsi que je
m'efforçois de supporter la perte de mon enfant
chéri, de celle qui, dans l'art musical, eût
montré que son sexe peut être doué du génie
original qu'on lui refuse encore. Cependant
je priai notre chère *Antoinette* de ne s'occuper
d'aucune science qui pût la fatiguer; je con-
jurai ma femme de la laisser libre de toutes
ses volontés : elles étoient si pures et si raison-
nables! Avec les jeunes filles de son âge, et
jamais avec les gens plus âgés qu'elle, un
doux persifflage, du meilleur ton, régnoit dans
ses propos; jamais on n'eut plus de tact, de
décence, de gaieté sans folie, plus d'aplomb et
de goût, que n'en eut cette charmante créature.
Belle comme l'*Aurore*, devenue fille unique
d'un père au-dessus de la médiocrité de fortune, elle ne manquoit pas de galans qui
cherchoient à lui plaire; mais l'exemple terrible
de sa sœur ne lui faisoit pas désirer le mariage.
Lorsque nos amis lui en parloient, elle leur
montroit le portrait de *Lucile*, et, sans rien

ajouter à cette réponse, elle les forçoit à changer de conversation *.

Après quelques mois, et dès l'entrée du printemps, *Antoinette* nous témoigna l'envie de retourner une seconde fois à Lyon où nous avions été l'année précédente (1). Nous approuvâmes ce projet; nous avions tous besoin de dissipation. Je dis même à ma femme que nous ferions bien de voyager jusqu'après l'âge fatal où nous avions perdu nos deux aînées. Nous retournâmes donc à Lyon, et je fis pendant cet été la musique de *Guillaume Tell*. Je travaillois, dès le matin, dans la chambre de ma fille; elle me dit un jour « Ta musique a toujours l'odeur » du poëme; celle-ci sentira le serpolet ».

Vers l'automne nous remarquâmes, ma femme et moi, que notre enfant perdoit sa gaieté naturelle et n'avoit plus d'appétit. Sans

---

* L'amitié que mes filles avoient l'une pour l'autre étoit extrême. Dans sa maladie, la seconde disoit souvent, *Ma pauvre Jenni !* la troisième, au lit de la mort, disoit, *Ah, ma pauvre Lucile !* Il semble que ces trois chers enfans n'aient pu vivre séparés, et aient désiré la mort qui les rapprochoit.

oser nous communiquer notre frayeur, nous l'observions sans cesse. Je pris enfin mà femme en particulier; « Tu vois ta fille, lui dis-je! » A ce seul mot un froid glacial se saisit d'elle, ses larmes n'attendoient que les miennes, nous en répandîmes un torrent en nous tenant embrassés, sans pouvoir nous expliquer davantage l'horreur de notre destinée. Dès le lendemain nous préparâmes notre départ. Ma fille me dit : — Nous allons donc à Paris? — Oui, lui dis-je, tu ne t'amuses plus ici. — Oui, reprit-elle, retournons à Paris, j'y rejoindrai bien des personnes que j'aime. — Ces mots me firent frémir; je crus, et je crois encore, qu'elle parloit de ses sœurs. Dès cette époque, jusqu'au dernier instant de sa vie, cette chère enfant ne fut occupée qu'à nous éloigner de l'idée de sa perte; et il étoit bien visible qu'elle ne cherchoit pas elle-même à se rassurer, car elle ne commença qu'alors à nous entretenir de son avenir, de son mariage, de ses enfans qui nous chériroient, disoit-elle, autant qu'elle-même; et je remarquai bien qu'elle ne parloit ainsi que lorsqu'elle apercevoit notre tristesse, que nous n'avions pas toujours la force de dissimuler. Arrivés très-promptement à Paris, elle affecta (toujours pour nous tranquilliser) d'avoir envie d'une parure élégante pour aller au bal. — Mais, me dit-elle, j'aimerois à m'habiller de mon goût. — Soit, lui dis-je, et je lui donnai l'argent qu'elle désiroit. Le jour où, semblable à un ange, je la vis partir pour aller danser, un de mes amis, *Rouget de Lille*, qui étoit chez moi, me dit que j'étois bien heureux d'être le père de cette belle enfant. — Oui, lui dis-je à l'oreille, elle est belle, encore plus aimable, elle va au bal, et dans quelques semaines elle sera dans la tombe. — Quelle idée affreuse, me dit-il ! — J'ai vu ses deux sœurs, lui dis-je, et mon malheur n'est que trop certain. Tous les secours de l'art ne purent la sauver : après quelques jours de fièvre, un délire aussi aimable qu'il étoit effrayant, l'occupoit nuit et jour ; elle étoit au bal, aux promenades, aux spectacles avec ses sœurs, et elle leur rendoit compte de ses sensations, toujours décentes et du meilleur ton. Elle eut quelques instans de sérénité avant

de mourir ; elle prit ma main, celle de sa
mère, et, avec un doux sourire : « Je vois
» bien, dit-elle, qu'il faut prendre mon parti :
» je ne crains point la mort ; mais vous deux
» qu'allez-vous devenir ! » Elle étoit assise sur
son lit, en nous parlant ainsi pour la dernière
fois ; elle se coucha, ferma ses beaux yeux,
et fut rejoindre ses sœurs.

Je ne chercherai point à retracer ici l'horreur
de ma situation ni celle de ma femme. Heureux mille fois le malheureux qui pleure; mais
pendant long - temps je ne pus répandre de
larmes. Un morne désespoir, une rage concentrée les absorboient dans mes yeux. Par pitié
pour moi, ma femme eut la force de supporter
la vie, et me força de l'imiter. Rien n'égale le
courage d'une femme qui aime son mari dans
ses enfans : alors ils sont plus que la moitié
d'elle-même ; et si la mort cruelle vient lui
enlever une partie de ces objets, l'amour qu'elle
avoit pour eux n'est point enfoui; c'est comme
une tontine d'amour, toujours au profit de
ceux qui survivent. Après avoir payé un long
tribut à la nature, après un deuil aussi long que

sincère, la mère de mes enfans se rappela que chez son père la peinture avoit été·son premier talent. Les portraits de nos trois filles furent son occupation continuelle ; et lorsqu'à une certaine époque de la révolution mes pensions furent supprimées, elle peignit pour le public, qui, de plus en plus, applaudit à ses efforts. Maintenant, pères, mères, trop fortunés, écoutez-moi, et sachez-moi gré des efforts que je fais pour vous ; car depuis que je trace ce chapitre, mes larmes obscurcissent souvent ma vue. Il y a trois ans que j'ai cessé d'être père ; mon ame trop affectée n'est pas encore arrivée au terme assez éloigné où l'on n'éprouve plus qu'un douloureux et tendre souvenir des peines passées. Vingt fois j'ai jeté la plume en écrivant ceci * ; mais, soit foiblesse paternelle, soit le désir irrésistible de vous faire répandre, ô mes amis ! une larme sur la tombe chérie de mes trois charmantes fleurs prédestinées à la mort (comme celles du bon moine italien), soit que par un motif plus utile, la crainte qu'on ne

* Ce chapitre est écrit depuis trois ans.

partage mon sort, me presse de me montrer comme un exemple malheureux : j'ai esquissé ce tableau douloureux que j'aurois dû n'entreprendre que dans quelques années. Pères trop fortunés, goûtez bien, croyez-moi, le bonheur de vous voir revivre dans vos enfans, et puissiez-vous ne connoître jamais le regret de les avoir perdus ! Sans eux la vie n'est qu'un néant ; plus de consolation, plus de vrai plaisir, puisqu'il n'y a plus de point d'appui qui fasse désirer un doux avenir. Nous le savons tous ; c'est l'espérance qui soutient et qui fait le charme du bonheur présent, et tout espoir est détruit quand on ne s'entend plus adresser le doux nom de *père*. Surveillez donc vos enfans plus que je n'ai fait : ne croyez pas que les talens distingués fassent leur bonheur ; au contraire, ils leur donnent l'amour-propre qui le détruit. La nature veut que chaque âge ait ses plaisirs : ceux de l'enfance sont une douce oisiveté occupée par les jeux folâtres de l'innocence ; ceux de l'adolescence sont l'instruction *volontaire* des connoissances qu'on désire acquérir ; ceux de l'âge mûr et de la

vieillesse

vieillesse sont ceux que je ne goûterai jamais, puisque j'ai perdu mes enfans. A-t-on beaucoup d'exemples d'un enchaînement de malheurs pareils à ceux que j'ai éprouvés ? Que n'eût pas dit le sublime *Young* * , si ses amertumes eussent été comparables aux miennes ? car je défie le cœur d'un père d'avoir mieux senti que moi les douceurs de la paternité et les horreurs d'en être privé. O nature inexorable et terrible ! tu me parles, je t'entends : « Tu » veux, me dis-tu, être distingué entre tes » pareils ? Par des efforts, que je condamne, » tu veux franchir les bornes d'une salubre » ignorance ? J'y consens : cours vers une » immortalité chimérique ; mais subis l'*irré-* » *fragabilité* de mes décrets, qui veulent que » le bonheur factice soit acheté par la perte » du bonheur réel. Vis quelques jours dans » la mémoire des hommes ; mais sois mort » dans ta postérité ».

---

* « Chère *Narcisse*, disoit-il, semblable aux pleurs » que l'*Aurore* répand sur les fleurs, tu es remontée » comme eux au ciel, aux premières heures du jour. »

N O T E.

*P*AGE *411.* (1) C'est en revenant à Paris ,
après ce premier voyage , qu'un accident terrible ,
et dont les journaux rendirent compte , faillit pré-
cipiter ma fille et moi au fond des eaux.

Toutes les voitures en poste étoient arrêtées à
chaque village : les gens suspects qui fuyoient de
toutes les grandes villes , rendoient le peuple inquiet et surveillant ; on nous conseilla de prendre
la diligence pour y être plus tranquilles. Nous
couchâmes, la veille de notre départ , à l'auberge
de Saint-Jacques , sur le quai de la Saône : vers
une heure après minuit , on nous appela pour
partir ; la Saône étoit si grosse, que l'on doutoit
si la diligence pourroit faire , par eau , le trajet
qu'elle fait ordinairement. En arrivant au bord de
la rivière , ma fille , mal éveillée , crut marcher
sur du sable jaune, et se jeta dans les flots. Cependant, comme ses habits et un manchon fort ample
la soutenoient encore , je la vis flottante et prête
à disparoître sous un bateau : je pris mon élans ,
et je sautai dans la rivière le plus loin que je pus ;
je me trouvai debout sur un fond solide , et dans
l'eau jusqu'à l'estomac ; je saisis ma fille en m'a-
longeant , et je criai à sa mère , *je la tiens !* Dès

que j'eus gagné terre avec mon précieux fardeau,
le patron de la diligence me frappa sur l'épaule,
en disant : « Voilà un brave homme » ! — *C'est un
père*, lui dis-je ; mais, patron, que je sache au
moins si j'ai couru quelque danger. — Savez-vous
nager ? — Non, du tout. — Eh bien, le hasard
vous a fait sauter sur les pierres du parapet qui
borde la chaussée, et à quelques pouces de là vous
étiez dans trente pieds d'eau ; il n'y avoit point de
ressource, sur-tout à l'heure qu'il est, ni pour
vous, ni pour cette charmante demoiselle.

FIN du second Volume.